공자의 춘추대의사상

공자의 춘추대의사상

초판 1쇄 2017년 6월 30일 | 출판등록 · 제300 2008 40호
지은이 · 안춘분 | 펴낸이 · 김기창 | 펴낸곳 · 도서출판 문사철
표지디자인 · 정신영 | 본문디자인 · 호문목
주소 · 서울 종로구 창경궁로 265 상가동 2층 2호 | 전화 · 02 741 7719
팩스 · 0303 0300 7719 | 홈페이지 · www.lihiphi.com | 이메일 · lihiphi@lihiphi.com
ISBN · 979-11-86853-21-4

* 값은 뒤표지에 있습니다.

공자의 춘추대의사상

안춘분 지음

도서출판문사철

머리말

『춘추(春秋)』는 춘추시기 노(魯)나라의 역사기록이며 유가의 경전이다. 보통 성인은 직접 경서를 쓰지 않았으나 공자는 우리에게 『춘추(春秋)』를 기록으로 남기셨다. 공자의 이러한 기록이 인류에게 주는 의지는 매우 의미심장하다. 『춘추』의 대의를 『춘추공양전』에서는 '대일통(大一統)'이라고 하였다. 이 '대일통'의 본질을 명쾌하게 한마디의 단어로 말한다면 중화사상(中華思想)이라고 할 수 있으므로 『춘추』의 대의는 중화의 실현을 말한다. 이 책에서는 『춘추』의 대의인 중화(中華)를 실현하는 과정에서 방법론으로 정명사상과 비판사상을 그 범주에 넣었다.

필자는 공자가 중화중심이동의 주체를 세력의 강대함이나 지역적인 방대함에 두지 않았고, 실질적인 인문주의적 중화의 실현에 두었다고 본다. 그러므로 국가와 민족의 인문주의적 중화의 실현이 그 국가와 민족이 중화(中華)의 중심에 있게 하는 원동력이 된다고 보며, 이 중화의 중심은 계속 이동하여 왔고 앞으로도 지속적으로 이동하며, 이것이 변화하는 가운데 변화하지 않는 대의라고 본다.

춘추시기에 중화사상의 형식적 외형은 존주(尊周)의 형태로 나타난다. 춘추시기에 주나라 왕실이 미약해지고 있었음에도 불구하고 왕은 정월 초하루로부터 비롯된 사계절을 기록한 달력을 사용하였다. 그리고 사계절의 중심을 주왕실의 '왕정월(王正月)'에 두어 사방을 다스린다는 원칙을 가지고 있었다. 이러한 형식은 춘추시기의 어느 제후국도 거부할 수 없는 것이었다. 존주사상은 주왕실을 중심으로 대일통의 형식을 취하는 것을 의미하며, 대일통의 본질인 중화사상에는 실질적으로 인문주의적인 내용이 들어있는데 이것이 인·의·예·지이다.

여기에서 의는 인·예·지와 밀접하게 관련이 있으며, 직(直)·이(利)와도 밀접한 관계가 있다. 이 가운데 예는 시간·공간적 개념과 상관관계가 있으며, 의도 시중의 의미가 있다. 예는 시의(時義)에 마땅할 때에 의가 되고, 시중(時中)에 맞지 않을 때에 불의가 되므로 의의 차원은 단순하지 않다. 그 의를 실현하는 과정에서 공자는 '친친지정(親親之情)'을 의의 핵심에 포괄하였다. 이것이 공자에게 있어서는 존노사상(尊魯思想)으로 표현되었다. 이에 『춘추』의 대의는 존주(尊周)와 존노(尊魯)가 완전하게 공존한다는 것을 알 수 있으며, 『춘추』에 내재한 중화사상의 형식은 존주로 나타나며, 그 핵심에는 존노가 '친친지정'으로 존재한다.

이 책에서는 『춘추』의 대의를 중화(中華)의 실현으로 보고, 국가 간의 의리와 군신간의 충의를 정치적이고 외교적인 측면에서 상고하였다. 그 중화를 실현하는 과정에서 정명(正名)사상을 도입하였고, 정명사상에 위배되는 것은 비판사상에 의거하여 시비곡직을 밝혔다. 여기에서 시비의 판단은 공자의 판단에 근원을 두었으며, 이에 대한 구체적인 정오의 잣대는 '춘추필법(春秋筆法)'에 근거하였다.

공자의 『춘추』대의를 연구하면서 공자와 좌구명의 대의를 비교하여 본다면, 좌구명의 대의는 한마디로 '인과응보'라고 할 수 있다. 그는 강대국은 강대한 이유가 있고 약소국은 약소한 이유가 있으며, 나라와 개인이 흥하고 망함에는 반드시 그에 상응하는 이유가 있다고 하였다. 좌구명은 사관(史官)의 덕목인 직의(直義)를 가지고 있었고 인과의 원칙을 도의적인 측면에만 적용한 것이 아니라 세력의 인과에도 적용하였다. 의로운 것은 미래에 흥성함이 있고 불의한 것은 심지어 후손이 없을 것이라고 단정하는 것이 『춘추좌전(春秋左傳)』의 주체사상인 인과응보이다.

그러나 공자의 대의는 도의와 세력의 인과를 모두 인정한 좌구명과 달랐다. 공자는 힘과 세력의 인과는 언급하지 않았으며 오직 도의에 의한 인과를 인정하였다. 큰 것이 반드시 위대한 것이 아니라, 물질적으로 작은 것도 가치론적으로는 위대할 수 있다는 것이 공자의 대의이다. 이것은 나라의 대소와 힘의 강약에 매이지 않고 어느 민족이라도 정신적으로 가치 있는 문화민족이 될 수 있다는 희망의 단서가 된다.

앞서 말한 바와 같이 공자의 대의사상에는 존주사상과 존노사상이 공존한다. 이것을 한마디로 정리한다면 인문주의적 중화의 실현이라고 할 수 있으며, 이것은 친친의 정을 포괄한다. 그리고 중화(中華)는 상하좌우의 조화를 추구하지만 그 조화의 중심에 큰 의미가 있다. 춘추시기에 제후국의 중심은 주왕실이었다. 그리고 각 제후국은 실질적인 중심국이 되고자하는 의도를 가지고 있었으며, 지역적인 중심과 실질적인 중심은 이동하여 왔고 지속적으로 이동한다는 사실이다.

세계는 전체적인 조화를 창출하려고 노력하고 있으며, 각국은 세계화 속에서 우뚝 서려고 노력하고 있다. 대일통의 이념 속에서 중화의 가치를 창출하고 그 중화의 중심에 있고자 하는 것이 각국의 바람임과 동시에 뜻있는 자들의 바람이다. 여기에 각국과 개인의 공통적인 존재가치가 존재한다. 역사적으로 경제력과 넓은 국토를 완비한 나라만이 중화(中華)의 중심에 있었고 경제적 약소국은 감히 중화의 중심에 있을 것을 기대하지 못하였다. 그러나 세력에 의하여 중화의 중심에 선 것은 세력이 기울면 곧 무너진다. 필자는 이 책에서 오직 인문주의적 문화 즉, 예와 의로써 인간이 인간성을 확립하여 만들어낸 중화(中華)만이 영원한 중화국(中華國)이며 중화인(中華人)이 된다고 보았다.

이 책은 위와 같은 관점에서 유가의 수준 높은 문화인 공자의 대의사상을 밝힘에 있어서 Ⅱ장 인문사상의 맹아와 삼전의 특성에서는 춘추시대의 시대상황을 살펴보고 『춘추』와 춘추삼전을 통하여 서술적 특성을 존주와 존노라는 대의적 측면에서 상고해 보았다.

Ⅲ장에서는 공자 춘추대의의 본질과 실천방안을 연구함에 있어서 의와 직, 의와 예, 의와 이 등의 관계로써 의의 본질을 연구하였다. 이어서 의의 실천 방법론으로서는 도의 실천적 의미인 의를 먼저 파악하고, 동시에 보편과 특수한 측면의 상도와 권도를 정리하였다. 아울러 선진유가에 있어서 공자의 권도를 재조명하고 의의 한 가운데에 친친의 정이 존재하며 그것이 인정(仁情)이라는 결론을 도출하였다.

Ⅳ장에서는 춘추대의와 춘추시기의 중심제후국이동을 연구하였다. 춘추대의는 본질적으로 중화사상이므로 이 중화의 의미를 서술하고 중화를 실현하는 방법으로 정명과 비판이라는 측면

을 범주에 넣어서 연구하였다. 춘추시기의 중심제훅국(中心諸侯國)이 이동하였다는 점을 기술하여 『춘추좌전』상의 외교관계에서 강대국이 자소(慈小)하고 약소국이 사대(事大)하는 상황의 의를 살펴보았다. 춘추시대에는 진(晉)나라·초(楚)나라·제(齊)나라가 강대국으로서 대의를 행하여야 하는 당위성이 있었는데, 경문과 전문을 통하여 강대국이 과연 그 역할을 강대국답게 했는지를 고찰하였다. 또 이와 대비하여 약소국의 '보국정신'과 '자존지도'의 필요성을 노나라와 정나라의 정치를 통하여 살펴보고 세력의 중심국과 도덕적 중심국의 차이를 비교 연구하였다.

Ⅴ장에서는 권도실천의 사례와 공자의 분석을 연구함에 있어서 순임금의 친친중심적 권도, 주공의 친친중심적 권도, 위나라 석작(石碏)과 원훤(元咺)의 참칭된 권도, 진숙향(晉나라 숙향)의 '대의멸친'에 대한 공자의 평가를 다루었다. 여기에서 위석작(衛나라 石碏)과 원훤(元咺)의 의를 전문의 발췌를 통하여 이들의 의가 소의인지 대의인지 구분하였다. 또한 의의 치밀하고도 한층 높은 차원이라고 하는 권도를 요임금·순임금·주공·공자에 이르기까지 성현들의 권도와 춘추시대의 권도와는 어떠한 차이가 있는지를 살피고 이것의 차이를 거울삼아 오늘날 집권자와 부모들의 권에 대한 표준잣대를 제시하였다. 이 장은 Ⅲ장 공자 춘추대의의 본질과 실천방안이라는 연구를 기초로 하여 이루어졌으며 이는 공자의 권도를 상고한 결과 얻어진 '친친지의'를 다시 재확인하는 작업이다.

Ⅵ장 춘추시대 제가의 삶의 방식과 춘추대의에서는 제후와 신하의 정명을 연구하였다. 임금이 임금다워야 하고 신하가 신하다워야 하는 타당성을 가지고 제환공(齊桓公)과 진문공(晉文公)

의 행적을 고찰하였다. 춘추시대에 왕은 물론 주나라 왕을 가리킨다. 그러나 소위 '오패(五覇)'라고 하는 제후가 득세하였으므로 이들 중에서 제환공과 진문공만을 선택하여 군주의 역할로 삼아 연구하였다.

　춘추시대의 사건과 인물평가에 있어서 대개는 의와 불의로 구분할 수가 있으나 때로는 평가가 상반되거나 상이한 측면이 있는 내용들을 정리하여서 현재를 사는 우리가 자신들의 새로운 가치관으로 새롭게 평가할 수 있는 자료를 제공하고자 시도하였다. 그 평가 자료의 내용으로는 노장공에 대한 좌구명의 존노적 평가와 주신의 비판, 정장공의 존노와 신하인 영고숙의 한시적인 순효, 좌구명의 존노의식과 공자의 존주를 겸비한 존노사상, 좌전학파의 천인관을 통한 공자의 인문주의 등을 다루었다. 이렇게 역사적 사실에 대한 시대적 평가와 평가한 사람의 학문세계를 고찰해보는 것은 현재를 사는 우리에게 가치관의 재정립에 도움이 된다는 측면에서 유익하다고 할 수 있다.

　이 책은 필자의 박사학위 논문을 수정 보완하여 정리한 것입니다. 필자가 이 책을 냄에 있어서 유교경전을 근 20년 간 읽어주신 동방의숙의 고 운암 채준석 선생님께 고개 숙여 감사드리며, 미혹한 여식을 보고 계시는 아버지 금계초등학교 전 교장 안병두, 어머니 이금순님께도 감사를 드립니다. 그리고 성균관대학교 유학과 은사이신 김응학, 이기동, 김성기, 오석원, 송하경, 서경요 교수님의 가르침에 감사드리며, 항상 어미라고 바라보고 있어서 없는 힘도 내게 하는 아들 진유 김성관에게도 고마움을 표하는 바이다.

차례

머리말   4

차례   10

Ⅰ. 들어가는 말 -대의와 중화-   13

Ⅱ. 인문사상의 맹아와 삼전의 특성   19

    1. 춘추시대의 시대상황   19
        1) 서주문화의 변천   19
        2) 인문주의의 개시와 민본사상의 출현   23
        3) 도덕과 종법제도의 타락   30

    2. 춘추삼전의 저술특성   35
        1) 공자와 『춘추』   35
        2) 『춘추좌전』의 사실성과 존주의식   38
        3) 『공양전』의 존노관과 『곡량전』의 존존관   43

Ⅲ. 공자 춘추대의의 본질과 실천방법   51

    1. 의(義)의 개념과 제덕   53

1) 의의 자의와 개념　　　　　　　　　　　　　　　53
　　2) 의와 직(直)의 보합과 불일치성　　　　　　　　54
　　3) 의와 예(禮)의 시중성　　　　　　　　　　　　59
　　4) 의와 이(利)의 가치갈등과 조화　　　　　　　　65
　2. 의(義)실천의 방법론　　　　　　　　　　　　　　73
　　1) 도(道)의 실천적 개념　　　　　　　　　　　　73
　　2) 예(禮)의 상도성(常道性)과 의의 권도성(權道性)　77
　　3) 공자의 권도를 통한 의의 실천　　　　　　　　79

Ⅳ. 춘추대의와 춘추시기의 중심제후국 이동　　　　　　90

　1. 공자의 춘추대의　　　　　　　　　　　　　　　　90
　　1) 중화사상(中華思想)　　　　　　　　　　　　　90
　　2) 정명사상(正名思想)과 비판사상(批判思想)　　102
　2. 강대국의 패권적 중심제후국　　　　　　　　　　106
　　1) 제(齊)나라의 존왕의리(尊王義理)와 소국멸망　107
　　2) 진(晉)나라의 존현의식(尊賢意識)과 뒤바뀐 천서(天序)　111
　　3) 초(楚)나라의 인재관리와 왕호참칭(王號僭稱)　119
　3. 약소국의 자존적 중심제후국　　　　　　　　　　131
　　1) 노(魯)나라의 과소(過小)와 사대(事大)　　　132
　　2) 정(鄭)나라의 존왕의식과 보국의리(保國義理)　150

Ⅴ. 권도실천의 사례와 공자의 분석　　　　　　　　　177

　1. 순(舜)임금과 주공(周公)을 통한 공자의 친친중심적 권도　179
　　1) 순임금의 친친중심적 권도　　　　　　　　　179
　　2) 주공의 권도와 공자의 친친중심적 권도　　　182
　2. 『춘추』의 '대의멸친(大義滅親)' 사례와 공자의 입장　186
　　1) 송선공(宋宣公)・위선공(衛宣公)의 난권(亂權)　186
　　2) 위석작(衛石碏)과 원훤(元咺)의 참칭된 권도　190
　　3) 채중의 권도에 대한 공양학파와 좌전학파의 평가　199
　　4) 진숙향(晉叔向)의 '대의멸친'에 대한 공자의 평가　205

VI. 춘추시대 인물들의 생활방식과 춘추대의 *212*

1. 제환공(齊桓公)의 정치방식과 춘추대의 *217*
1) 제환공의 현재등용 *218*
2) 제환공의 자소정치(慈小政治)와 존왕정치(尊王政治) *220*
3) 제환공의 멸망 *227*

2. 진문공(晉文公)의 정치방식과 춘추대의 *232*
1) 중이(重耳)의 출국 배경과 진(晉)의 혼란기 *233*
2) 중이의 망명생활과 입국 *240*
3) 진문공의 인격과 正治 *248*
4) 진(晉)나라의 주(周)에 대한 미조현(未朝見) *255*

3. 춘추제가의 정치방식과 춘추대의 *260*
1) 노장공에 대한 좌구명의 존노적 평가와 주신의 비판 *262*
2) 정장공의 존주와 신하인 영고숙의 한시적순효 *266*
3) 좌구명의 존노의식과 공자의 존주를 겸비한 존노사상 *275*
4) 좌전학파의 천인관을 통한 공자의 인문주의 *284*

VII. 나오는말 – 공자가 말하는 중화중심 *290*

참고문헌 *301*

찾아보기 *313*

Ⅰ. 들어가는 말 –대의와 중화–

오늘날 세계화의 추세 속에서 우리는 평화와 안정을 추구하고자 열망한다. 반면에 각각의 나라는 자국의 고유한 문화를 고수하고 높은 가치를 창출하려고 노력한다. 곧 자신의 토속적 문화를 전승시키는 데에도 의미를 크게 두는 것이다. 개인의 삶도 이와 마찬가지이다. 개개인은 각각의 기질이 다르고 직업과 특기도 다르며, 세상을 보고 지향하는 목표도 다르다. 이 개별성이 세상을 다채롭고 아름답게 만드는 요소가 되기도 한다. 동시에 자신의 개별성을 가지고 세계적인 가치를 창출하고자 하니, 여기에서 전체와 객체의 문제가 대두된다. 전체적인 측면에서 세계화는 중화(中華)의 실현이며, 자국의 고유한 문화를 고수하는 것은 중화에 내포된 '친친지정(親親之情)'으로 설명된다. 이 '친친지정'을 내포한 중화의 실현이 곧 의(義)의 실현이다.

　의는 인(仁)・예(禮)・지(智)와 밀접한 관련이 있다. 이 가운데 예는 시간・공간적 개념과 상관관계가 있으며, 의 역시 마찬가지로 시중에 맞아야 하고, 시중에 맞지 않으면 불의가 된다. 그래서 의의 차원은 단순하지 않다. 그 의를 실현하는 과정에서 공자는 '친친지정'을 의(義)의 핵심에 두었다. 이것이 공자에게 있어서는 존노(尊魯)로 표현된다.

공자의 존주사상과 존노사상을 『춘추』를 통하여 파악하려면 역사적 사실을 직서(直書)한 『춘추좌전』을 참고해야 한다. 만일 비직(非直)으로 기록된 역사를 통하여 대의를 연구한다면 대의를 분명히 드러낼 수 없을 것이다. 중화사상이 춘추시기에는 존주와 존노의 형태로 존재하였는데 중화를 실현하기 위한 수단으로 정명과 비판이 반드시 수반되어야 한다. 정명이 되지 않은 것은 비판을 통하여 바른 궤도로 되돌릴 수 있기 때문이다.

『춘추』의 비판 방법은 사건마다 의와 불의를 직접 밝힌 것이 아니라 기사(記史)들의 내용을 첨가하거나 생략하는 필삭(筆削)의 방법1을 통하여 시비와 포폄의 뜻을 담았다. 또한 개개의 사건을 설명하는데 있어서도 지위와 등급, 또는 입장에 따라서 쓰이는 용어를 엄격하게 구분하고 합당한 예의로써 기술하였다. 이것은 '원리적 의'와 '상황적 의'의 조화를 대단히 중요시 한 것이다. 의 사상의 본질적 특성은 고착된 의로 표현해서는 안 된다.2 유가의 윤리덕목 중에 의(義)는 시의(時宜)를 담고 있으며 이것이 역사적 사건과 인물의 평가를 하는 도구가 된다.

『춘추』는 춘추시대 노은공(魯隱公) 원년(周平王 49년, B.C.722)부터 애공(哀公) 14년(주경왕 39년, B.C.481)까지 제후국인 노나라 12공 242년간의 역사를 기록한 책이다. 『춘추』라는 명칭은 일 년의 네 계절인 춘·하·추·동 가운데 춘과 추만을 뽑아서

---

1 『史記』, 卷47 「孔子世家」: 至於爲春秋, 筆則筆, 削則削.
2 오석원, 「春秋의 화이사상과 민족의식」, 『한국 도학파의 의리사상』, 유교문화연구소, 2005, 41쪽.

인간의 역사를 기록하는 책의 명칭으로 삼은 것이다. 일 년에는 사시(四時)가 있기 때문에, 그 가운데 춘과 추를 엇섞어서 사건을 기록한 책의 이름으로 삼았다.[3] 『춘추』는 시간적인 흐름에 따라서 역사를 기술하는 이른바 편년체 역사서로서 동양 역사서의 효시이고, 『춘추』에 대한 가장 오래된 기록은 『춘추좌전』이다. 소공 2년 진(晉)의 대부인 한선자(韓宣子)가 노나라에 가서 태사에게 역상(易象)과 『노춘추』를 빌려 보았다는 기록이 있다. 다만 당시 노나라를 제외한 다른 제후국의 경우도 나름대로 역사 기록을 하고 있었는데, 그들의 역사서도 '춘추'라고 하였다.[4] 『춘추』는 원래 『모시』·『상서』·『주역』·『예기』·『악경』과 함께 6경 중의 하나이다. 현재 『악경』은 존재하지 못하니, 다시 『대학』·『중용』·『논어』·『맹자』 등 사서와 함께 '사서오경'으로 불리어지며 공자를 연구하는데 있어서 필요불가결한 중요한 경전이다.

  『춘추』는 역사서임과 동시에 역사평가서이다. 공자는 역사의 객관성에 도덕의 잣대를 드리웠다. 공자가 『춘추』를 평가의식을 가지고 기록한 의미 중에 가장 큰 것은 '대일통(大一統)'과 '중화론(中華論)'이다. 대일통은 체계적인 통일성을 말하며 그의 본질적 내용은 중화론이다. 이 중화(中華)를 실천하는 방법이 화이론(華夷論)이며, 화이론은 중화(中華)와 이적(夷狄)을 구분하여 무엇이 중화이며 무엇이 이적인지 분명히 양분하고 있다. 여기에서 중요한 것은 화이론을 맹목적인 대국에 대한 사대주의(事大

---

3 『春秋左傳序』: 四之所起, 必表年以首事, 年有四時, 故錯擧以爲所記之名也.
4 權正顔,「《춘추좌씨전》의 理解」, 정태현,『譯註春秋左氏傳1』, 전통문화연구회, 2001, 7쪽.

主義)로 치부하여 부정적인 평가를 할 수 있으나, 화이론은 본질적으로 높은 문화를 추구하고 미개한 문화를 지양한다는 대의를 담고 있다. 그래서 『춘추』에는 높은 문화민족과 낮은 문화민족의 상호관계가 있고, 왕도와 패도가 양존하며, 임금과 신하의 예의와 의리가 있고, 부부와 부자간의 예의와 의리가 있다. 이들을 통하여 상호간의 관계 속에서 '대일통'을 이끌어 내는 것이 공자의 과제였고 현대를 사는 우리들의 과제이다.

　이 책의 출간하는 목적은 일반적으로 성인(聖人)들은 직접 글을 쓰지 않지만 공자는 후세에 옳고 그름의 잣대가 흔들리는 것을 차마 볼 수 없어서 붓을 잡은 것이라고 보고, 『춘추』가 2500여 년의 시간적 흐름 속에서 문사가 간이하고 속뜻이 깊어서 해석이 난해하다는 점에 착안하여, 현재를 사는 학자로서 공자의 보세장민(保世長民)하는 고뇌에 동감하여 현대인에게 바른 가치관을 적립하는데 일조하고자 한 것이다. 이 책은 『춘추』의 대일통사상의 본질적 내용인 '중화론(中華論)'을 의라는 잣대로써 도출시키는 과정에서 『춘추』의 문사가 너무나도 간략하고 '미이현(徵而顯)'하여 의(義)의 잣대를 드리울 근거가 부족하기 때문에 그 상황에 대한 이해를 돕기 위하여 『춘추좌전』의 사실적 기사에 근거하여 사건과 인물의 시비평가를 진행하였다. 『춘추』의 대의사상을 연구함에 있어서 『춘추』 경문과 『춘추좌전』의 문장을 통하여 그 본질인 중화사상을 연구하는 데에 있다. 이에 중화(中華)라는 단어는 하나의 개인이나 국가의 소유물이 아니라 수준 높은 인문주의 문화의 결정체임을 분명하게 밝히며, 그 중심은 가치론적으로 계속 변화하기 때문에 인류는 계속 노력한다는 이론을 도출하고자 한다.

『춘추』의 대의를 연구해 내는 과정에서 『춘추좌전』을 기초로 하여 사건과 인물의 정명여부와 시비평가를 진행하였다. 이에 우선 사건과 인물에 대한 선유들의 비판을 포함한 평가를 고찰하였다. 그리고 이러한 의라는 잣대로써 비판과 평가한 내용을 중화(中華)를 도출하는 목적에 활용하였다. 이 과정에서 공자의 '춘추필법(春秋筆法)'[5]을 응용하였다. 본고에서는 이제까지 선유들의 평가내용을 가지고 다시 심오한 유가철학의 기술방법인 '춘추필법'과 연계하여서 공자의 『춘추』대의의 본질을 찾아서

5　『春秋左傳』, 成公 14년에 "군자가 말하기를 '춘추의 기록은 문사는 간략하되 뜻은 드러내고, 사실을 서술하되 뜻은 은미하게 하고 완곡하게 기록하되 장법을 이루고, 사실을 기록하되 왜곡하지 않고, 악을 징계하고 선을 권장한 것이니, 성인이 아니면 누가 이렇게 편수할 수 있었겠는가?'"(君子曰, 春秋之稱, 微而顯, 志而晦, 婉而成章, 盡而不汙, 懲惡而勸善, 非聖人, 誰能脩之)라고 하였다. 이에 대하여 두예서에서는 위의 다섯 가지의 내용에 대한 기사를 다음과 같이 말하였다.
一. 微而顯:문장을 은미하게 기록하여 뜻을 드러내다.
1. 稱族尊君命 : 가을에 叔孫僑如가 제나라에 가서 제여(成公의 부인이 될 여인)를 맞이하였다.(『春秋』, 成公 14년 갑신 : 秋, 叔孫僑如, 如齊逆女) 2. 舍族尊夫人 : 9월에 僑如가 부인 부강씨를 모시고 제나라에서 돌아왔다.(『春秋』, 成公 14년 : 僑如以夫人婦姜氏, 至自齊) 3. 梁亡 : 梁나라가 亡하였다.(『春秋』, 僖公 19년 : 梁亡) 4. 城緣陵 : 14년 봄에 諸侯가 緣陵에 성을 쌓았다.(『春秋』, 僖公 14 : 十有四年春, 諸侯城緣陵)
二. 志而晦:사실을 기록하여 뜻을 심오하게 하다.
1. 參會不地 : 환공이 융과 당에서 결맹하고, 겨울에 환공이 당에서 돌아왔다.(『春秋』, 환공 2년 : 公及戎盟于唐, 冬, 公至自唐) 2 與謀曰及 : 여름에 宣公이 제후와 회합하여 萊國을 토벌하였다.(『春秋』, 宣公 7년 : 夏, 公會齊侯伐萊)
三. 婉而成章:완곡하게 기술하여 장법을 이루다.
璧假許田 : 원년 봄 주왕 정월에 환공이 즉위하였다.(『春秋』, 桓公 元年 : 元年春王正月, 公卽位)
四. 盡而不汙:사실을 다 기록하여 불곡하지 않는다.
1. 舟楹刻桷 : 24년 周王 3월에 桓公의 廟 서까래에 조각을 하였다.(『春秋』, 장공 24년 : 二十四年春王三月, 刻桓宮桷) 2. 天王求車 : 15년 봄 2월에 천왕이 가보를 노나라에 사신으로 보내 와서 수레를 요구하였다.(『春秋』, 15년 : 十有五年春二月, 天王使家父來求車) 3. 齊侯獻捷:6월에 제후가 와서 산융토벌에서 얻은 전리품을 바쳤다.(『春秋』, 장공 31년 : 六月 齊侯來獻戎捷)
五. 懲惡而勸善:악을 징벌하고 선을 권장하다.
書齊豹盜, 三叛人名 : 가을에 盜가 衛侯의 형 縶를 살해하였다.(『春秋』, 昭公 20년 : 秋, 盜殺衛侯之兄縶)

점점 변화하는 사회에서도 변화하지 않은 대의를 제시하고자 하였다.

　이 책은 경문(經文)과 전문(傳文)들을 통하여 공자의 『춘추』대의는 본질적으로 중화사상(中華思想)이라고 주장하고 이러한 진리를 탐구하고자 근사하게 접근하려고 시도하였다는 점에 독창성을 담고 연구하였다. 위와 같은 내용을 연구하는 과정에서 『춘추』의 경문과 좌구명6이 기록한 『춘추좌전』의 기사에 충실하였으며, 두예와 임요수의 입장을 고찰하였다. 또한 經과 『춘추좌전』의 내용으로써 이해가 불충분한 것은 『사서삼경(四書三經)』과 『춘추좌전상절구해(春秋左傳詳節句解)』로써 그 내용의 본말을 파악하였으며, 『십삼경주소(十三經注疏)』와 『공양전(公羊傳)』·『곡량전(穀梁傳)』·『동래박의(東萊博議)』·『국어(國語)』·『호씨전(胡氏傳)』 등으로써 자세함을 더하는 방법으로 이 책을 구성하였다.

6　『유교대사전』, 博英社, 1990, 1423쪽 : 좌구명(左丘明)은 생몰년이 미상이다. 중국춘추시대의 유학자이며 사학자이다. 공자와 같은 무렵의 노나라 출신으로 태사를 지냈다. 성은 左이고, 이름은 丘明인데, 일설에 의하면 성은 左丘, 이름이 明이라고도 한다. 『춘추좌전』과 『국어』의 저자로 일컬어진다. 『논어』「공야장」편에서는 공자가 좌구명의 덕행을 칭찬하여 "巧言令色과 足恭을 좌구명이 부끄럽게 여기더니 나도 또한 부끄러워한다. 원망을 숨기고 그 사람과 친구로 지내는 것을 좌구명이 부끄럽게 여기더니 나도 또한 그것을 부끄러워한다."라고 한 말이 전한다. 『사기』에는 그가 춘추전을 지은 의도가 보인다. 즉 공자가 자신의 이상을 『춘추』에 표현하였으나 그 뜻을 전한 제자들이 각기 자신의 견해에 빠지니 그는 공자의 진의를 잃어 버릴까봐 두려워하여 『춘추좌전』을 지었다고 하였다. 그는 또 『국어』를 지었는데, 사마천이 "좌구가 실명하고서 『국어』를 지었다."라고 한 말에 의하여 후세 사람들이 그를 가리켜 盲左라고 부르고 그의 책을 盲史라고 부른다. 이와 같은 사실은 당초의 『五經正義』 때까지는 사실로 믿어졌으나 唐의 啖助가 『논어』에 보이는 좌구명은 『춘추좌전』의 작자인 좌씨와는 다른 인물이라고 말한 이래로 여러 가지 의논이 있어왔으며, 좌구명의 『춘추좌전』저작설은 점차 부정되었다.

II. 인문사상의 맹아와 삼전의 특성

1. 춘추시대의 시대상황

1) 서주 문화의 변천

주(周)나라는 상(商)나라를 혁명으로 몰아낸 정복 왕조이다. 하·상·주 세 왕조를 역사상 삼대라고 부른다. 주나라에서 세운 문물제도와 예의 법도와 민간 풍속은 오늘날 우리 생활에 많이 남아 있다. 주나라의 문물제도는 유가정치사상의 기조를 이루었다. 주나라의 최고 지도자는 천자였다. 왕의 통치하에 귀족들이 있었는데, 이들의 등급은 공(公)·후(侯)·백(伯)·자(子)·남(男)으로 구분되어 있다. 귀족들은 대부분 왕실과 혈연관계에 있었으나, 그 중 산동성 북쪽에 자리한 제나라는 왕실과 혈연관계가 아니었다. 이렇게 일정 지역의 땅을 얻어 다스리도록 권한을 부여받은 사람은 귀족 계층 중에서 공(公)과 후(侯)의 작급에 속한다. 그 밖에 백·자·남은 천자한테서 직접 땅을 받을 수 없었고, 공작이나 후작에게서 일정한 땅을 받았으므로 그들의 정사를 보좌하는 임무가 있었다. 주나라는 건국이후 진시황에 의하여 망할 때까지 800여 년을 지속하였는데, 그 역사기간을 대략 세 단계로 나눌 수 있다.

첫째는 개국 후부터 평왕(平王)이 수도를 서안(西安)인 호(鎬)에서 낙양(洛陽)인 낙읍(洛邑)으로 옮기기까지의 기간으로, 이 시기를 역사에서는 일반적으로 서주시대라고 부른다. 둘째는 춘추시대이고, 셋째는 전국시대이다. 춘추와 전국시대를 합하여 역사가들은 동주시대라고 부르기도 한다. 동주시대는 주평왕(周平王)이 낙양으로 동천 한 시기 즉, 기원전 770년에 시작하여 진시황에 의하여 망한 기원전 221년까지 550년간을 말한다. 춘추와 전국시대의 구분은 후작인 진(晉)나라가 세 대부에 의해 기원전 453년 한(韓)·조(趙)·위(魏)의 세 나라로 나누워진 때로 보는 것이 일반적인 견해이다.[7] 그러나 유교대사전에서는 전국시대를 주위열왕(周威烈王) 23년(B.C.403)에 삼가분진(三家分晉)의 시기로부터 진시황제가 천하를 통일한 때까지 183년간이라고 하였다.

주나라 초기의 봉건제도는 어려움을 겪으면서 점차 형성되어 강왕(康王:기원전 1078-1052) 때에 이르러 비로소 전성기에 도달한다. 그러나 이것은 오래 가지 못하였고 소왕(昭王:기원전1052-1001) 때부터 다시 쇠퇴하기 시작하다가 목왕(穆王:기원전 1001-946)이 견융(犬戎)을 치는데 성공하자 잠시 성세를 보이다가 의왕(懿王:기원전 934-909) 때 또 융적(戎狄)들의 침범으로 다시 쇠퇴하였다. 그러다가 어떤 왕조나 그렇듯이 주도 중간에 선왕(宣王:기

---

7 박인수, 『춘추전국의 패자와 책사들』, 도서출판 석필, 2001, 19-23쪽.

원전 827-781)이 다스리던 중흥기가 있었으나 그것도 오래 가지는 못하였다. 서주는 이러한 기복을 겪다가 마침내 유왕(幽王:기원전 781-770)이 견융의 난에 죽자 그의 아들 평왕(平王)이 도읍을 낙읍(洛邑)으로 옮기게 되었다.[8]

서주사회의 정치이념은 경덕(敬德)·보민(保民)·신벌(愼罰) 등이었다. 그리고 춘추시기의 정치이념은 민본주의와 예치주의였다. 이는 유가의 덕목인 인·의·예·지를 통섭하는 작업을 통하여 도덕적 인문주의와 정치적 예치주의라는 윤리정치의 시작이었다. 그래서 춘추시기의 정치문화는 신권정치로부터 벗어나기 시작하였다.[9] 서주문화의 특징을 살펴보면 첫째, 주나라 사람의 무력은 강대하였고 전통의 문화를 흡수하는 역량도 매우 강하였다. 주의 문화는 상나라의 문화와 하나라의 문화까지도 흡수한 문화였다. 이는 근대에 출토된 서주의 출토된 유물로써 증명할 수 있다. 서주의 문화는 이미 은나라를 초월하였고, 봉건제도는 수 천 년 동안 나라를 다스리는 기초가 되었다. 둘째, 서주시대에 왕실의 통치력은 확실히 약하지 만은 않았다. 그래서 이때에 무경(武庚)·관숙(管叔)·채숙(蔡叔)을 제외하고는 어떤 제후의 반란도 없었다. 또 조직에 결함이 없었고 왕실은 부유하였다. 그 예를 들면 주이왕(周夷王)이 제애공(齊哀公)을 살해하였고, 주여왕(周厲王)이 초나라가 왕을 참칭하는 것을 그치게 하였고, 주선왕(周宣王)이 노나라를 벌하고 다시 노나라를 세워준 일에 대하여

---

[8] 김충열지음, 『중국철학사』-중국철학의 원류- 예문서원, 2006, 208쪽.
[9] 楊高男, 「春秋時期兩大思潮與孔學倫理政治」, 懷化學院學報, 第26卷 第3期, 2007, 22쪽.

노나라 사람과 제후가 모두 반항하지 않았다. 이러한 점으로 보아서 서주시대에는 왕실의 통치력이 강했다는 것을 알 수 있다.[10] 어떤 사회조직을 막론하고 대부분의 문제는 경제상황에 의해 결정된다. 서주사회에도 경제는 지금과 같이 중요하였다. 인류는 수렵활동으로부터 축산과 농업생활로 발전됨과 동시에 생활이 점점 안정되었고 이에 따라서 고등문화가 발생하였다. 신석기 문화의 유적지인 앙소촌(仰韶村)에서는 돌로 만든 농기구가 발굴되었다. 이때에 주나라 사람은 농업을 발전시켜서 강성한 씨족이 되었고 그들은 농업의 신인 후직(后稷)을 시조로 삼고 있었다.[11]

서주와 춘추전기의 경제는 일반적으로 자급자족의 구조였다. 보통 평민은 아내가 짠 의복을 입었고 식량은 자급자족하였다. 그러므로 여분은 없었고 많이 필요하지도 않았다. 그래서 상공업이 활발하게 발달 할 수 없었고 화폐도 충분히 유통되지 않았다. 자급자족의 유치한 농업 경제 조건하에서 역사상 유명한 봉건사회가 형성된 것이다. 봉건사회의 정확한 의미는 명분상으로는 왕실의 통치하에 있었으나, 실제상으로는 토지에 관한 권한과 정치권이 모두 세습된 주인에게 있었고, 일체의 경제 정치상의 권리를 세습된 주인이 모두 지배하였다. 이 서주에서 춘추전기에 이르기까지의 사회를 봉건 제도의 전성기였다고 볼 수 있다.[12]

---

10 童書業,『春秋史』, 中華書局, 2006, 13쪽.
11 童書業,『春秋史』, 中華書局, 2006, 68쪽.
12 童書業,『春秋史』, 中華書局, 2006, 74쪽.

2) 인문주의의 개시와 민본사상의 출현

주나라의 정치는 상나라의 정치를 고찰해 보면 알 수 있다. 은나라의 정치적 특성은 두 가지로 볼 수 있다. 그 하나는 천제(天帝)와 왕의 관계이다. 왕이 경건하고 성실하게 신에게 제사를 지내면 왕의 통치권은 무한할 수 있었다. 또 하나는 후대에 말하기를 "물이 배를 띄우고, 물이 배를 전복시킨다."라고 하니 민중과 정권의 관계를 설명한 것이다.[13] 이것을 한마디로 정리하면 '경천외민(敬天畏民)'이며, 그 속에 '천즉민(天卽民)'이라고 하는 정치적 기조가 이미 형성되어 있었으며 주(紂)가 '경천외민(敬天畏民)'하지 못하여서 나라를 전복시켰다는 인과의 논리가 있었다.

하나라와 상나라 사람의 사회생활은 정신적으로 불완전하였고 겨우 원시생활에서 벗어난 상태였다. 그러므로 하·상나라의 사상행위는 완전히 외재적 조상신과 자연신 및 상제에 의해 영향을 받았다. 그러나 주나라의 사상발전사에서 가장 위대하다고 평가되는 것은 도덕적 인문정신의 확립을 전개하였다는 점이다.[14] 춘추시대 사상은 여전히 신화사유의 틀을 완벽하게 벗어나지 못하였다. 이러한 틀 속에서 발전한 인본주의적 요소는 분명히 인문정신의 약동을 드러내었다. 우리는 이 시대 사상문화의 각 측면에서 인문정신과 도덕정신이 활발하게 싹트고 왕성하게 생장하는 것을 볼 수 있다.[15]

---

13 『春秋弦歌-《左傳》與中國文化』, 龔留柱, 河南大學出版社, 2005, 201쪽.
14 楊高男,「春秋時期兩大思潮與孔學倫理政治」, 懷化學院學報, 第26卷 第3期, 2007, 22쪽.
15 진래지음, 진성수·고재석옮김, 『중국고대사상문화의 세계』-춘추시대의 종교,

인문정신은 인본에서 시작된다. 인본사상은 천과 인의 관계에서 천중심이 아니라 인간을 근본으로 생각하는 사상을 말한다. 다시 말하면 인본사상은 무신론을 의미하는 것이 아니며, 천 혹은 신에 대한 경배와 믿음을 배제한 것도 아니다. 인본은 천과 인의 관계에서 모종의 문제가 발생할 때에 인간을 위주로 처리하는 것을 말한다. 만약 어떤 종교적 행위가 있다고 하더라도 그 목적은 사람에 있지 결코 신에 있지 않다는 의미이다. 춘추시대에 들어와서 사회의 급격한 변화는 사람들의 관념에 반영되기 시작하였다. 천과 신 등에 대한 관념도 달라지기 시작하였으며 인본사상이 고개를 들기 시작하였다. 『춘추좌전』에서도 이 중대한 변화를 기록하고 있다. 사람은 그 무엇을 위한 도구이거나 수단이 될 수 없다는 주장이다.[16] 천기의 운행은 인간의 생활에 중요한 지침이 된다. 사람이 절기에 따라 추위와 더위가 엇갈리면, 때로는 천재지변이 일어나는 등의 조화를 살피고 연구하는 것도 이 때문이다. 그러나 춘추시대에는 천문에 의한 천도를 중시하면서도 무조건적으로 경외하는 신앙에서 벗어나 인본을 기조로 하는 인문주의가 개시되었다.

천도에 대하여 회의(懷疑)하고 부정하는 경향이 점차 많아지면서 자연히 사회 지배층의 역할과 권위가 동요되기 시작하였다. 따라서 백성들이 점차로 제 목소리를 내기 시작하였고, 백성을 국가의 주요한 구성원으로서 존중하는 민본사상이 대두하게 된다.[17] 이 민본사조에 관한 기사(記史)는 다음과 같다.

윤리와 사회사상, 성균관대학교 유교문화연구소 동아시아학술원, 2008. 15쪽.
16 朴晟鎭,「《左傳》의 思想傾向」, 중국문화연구 제21집, 2000.

오(吳)나라 군사가 진(陳)나라에 주둔하자, 초(楚)나라의 대부들이 모두 두려워하며 말했다. "오(吳)나라의 선군 합려(闔廬)왕은 백성을 적절하게 잘 쓰는 것만으로도 우리를 백거에서 패배시켰습니다. 그런데 이제 들으니 지금의 오왕은 합려보다도 수완이 좋다고 하니, 어찌하면 좋겠소?" 그러자 자서(子西)가 다음과 같이 말하였다. "여러분들은 우리가 서로 화목하지 않는 것을 걱정하고, 오나라를 걱정하지는 말라. 옛날에 오의 합려왕은 식사에 반찬 두 가지를 먹지 않았고, 앉을 때는 자리를 두 겹으로 깔지 않았으며, 처소를 높이 하지 않았고, 기물(器物)은 아름답게 꾸미지 않았으며, 궁궐 안에 화려한 건물을 짓지 않았고, 타는 배나 수레에는 장식을 하지 않았고, 의복과 쓰는 일상 용구는 실용적이며 허례를 중시하지 않았다. 나라 안에서 질병이 돌면 그가 친히 어려운 이들을 찾아다니며 도와주며, 군중에 있을 때에는 병사들이 음식을 받은 뒤에야 자신도 먹었다. 그가 먹는 산해진미는 병사들도 반드시 맛보았으며. 합려는 늘 백성을 살피고 그들과 동고동락했기 때문에 백성들이 괴로워하지 않았고, 죽어도 헛되이 죽지 않는다고 알았던 것이다. 그러나 전에 우리나라의 정권을 쥐고 있던 대부 자상(子常)의 태도는 이와는 반대였으니, 오가 우리를 패망하게 한 것이었다. 지금 들으니, 새로 오왕이 된 부차(夫差)는 숙소에 누대(樓臺)와 연못을 갖추고, 잠자는 여자들이 모시며, 하루만 밖에 있더라도 원하는 것은 반드

---

17 朴晟鎭, 「《左傳》의 思想傾向」, 중국문화연구 제21집.

시 갖추고, 기호품도 반드시 지참하며, 진기한 것을 모으고 향락을 일삼으면서 백성을 원수같이 보고 끝없이 부려먹고 있다고 한다. 이렇게 하면 그가 먼저 자신을 망칠 따름이니, 그가 어찌 우리를 패배시킬 것인가?[18]

이때로부터 12년 전에, 오왕합려(吳王闔廬)가 초나라를 침벌하여서, 초의 도성인 영(郢)을 함락시켰는데 그때 초나라는 거의 망할 지경이었다. 그런데 12년 후인 지금, 다시 초나라로 진공하는 오왕부차(吳王夫差)의 군대는 그때보다 더욱 강한 것으로 보였다. 초나라의 대부들이 공포에 떠는 것은 사실 충분한 이유가 있었다. 그러나 자서(子西)만은 문제의 핵심을 보고 있었다. 과거 합려의 힘은 애민으로 얻은 백성의 힘이었지만, 부차의 힘은 그저 백성을 괴롭혀서 얻은 것이니 이것은 자신의 멸망을 재촉하는 것일 뿐이라고 판단한 것이다.

선진시대의 기타 민본사상과 마찬가지로 『춘추좌전』의 민본사상이 군주제의 폐지를 주장하는 것은 아니다. 그러나 『춘추좌전』 이후에 맹자와 순자가 민본사상을 계승 발전시켰고, 그 뒤에 민본사상은 지금까지도 중요한 정신적 유산으로 계승되어 왔

---

[18] 『春秋左傳』, 哀公 元年 : 吳師在陳, 楚大夫皆懼. 曰 "闔廬惟能用其民, 以敗我於柏擧. 今聞其嗣又甚焉, 將若之何?" 子西曰 "二三子恤不相睦, 無患吳矣. 昔闔廬食不二味, 居不重席, 室不崇壇, 器不彤鏤, 宮室不觀, 舟車不飾, 衣服財用, 擇不取費. 在國, 天有菑癘, 親巡孤寡而共奇乏困, 在軍, 熟食者分而後敢食. 其所嘗者, 卒乘與焉, 勤恤其民, 而與之勞逸, 是以民不罷勞, 死知不曠. 吾先大夫子常易之, 所以敗我也. 今聞夫差, 次有臺榭陂池焉, 宿有妃嬙, 嬪御焉, 一日之行, 所欲必成, 玩好必從, 珍異是聚, 觀樂是務, 視民如讎, 而用之日新. 夫先自敗也已, 安能敗我?(정태현 역주, 『譯註春秋左氏傳 1』전통문화연구회의 번역을 참고함.)

다. 이러한 맥락에서 본다면 『춘추좌전』이 갖는 가치를 충분히 긍정할 수 있을 것이다. 사실 시군(弑君)에 대한 긍정은 결국 시해의 주체인 신민(臣民)의 견해와 의사를 존중하는 것이며, 바로 민본사상의 근간을 이루는 요체라고 할 수 있다.[19]

다음은 괵(虢)나라의 흥망이 하늘에 달려 있는 것이 아니고 임금이 백성을 근본으로 삼는데 달려있다는 내용이다. 『춘추좌전』, 장공(莊公) 32년(기미 B.C.662)에 경에 없고 전만 있는 기사는 다음과 같다.

가을 7월에 신(神)이 신읍(莘邑)의 어떤 사람에게 내렸다. 혜왕(惠王)이 내사(內史) 과(過)에게 "이것은 무슨 까닭이냐?"라고 묻자, 내사(內史)가 "나라가 흥하려고 할 때에는 신명이 강림하여 그 나라의 덕을 살핍니다. 망하려고 할 때에도 신명이 강림하여 그 악을 살핍니다. 그러므로 신으로 인하여 흥한 나라도 있고, 신으로 인하여 망한 나라도 있었으니, 우(虞)·하(夏)·상(商)·주(周)에도 모두 그런 일이 있었습니다."라고 대답하였다. 혜왕이 "이 신을 어떻게 대접하는 것이 좋겠느냐?"라고 묻자, 내사가 "그 신이 내린 날과 상응하는 물품으로 제향(祭享)하소서. 그 신이 내린 날을 조사하여 그 날짜에 맞는 제품이 바로 이 신에게 사용할 물품입니다."라고 하니, 혜왕이 그 말을 따랐다. 내사(內史) 과(過)가 갔다가 괵국(虢國)이 신(神)에게 명을 청하였다는 말을 듣고서 돌아와 말하

---

19 朴晟鎭, 「《左傳》의 思想傾向」, 중국문화연구 제21집.

기를 "괵은 반드시 망할 것입니다. 그 이유는 학정을 일삼으면서 신(神)의 명만을 따르기 때문입니다."라고 하였다. 신(神)이 신(莘)에 머문 지 6개월이 되는 때에 괵공이 축응(祝應)·종구(宗區)·사은(史嚚)을 보내어 신에게 제향하게 하니, 신(神)이 토전을 주겠다고 하였다. 사은(史嚚)이 말하기를 "괵(虢)은 아마도 망할 것이다. 내가 듣건대 "나라가 일어나려 할 때는 임금이 백성의 말을 따르고, 망하려 할 때는 신(神)의 말을 따른다."고 하였다. 신(神)은 총명정직(聰明正直)하고 전일한 존재이요, 사람의 행위에 따라 화복을 시행한다. 괵국(虢國)이 박덕하게 한 것이 많으니 어찌 토전(土田)을 얻을 수 있겠는가?"라고 하였다.[20]

내사(內史)가 신(神)으로 인하여 망하고 신으로 인하여 흥하니 제사를 지내라고 하였다. 혜왕(惠王)이 내사의 말을 따랐다. 그러나 내사가 신만을 존숭한 것은 아니다. 내사는 괵국이 신의 명령에 의지하여 민생에 대하여 학정 하는 것을 보고 망할 것이라고 하였고 사은(史嚚)도 동의 하였다.

위 인용문의 제삿날은 갑을일이다. 갑을일에 이르러서 먼저 비옥(脾玉)과 푸른 옷차림으로 제자지내니 청색을 숭상하는 종류

---

[20] 『春秋左傳』, 莊公 32년 : 秋七月, 有神降于莘. 惠王問諸內史過曰 "是何故也?" 對曰 "國之將興, 明神降之, 監其德也. 將亡, 神又降之, 觀其惡也. 故有得神以興, 亦有以亡, 虞夏商周皆有之." 王曰 "若之何?" 對曰 "以其物享焉, 其至之日, 亦其物也." 王從之. 內史過往, 聞虢請命, 反曰 "虢必亡矣. 虐而聽於神." 神居莘, 六月, 虢公使祝應, 宗區, 史嚚享焉, 神賜之土田. 史嚚曰 "虢其亡乎! 吾聞之, 國將興, 聽於民, 將亡, 聽於神." 神聰明正直而壹者也. 依人而行, 虢多涼德, 其何土之能得.

의 것을 말한다. 총(聰)하면 듣지 못하는 것이 없고, 명(明)하면 보지 못하는 것이 없고, 정(正)하면 스스로 자신을 바르게 하고, 직(直)하면 다른 사람을 바르게 할 수 있으며, 일(壹)하면 전일하여 마음이 갈라지지 않는다. 선(善)하면 신이 임하고 악(惡)하면 신이 떠난다.[21] 귀신의 능력은 전지전능하지만 우리가 예측하기 어렵다. 그래서 정사(政事)를 행함에 있어서 귀신의 능력에 의지하려는 태도가 생긴다. 그러나 부국의 논리는 총(聰)·명(明)·정(正)·직(直)으로써 신을 모시는데 요점이 있는 것이 아니라, 총·명·정·직으로써 백성을 다스리는 데 요점이 있다. 총(聰)·명(明)·정(正)·직(直)·일(壹)같은 덕목이 선(善)의 덕목이며 선(善)은 하늘과 덕(德) 함께한다. 이후에 괵국(虢國)의 멸망은 희공 5년 조에 보인다.

그러나 춘추시기에는 민본에 가장 배치되는 순장제도가 있었다. 『춘추』, 문공(文公) 6년(경자 B.C.621) 경문에 "8월 을해(乙亥)일에 진나라 제후 환(秦侯驩)이 졸하였다."[22]라고 하였다. 이에 『춘추좌전』, 문공 6년의 기사에 '진백 임호(秦伯 任好)가 졸(卒)하자 자거씨(子車氏)의 세 아들 엄식(奄息)·중행(仲行)·함호(鍼虎)를 순장하였으니, 이들은 모두 진(秦)나라의 좋은 신하이다…'라고 하였다. 이는 진목공(秦穆公)이 강대한 국가의 패제후로서 민본이라는 측면에서 통치자질이 모자랐다는 증거이다. 이 기사는 진(秦)나라가 세력으로는 강대할 수 있었으나 질적인 측면에서 반

---

21 『春秋左傳詳節句解』, 莊公 32년 : 謂如以甲乙日至則, 祭先脾玉用蒼服尙靑之類. 聽則無所不聞, 明則無所不見, 正則自正於己, 直則能正平人, 而壹則專一而不二也. 善則神就之, 惡則神去之.

22 『春秋』, 文公 6年 : 八月乙亥, 秦侯驩卒.

드시 강대하지는 않았으며, 민본중심의 중화(中華)를 이루어 내기에는 역량이 부족하였음을 보여준다.

고대에는 천신(天神)과 임금사이에 권리와 의무가 있었고 이것이 정통정치를 실천하는데 영향을 주었다. 오늘날에도 통치자는 민심에 관심을 두어야 하고 민의를 받들어야 하고 민중의 행복을 위하여 존재한다. 이것이 일시적인 것이거나 가시적인 것이라면 본질에 어긋난다. 단지 그 민심이 유행에 동요한다거나 개인주의의 확대를 주장하는 것에 관심을 갖는다면 이것 또한 민본주의에 대한 오류를 행하는 것이 된다.

3) 도덕과 종법제도의 타락

춘추시기의 도덕적 타락은 왕실에서부터 비롯되었다. 이때에 왕은 하늘과 사람의 중간매체로 하늘의 대변인이고 제후를 비롯한 백성의 부모였음에도 불구하고 이 지존의 물리적인 가치가 손상되어갔다.

왕(王)은 주나라의 동쪽도시(東都)인 낙읍(洛邑)을 말하니, 왕성(王城)의 경기안쪽 사방 6백리의 땅이다. 〈우공(禹貢)〉에 예주(豫州)의 태화산(太華山)과 외방산(外方山)의 사이에 있다고 하였으니, 북으로는 하양(河陽)을 차지하고 기주(冀州)의 남쪽 경계까지 걸쳐 있었다. 주나라 초기에 문왕(文王)은 풍(豊)땅에 거주하고 무왕(武王)은 호경(鎬京)에 거주하였는데, 성왕(成王) 때에 이르러 주공(周公)이 비로소 낙읍(洛邑)을 경영하여 때로 제후들을 만나는 장소로 삼으셨으니, 이는 지역의 한 중앙이어서 사방에서 오는 자의 거리가 균등하기 때문이었다. 이로부터 풍·호를 서도(西都)라고 말하고, 낙읍을 동도(東都)라고 말하였다. 유왕(幽王)에 이르러 포사(褒姒)를 총애하여 백복을 낳자, 신후와 태자인 의구(宜臼)를 폐출하니, 의구가 신(申)나라로 도망을 갔다. 신후(申侯)가 분노하여 견융(犬戎)과 함께 종주(宗周)를 쳐서 유왕(幽王)을 희(戲)땅에서 시해하였다. 진문후(晉文侯)와 정무공(鄭武公)이 의구(宜臼)를 신(申)나라에서 맞이하여 세우니, 이 인물이 평왕(平王)이다. 평왕이 동도의 왕성으로 옮겨 거주하니, 이에 왕실이 마침내 낮아져 제후와 다름이 없게 되었다.[23]

서주시대의 마지막 왕은 유왕(幽王)이다. 주나라 평왕(平王)의 부왕(父王)이 바로 유왕(幽王)이다. 원래 왕의 시호는 왕이 죽은 후 필생의 업적을 평가하여 붙인다. 유왕의 '유(幽)'자는 나라를 어지럽히고 정치를 잘못하여 지어진 이름이다. 유왕의 재위 중에 여러 해에 걸쳐서 가뭄이 들었고 흉년이 계속되자 민생이 도탄에 빠졌다. 그러나 유왕은 이러한 백성의 어려움을 아랑곳하지 않았고 사치와 방탕한 생활을 계속하였다. 백성들의 유왕에 대한 불만이 점점 높아가고 있는 중에도 유왕은 정치적으로 큰 실수를 하였다. 유왕은 이미 태자로 정해졌던 신후(申后)의 몸에서 난 왕자인 의구를 폐하고 그가 총애하는 애첩 포사의 몸에서

---

23 『詩經集註』「國風·王風」의 序 : 王謂周東都洛邑, 王城畿內方六百里之地. 在禹貢豫州太華外方之間, 北得河陽, 漸冀州之南也. 周室之初, 文王居豊, 武王居鎬, 至成王, 周公始營洛邑, 爲時會諸侯之所, 以其土中, 四方來者道里均故也. 自是謂豊鎬爲西都, 而洛邑爲東都. 至幽王嬖褒姒, 生伯服, 廢申后及太子宜臼, 宜臼奔申. 申侯怒, 與犬戎攻宗周, 弑幽王于戲. 晉文侯, 鄭武公, 迎宜臼于申而立之, 是爲平王 徙居東都王城, 於是, 王室遂卑, 與諸侯無異.

난 서자인 백복(伯服)을 새로운 태자로 세웠다. 왕실의 대신들은 태자를 바꾸는 일이 불가능하다고 말했지만 유왕은 듣지 않았다. 게다가 유왕은 신후를 폐하고 포사를 왕비로 맞았다. 이렇게 해서 왕실 내부의 귀족 집단 사이에서 알력이 생겼고 주왕과 제후들 사이에도 갈등이 점차 심화되어 갔다.

당초에 주왕실이 제후들을 분봉할 때에 왕실 주위에 가까운 친척들을 두어 왕실을 둘러싸게 하였다. 만일 왕실에 중대한 내란이 일어나거나 외적이 침입하면 신속하게 원군을 소집할 수 있도록 하기 위함이었다. 나라에 긴급한 상황이 발생하여 주위의 제후들을 소집할 때 사용하는 신호 수단이 봉화였다. 그런데 이때 유왕의 총애를 받은 애첩 포사는 좀체 웃지 않았다고 한다. 온갖 수단을 동원해도 포사를 웃게 하지 못한 유왕은 왕실에 아무런 변고가 없는데도 봉화를 피우도록 군사에게 명령해 놓고 포사와 봉화대에서 술과 음악으로 희희낙락하고 있었다. 봉화를 본 제후들이 왕을 보호하기 위해 군대를 이끌고 도착해 보면 아무 일도 없었고 유왕과 포사가 한가롭게 술을 마시며 즐기고 있을 뿐이었다.

이러한 상황에서 기원전 771년에 폐비된 신후(申后)의 부친인 신후(申侯)가 회(繪)나라와 이민족 견융(犬戎)의 군대를 이끌고 쳐들어왔다. 유왕은 여산으로 피했고 봉화를 피워서 제후들을 불렀으나 여기에 응하여 원군을 보낸 제후는 극소수였다. 마침내 도읍은 공략 당하였고 정나라가 제후로서 중앙 정부의 사도(司徒)를 겸직하고 있던 중이었으므로 이때에 환공(桓公)이 적은 군대를 이끌고 맞서다가 전사하였다. 이 때문에 나중에 정나라가 제후들 중에서 입장이 견고해졌다. 회나라와 견융의 군대는 약탈과 방화로 주나라 도읍인 호경을 쑥대밭으로 만들었다. 여산 아래에서 유왕은 살해되었고 포사는 납치당하였다. 폐허가 된 주나라 도읍을 건져준 제후는 주나라와 혈연관계도 아니었고 오히려 서쪽의 오랑캐라고 불리면서도 자부심을 잃지 않았던 진(秦)나라의 양공(襄公)이었다. 그는 훗날 중국을 통일한 진시황의 먼 조부에 해당하는 제후였다. 주왕실은 진양공(秦襄公)의 도움으로 인하여 서융을 몰아내긴 하였으나 통치 질서는 붕괴되었다. 제후들이 유왕의 원래 태자였던 의구를 기원전 770년에 왕으로 받들었는데 그가 평왕(平王)이다. 평왕이 즉위하였을 때 주나라는 유왕의 폭정과 심각한 천재(天災)의 후유증으로 인하여 나라의 형편이 기울어 있었다. 경제 파탄과 인구 감소, 게다가 이민족의 빈번한 침입으로 인하여 힘이 고갈되어 나라를 지탱할 수가 없게 되었다. 그래서 주평왕은 진(秦)·정(鄭)·진(晉)나라 제후들의 도움을 받아 기원전 770년에 도읍을 낙읍으로 옮겼다. 이때부터가 동주시대의 시작이고 역사가들은 춘추시대의 시작으로 본다.[24]

그러나 동주시대를 춘추시대와 전국시대로 엄밀히 구분하고자 하는 것은 자칫 두 시기를 관통하고 있는 '존왕양이(尊王攘夷)'의 통치이념을 총체적으로 파악하는데 장애가 될 수 있어서 두 시기는 엄밀하게 구분 지어 보는데 의미가 있지는 않다. 따라서 춘추와 전국시기의 구분은 어디까지나 분석의 적실성을 높이기 위하여 편의상 구분한 것뿐이다.[25] 춘추시대는 이렇게 도덕적인

---

[24] 박인수, 『춘추전국의 패자와 책사들』, 도서출판 석필, 2001, 24-26쪽.
[25] 신동준 역주, 『國語』, 인간사랑, 2005, 5쪽.

타락에 의하여 시작되는 동기를 가지고 있으며 봉건제도라고 하는 종법제도의 타락과 사상적 동요를 발생시킨다.

　주나라가 처음 건국하였을 때에 상나라의 문화적인 환경 속에서 어려운 초창기를 보낸 다음 주공(周公)은 '제예작악(制禮作樂)'을 하였다. 상나라의 예가 주로 종적이며 수직적인 종교 미신의 체제였다면 이 '제예작악'은 혈연공동체 의식으로 바꾸어 인륜관계에 따른 질서를 예제화(禮制化)하였고, 나아가 이것을 다시 실제 정치와 연결시켜 도덕 평등 의식을 새로 조성하여 현인 정치를 시행한 것이다. 주나라 왕실이 종법을 세움으로써 주나라의 국체를 단단히 하게 된다. 주공이 종법제도를 고안해 낸 것은 바로 백대가 지나도 달라지지 않는 대종(大宗)이다. 즉 종계간의 차등을 둠으로써 자연적으로 우러나오는 가까운 혈육에 대한 정을 공고히 하고 궁극적인 생명의 근원을 미루어 생각해서 근원적인 혈연공동체를 확인하는 것이었다. 주나라 초기는 바로 이러한 종법 사회의 바탕위에 건축된 봉건 제도가 이상적으로 실현된 시대이다. 그 뒤 동주에 이르러 이러한 종법제도는 타락하였고, 다만 그 가운데서도 나라의 명맥을 이어나가면서 800여년이나 인간 본연을 잃지 않도록 하는데 미약하게 존재하였을 뿐이다.[26]

---

[26] 김충열 지음, 『중국철학사』-중국철학의 원류- 예문서원, 2006, 195-198쪽.

2. 춘추삼전의 저술과 특성

『춘추』는 노나라의 역사서임과 동시에 역사평가서이다. 공자가 『춘추』를 지음에 그 문사가 상당히 간략하고 시대를 뛰어넘어 이해하기에는 난해한 점이 있다. 그래서 『춘추』를 연구하려면 해설서에 의지할 수밖에 없다. 이제까지 전해지는 『춘추』해설서로 대표적인 것은 『춘추좌전』· 『춘추공양전』· 『춘추곡량전』이 있다.

1) 공자와 『춘추』

동양의 역사에서 기원전 770년부터 기원전 476년까지를 춘추시대라고 하고, 기원전 475년부터 기원전 221년 까지를 전국시대라고 하며, 두 시대를 합하여 동주시대(東周時代)라고 한다. 동주시대라고 부르는 것은 기원전 770년에 서주의 평왕(平王)이 서쪽의 서안(西安)에서 동쪽의 낙양으로 동천하였기 때문이다. 기원전 221년은 진시왕(秦始皇)이 소위 '전국 칠웅(全國 七雄)'을 멸하고 중국을 통일한 해를 가리킨다. 춘추시대라고 부르는 이유는 공자가 편수한 노나라 역사책인 『춘추』에서 다뤄진 기간이 마침 이 역사 발전 단계와 대략 맞아 떨어지기 때문이다.[27] 『춘추』는 고대 역사책의 통칭이다. 또 노나라 역사를 오로지 명명한 것이

---

27 최종례, 『고사성어로 읽는 춘추좌전』, 호음社, 2004, 4쪽.

기도 하다. 이제까지 경학가들이 공자가 '작(作)'했고 혹은 '수(修)'했다는 것에 대하여 이설이 없다. 금문경학가들은 『춘추』가 공자의 저작이라고 굳게 주장한다.[28]

『춘추』를 통관해 보면 기재된 글이 통일되지 않았다. 예를 들면 노나라의 경대부가 맹회에 참가하지 않은 것을 어떤 때는 이름을 쓰고 어떤 때는 이름을 쓰지 않았다. 임금을 시해한 사건을 기록함에 장공(莊公) 및 장공이전의 시군(弑君)한 자는 씨를 기록하지 않았고, 민공(閔公) 이후의 시군한 자는 모두 씨(氏)를 기록하였다. 희공(喜公) 21년 이전에 초나라 임금을 '초인(楚人)'이라고 하였고 그 후에는 '초인(楚人)' 혹은 '초자(楚子)'라고 기록하였다. 선공(宣公) 11년 이후에는 모두 '초자(楚子)'라고 칭하였다. 그러나 공자와 『춘추』가 밀접한 관계이며 이러한 점은 오히려 누구도 부인할 수 없었다. 대다수의 학자가 모두 승인하였고 공자는 『춘추』로써 학생을 가르치는 교재로 삼았다. 『춘추』·『시』·『서』·『예』·『악』이 후세에 유가의 경전으로 일컬어졌다.[29] 공자는 예악이 붕괴된 춘추시대의 인물이다. 그는 그의 제자들에게 학문을 가르쳤다. 비록 벼슬할 인재를 배양하는 것이 직접적 목적이라고 하였으나 오히려 세상의 풍속을 교화하여 옛날의 예제(禮制)가 있었던 이상세계를 유지하는 것이었다.[30]

양백준(楊佰峻)은 춘추가 당시 각국에서 역사서를 부르는 일반적인 명칭이면서 동시에 노나라의 역사책에 붙인 고유한 명칭

---

28 趙伯雄, 『春秋學史』, 山東敎育出版社, 2004, 5쪽.
29 趙伯雄, 『春秋學史』, 山東敎育出版社, 2004, 6쪽.
30 趙伯雄, 『春秋學史』, 山東敎育出版社, 2004, 8쪽.

이라는 이중적 의미를 담고 있는 것이라고 하였다. 물론 오늘날 이런 각국의 역사서는 모두 전해지지 않고 오직 노나라의 『춘추』만이 전해지기 때문에, 지금은 노나라의 역사서를 의미하는 것으로 한정되어 쓰인다. 그것은 우선 노나라가 『주례』를 지은 주공의 후예로서 『주례』를 가장 잘 보존했다는 점에서 그 이유의 일단을 찾을 수 있지만, 가장 중요한 근거는 역시 『춘추』와 공자의 관계에서 비롯한 것이다. 그리고 이것은 『춘추』를 역사서로 볼 것인가 아니면 공자의 사상을 담은 경전으로 이해할 것인가 하는 중대한 문제를 야기하였다. 춘추시대 제후국인 노나라의 역사서에 불과한 『춘추』가 공자 이후 유학의 육경 중에 하나로 존숭된 것은 실로 공자와의 연관성 없이는 설명될 수 없는 것이다. 이와 같은 『춘추』와 공자와의 관계에 대한 논의는 크게 두 가지로 정리할 수 있다. 첫째는 『춘추』가 공자의 수사를 거친 경전이라고 보는 전통적인 관점이고, 둘째는 공자의 춘추수사(春秋修史)를 부정하여 『춘추』를 단순한 역사서로 보는 관점이다.[31]

   『춘추』를 공자가 수사한 경전으로 보는 관점은 이른바 '춘추삼전'이라 불리는 『춘추좌전』과 『공양전』·『곡량전』의 공통의 입장이다. 『공양전』과 『곡량전』은 본래 이러한 전제에서 그 의미를 해설한 것이므로 재론할 것도 없지만, 『공양전』과 『곡량전』에 비해 사학으로 분류되는 『춘추좌전』도 이 점은 마찬가지이다. 『춘추좌전』, 성공(成公) 14년에 다섯 가지 '춘추필법'을 언급하여 『춘추』가 성인인 공자의 수사(修史)임을 분명하게 밝히고

---

31 權正顔, 「《춘추좌씨전》의 理解」, 『譯註春秋左氏傳1』정태현, 8쪽.

있다.³²

　이 장에서는 『춘추좌전』에서 좌구명이 성공 14년 조에 기록하고, 두예가 서(序)에서 거듭 언급한 '춘추필법'으로 인하여 『춘추』는 공자의 역사관을 통한 윤리관을 드러낸 경서라는 점에 초점을 두었다. 그 체제와 내용이 역사적 사실을 바탕으로 윤리와 철학적 논리를 갖추었다는 면에서 가치를 보유하고 있다고 본다.

2) 『춘추좌전』의 사실성과 존주의식(尊周意識)

공자가 편찬한 『춘추』는 노나라 은공 원년(기원전722년)에서 시작하여 노나라 애공(哀公) 14년에 기린이 잡힌 해에서 끝나니 전후 242년을 다루었다. 이에 비하여 『춘추좌전』은 노은공(魯隱公)에서 시작하여 노애공(魯哀公) 27년(기원전468)에 끝나니 『춘추』보다 13년이 더 길다. 공자는 애공(哀公) 16년에 세상을 떠났다. 『춘추좌전』은 대체로 『춘추』를 줄기로 삼았으나 기사(記史)는 노나라와 초나라를 중심으로 기록하였으며, 노(魯)·제(齊)·주(周)·정(鄭)·송(宋)·위(衛) 등 주변 제후국의 정치 상황을 자세히 소개하고 있다. 『춘추좌전』은 춘추시대를 전후한 250여 년 동안의 패권과 생존권 쟁탈을 다루었고, 그 외에 정치·군사·외교·문화·사회·풍속 및 천문·역법·시령(時令)·고대문

---

32 權正顔,「《춘추좌씨전》의 理解」,『譯註春秋左氏傳1』정태현, 9쪽.

헌・신화・전설・가요・속담 등도 소개하고 있다.[33] 『춘추좌전』은 동양에서 가장 오래된 사서(史書)임에도 불구하고 오랫동안 경전서(經傳書)로 간주되어 왔다. 그러나 『춘추좌전』은 『춘추공양전』・『춘추곡량전』과 달리 엄연한 사서(史書)의 사실적 성격이 강하다.[34]

춘추삼전 가운데 고문경전에 속하는 『춘추좌전』은 삼전 가운데 가장 먼저 성립하였으며 가장 많이 읽힌 경전이다. 이것은 무엇보다 사실적 기록에 의한 충실성 때문이다. 이처럼 역사 기록에 있어서 사실에 대한 충실한 장점을 지닌 『춘추좌전』은 바로 그런 성격 때문에 이해하기 어려운 『춘추』에 대한 기본적 해설서이다. 이런 『춘추좌전』의 장점에 대하여, 『사고전서』에서는, "역사서는 찬술은 간략하여야 하고 고증은 자세해야 하니, 『춘추좌전』보다 상세한 것이 없고 『춘추』보다 간략한 것이 없다."고 하였다. 다만 이런 『춘추좌전』의 저자와 명칭에 대해서는 예로부터 다양한 이론이 존재하였다. 우선 『춘추좌전』의 저자에 대한 가장 오래된 기록은 사마천(司馬遷)의 『사기(史記)』에 보인다. 그는 『사기』「십이제후년표서(十二諸侯年表序)」에서 '노나라 군자 좌구명이 공자제자들의 글이 제각기 이론을 제기하여 자신의 생각에 안주하고 진실을 잃어버릴 것을 걱정하였다. 그러므로 공자의 『춘추』를 근거로 하여 그 말을 갖추어 『춘추좌전』을 완성하였다'고 하였다. 그 뒤 『한서』「예문지」에서는 이 『사기』의 학설을 계승하여 말하기를 '좌구명이 공자의 제자들이 제

---

33 최종례, 『고사성어로 읽는 춘추좌전』, 효음社, 2004, 5쪽.
34 좌구명지음, 신동준역주, 『국어』, 인간사랑, 2005, 16쪽.

각기 그 생각에 안주하여 진실성을 잃을까봐 두려워하여 본래의 사실을 말해 전(傳)을 지었다'고 하였다.[35]

이처럼 경과 전이 분리된 체제가 지금처럼 경과 전이 통합된 체제로 바뀐 것은 진대(晉代)의 두예의 공이다. 그는 『춘추좌전집해』의 서문에서, "경의 연대를 나누어서 전의 연대에 붙였다."고 하였다. 이처럼 『춘추좌전』을 『춘추』의 해경서로 정착시키는 과정에서 형성된 이 체제의 변화는 중요한 문제를 일으켰다. 그것은 이른바 경전 합본의 체제에서 경에는 기록이 있는데 전의 기록이 없는 '유경무전(有經無傳)'과 반대로 전에는 기록이 있는데 경에는 기록이 없는 '무경유전(無經有傳)'의 경우가 생겼다는 점이다. 특히 이 점은 경에 없는 것을 해설하지 않는 『공양전』이나 『곡량전』과 비교되어 해경서로서 『춘추좌전』의 성격에 대한 주요한 비판의 근거가 되기도 하였다.[36] 마지막으로 『춘추좌전』의 사평이라 할 수 있는 '군자왈' 형태의 기록에 대한 문제이다. 이것은 일부에 의해 유흠의 위작이라고 주장되기도 하지만, 사마천의 『사기』 이후 중국 역사서의 특성의 하나인 사찬의 시작이라는 의미를 갖는다. 그러나 이처럼 역사를 편찬하는 사가의 관점에서 그 사건과 인물의 역사적 가치, 즉 역사성을 부여하고 평가하는 방식 자체는 이미 공자의 『논어』를 통해서 시도되고 있는 것이다. 즉 『논어』 가운데 요임금과 순임금과 우임금과 같은 선왕이나 백이와 숙제와 은나라의 삼인 같은 선현들에 대한 공자의 평가가 이러한 사찬의 원형이라고 본다면 『춘추좌전』에

---

35 權正顔, 「『춘추좌씨전』의 理解」, 『譯註春秋左氏傳1』 정태현, 13-14쪽.
36 權正顔, 「『춘추좌씨전』의 理解」, 『譯註春秋左氏傳1』 정태현, 17쪽.

이와 같은 사평이 나타나는 것은 조금도 이상할 것이 없다.[37]

공호자(公扈子)는 『춘추』는 나라의 거울이라고 하였다. 『춘추』 가운데 시군이 36번, 망국이 52번이 나온다. 동중서가 『춘추번로(春秋繁露)』 상편에 『춘추』에 시군이 36번, 망국이 52번이라고 하였다. 회남자는 더욱 명백하게 『춘추』242년 동안에 시군이 36번, 망국이 52번이라고 하였다. 그 후 사마천 『사기』・「태사공」에 이와 같이 말했고, 유향이 또 이와 같이 말하니, 생각건대 『춘추』는 실제로 이러하다. 그러나 한(漢)나라 사람의 설은 이렇게 말하지 않았고 『춘추』에 실제 기재된 내용을 막론하고 한나라 사람들이 『춘추』를 본 것이 오늘날 전해지는 『춘추』와는 다르다. 그러므로 『춘추』는 역사자료로서 불완전하게 미비하며, 『좌전』이 이러한 점을 보충하였으나 경에 없는 전도 충분하지 않다. 또 242여 년의 역사적 사실에 대한 기록이 전의 손실로 인하여 충분하지 않다.[38] 청말 정치국면에서 세력의 변혁은 금문 『춘추』의 세력을 이어서 크게 흥성하였으니 여야가 모두 따랐다. 다만 고문 『춘추』를 견지하는 것은 아직 사람에게 있었고, 이러한 사람들은 일반적으로 모두 훈고를 읊어서 『춘추』를 연구하였고 실증적인 것을 강구하여 공연한 말에 힘쓰지는 않았다.[39]

이러한 『춘추』의 해경서인 『춘추좌전』이 궁극적으로 무엇을 주체사상으로 삼고 있는가 하는 문제에서 좌전학파인 두예는 다음과 같이 『춘추』의 대의가 존주(尊周)에 있다고 피력하였다.

---

37 權正顔, 「『춘추좌씨전』의 理解」, 『譯註春秋左氏傳1』정태현, 19쪽.
38 楊伯峻 著, 『春秋左傳住』, 中華書局, 1983, 23쪽.
39 載維, 『春秋學史』, 載維, 湖南敎育, 2004, 486쪽.

또 혹자가 "그렇다면 『춘추』의 기록을 어째서 노은공(魯隱公)에서 시작하였는가?"라고 묻기에, 내가 대답하기를 "주평왕(周平王)은 동주의 시왕이고 은공은 나라를 사양한 어진 임금이다. 그 연대를 따져보면 평왕과 은공의 시기가 근접하였고, 그 지위로 말하면 열국(列國)이며, 그 시조를 따져보면 주공의 은덕을 물려받은 후손이다. 가령 평왕이 하늘에 국명(國命)의 장구하기를 빌기 위해 선정을 행하여 선왕의 뒤를 이어 중흥의 공업을 열고, 은공이 조상의 공업을 크게 선양하여 주나라 왕실을 광계(光啓:선왕의 공열을 빛내고 후손에게 평안을 물려줌)하였다면 서주 때의 미정(美政)을 다시 찾을 수 있고, 문왕과 무왕의 업적을 떨어뜨리지 않을 수 있었을 것이다. 그러므로 공자께서 그 년 월의 역수에 따라 그 행사를 부기(附記)하고, 주공의 옛 법을 채취해 모아서 왕자(王者)의 대의(大義)를 만들어 장래에 법을 전하였다. 『춘추』에 기록한 왕은 비록 평왕이나 사용한 역은 바로 주정(周正)이요, 지칭한 공은 바로 노은공(魯隱公)이니, 공자가 주나라를 내치고 노나라를 왕으로 삼았다는 뜻을 어디에서 찾아 볼 수 있는가? 공자께서 "만약 나를 등용하는 자가 있다면 나는 이 동방에 주나라의 도를 부흥시킬 것이다."고 하셨으니, 이것이 바로 공자가 주도(周道)를 부흥시키려는 뜻이었다.[40]

---

[40] 『春秋左傳序』: 曰 "然則, 春秋何始於魯隱公?" 答曰 "周平王, 東周之始王也. 隱公讓國之賢君也. 考乎其時則相接, 言乎其位則列國 本乎其始則周公之祚胤也. 若平王能祈天永命, 紹開中興, 隱公能弘宣祖業, 光啓王室, 則西周之美可尋, 文武之迹不墜. 是故因其歷數, 附其行事, 采周之舊以會成王義, 垂法將來. 所書之王, 卽平王也, 所用之歷, 卽周正也, 所稱之公, 卽魯隱也, 安在其黜周而王魯乎?" 子曰 "如有用我者, 吾其爲東周乎!" 此其義也.

공자는 주나라의 평왕과 노나라의 은공이 왕정을 하지 못했기 때문에 왕정의 필요에 의하여 『춘추』의 처음을 이 시점에 두었다. 공자는 노나라 사람이기 때문에 공자의 대의에는 존주 뿐만이 아니라 존노가 동시에 존재한다. 그러나 두예는 공자가 이상과 같이 존주하였다고 강조하였다. 두예는 공자가 『춘추』에서 진정으로 바란 것은 주도의 부흥이며, 존주가 핵심에 있다고 주장하였다. 존주는 다만 당시에 주나라의 집권정부나 그 세력을 추존한 것이고, 이것이 곧 하늘의 아들인 천자의 나라에 대한 존숭이었다. 두예는 『춘추좌전』을 읽고 『춘추』를 존주에 중점을 두어 본 것이다.

3) 『공양전』의 존노관(尊魯觀)과 『곡량전』의 존존관(尊尊觀)

(1) 『공양전』의 노나라 중심관(中心觀)

『춘추공양전』과 『춘추곡량전』은 모두 한대(漢代)에 쓰여 졌다. 한대에 사용된 문자로 기록되었기 때문에 금문(今文)이라고 한다. 이 『춘추공양전』과 『춘추곡량전』의 구성은 공자가 노애공 14년(기원전 48) '서수획린(西狩獲麟)'하였다는 보고를 받고 이윽고 절필(絶筆)하였다고 하는 데에서 전문(傳文)이 모두 끝났다. 그리고 경문에서 다룬 역사적 근거와 사건에 대해서만 해설을 하였다.

현재 학계에서는 춘추시대의 시점을 주왕조의 동천이 이루어지는 주평왕 원년(기원전770)으로 본다. 그러나 종점에 관해서는 전혀 합의가 이뤄지지 않고 있다. 종점에 관한 견해는 크게

'주경왕 44년설(기원전476)'과 '주위열왕 22년설(기원전404)'로 대별할 수 있다. '주경왕 44년설'은 주로 역사학자들에 의해 지지되고 있고 '주위열왕 22년설'은 주로 정치학자들에 의해 지지되고 있는 점이 특이하다고 할 수 있다. '주경왕 44년설'은 그 이듬해가 주원왕(周元王) 원년이라는 사실에 주목한 것으로 원래는 사마천의『사기』에 나오는「6국연표」를 토대로 하여 나온 것이다. '주위열왕 22년설(기원전 404)'은 사마광의『자치통감』에 그 근거를 두고 있다.⁴¹

『춘추공양전』은 공자의『춘추』를 해설한 춘추삼전의 하나이며 문답체를 통하여 춘추의 서법과 그 서례(書例)에 담겨있는 의미를 해석하였다.『공양전』의 저자는『한서』「예문지」에 제인 공양자(齊人 公羊子)로 되어있으나 분명한 이름이 기록되어 있지 않다. 당대『공양전』의 소에는 서언이 대굉(戴宏)의 서(序)를 인용하여 공양자의 이름이 고(高)이며 자하에게서『공양전』을 전수받은 것으로 기록하고 있다. 또한 대굉의 서에서는 공양고로부터 가학으로 전수된 과정을 서술하고 있는데, 공양고(公羊高)·공양평(公羊平)·공양지(公羊地)·공양감(公羊敢)·공양수(公羊壽)로 부자상전(父子相傳)하였다고 하였다. 그 후 한나라 경제 때에 이르러 공양수가 그 제자인 호무자도와 함께 책으로 편찬한 것이다. 따라서 이 책의 저자는 보통 공양고로 알려져 있지만, 실제로 책을 쓴 것은 한나라 초기 공양수이며 그 내용도 모두 공양고가 지은 것은 아니다. 한대 초기 공양학은 동중서에 의해 크게

---

41 좌구명 저, 신동준 역주,『국어』, 인간사랑, 2005, 6쪽.

유행하게 되었다. 공양학의 대가인 그는 동평(東平)사람인 영공(贏公)에게 전수하고, 영공은 다시 노인 휴홍(眭弘)에게 전하고, 휴홍은 동해(東海)사람인 엄팽조(嚴彭祖)와 노인(魯人)인 안안락(顔安樂)에게 전하였다. 그 뒤에 이 두 사람의 공양학이 번성하여 후한 건무제(建武帝)때에 학관을 세우고 박사를 두었다. 후한이후 『춘추좌전』이 성행하자, 영제(靈帝)때 하휴가 『춘추공양해고(春秋公羊解詁)』를 지었고, 당대(唐代)에 서언이 이를 근거로 소를 지었고 송대에 이르러 13경에 편입되었다. 그 뒤에 공양학은 쇠퇴의 길을 걷다가 청대에 이르러 공광삼孔廣森이 『공양통의(公羊通義)』를 지으면서 다시 흥기하기 시작하였다.[42]

『공양전』은 내용적인 측면에 있어서 진·한교체기(秦·漢交替期)의 자유분방한 사상의 영향을 강하게 받아 이른바 '삼과구지(三科九旨)'와 같이 혁명적인 미언을 담고 있다.[43] 공양학을 순수한 경학의 입장에서 연구 정리한 사람은 후한 때 하휴이다. 그의 공양학은 공양학을 절대불변의 진리로 보는 경학적 경직성 때문에 때로는 견강부회하는 점이 있다. 다만, 그의 공양학에 대한 깊은 이해는 후대 공양학의 하나의 전범이 될 만큼 정리된 체계를 갖추고 있는데, 그 대표적인 이론이 '삼과구지론'이다. 그 내용으로 제1과 3지는 '신주(新周), 고송(故宋), 이춘추당신왕(以春秋當新王)'인데, 이것은 왕조의 변혁은 제도의 변화를 일으켰다는 역사적 사실에 근거하여 『춘추』는 노를 새로운 왕자로 설정하고 그 새로운 왕자의 제도가 '주의 폐단을 혁신하고 은의 후예인 송

---

[42] 『유교대사전』, 博英社, 1990, 1578쪽.
[43] 權正顔, 「《춘추좌씨전》의 理解」, 『譯註春秋左氏傳1』정태현, 13쪽.

의 문화적 성격을 근거로' 새로운 문물제도의 형태를 가지게 될 것이라는 뜻이다. 제2과 3지는 이른바 장삼세(張三世)이론인데 이는 '소견이사(所見異辭), 소문이사(所聞異辭), 소전문이사(所傳聞異辭)'를 말한다. 이는 『춘추』에 기록된 노나라 12공(公)을 삼분하여, 공자가 직접 목격한 소공(昭公)과 정공(定公)과 애공(哀公)의 시대를 소견세(所見世)로 보고, 공자가 들은 선공(宣公)과 문공(文公)과 성공(成公)과 양공(襄公)의 시대를 소문세(所聞世)로 보고, 공자가 전해들은 은공(隱公)과 환공(桓公)과 장공(莊公)과 민공(閔公)과 희공(僖公)을 소전문세(所傳聞世)로 보아서, 이 삼단계의 시대를 인류 역사의 발전 단계로 파악하는 이론이다. 제3과 3지는 '내기국이외이적(內其國而外夷狄)·내제하이외이적(內諸夏而外夷狄)'인데, 이는 노나라와 다른 중원의 제후국을 내외로 구분하는 이론이다. 이는 노나라를 주체로 하여 다른 제후국과 이적을 삼단계로 구별하였다는 이론이다.[44]

『춘추번로』로서 동중서의 공양학을 평가하면 비록 내용이 정밀하지 않더라도 가볍게 볼 수 없으며 공헌이 크다고 할 수 있다. 『공양전』 성공 15년에 "어째서 오(吳)나라를 따로 만났나? 오나라를 바깥으로 여겼음이다. 어째서 바깥인가? 『춘추』에서는 자기나라를 안으로 삼고 제하(諸夏)를 바깥으로 삼으며 또 제하를 안으로 삼고 이적(夷狄)을 바깥으로 삼는다. 왕자(王者)는 천하가 하나 되기를 바라면서 안과 바깥으로 구별하여 말하는 것은 어째서인가? 가까운데서 시작함을 말한다."라고 하였으니 이

---

[44] 『유교대사전』, 博英社, 1990, 1581쪽.

른바 안팎의 구별은 지역적인 원근을 가리켜 말한 것으로 화하(華夏)와 이적(夷狄)의 종족상의 차이를 말하는 것이 아니다. 주대의 제도는 경사(京師)를 중앙으로 하고 제하를 바깥으로 삼고 이적을 또 그 바깥으로 삼았다. 『공양전』은 『춘추』가 이렇게 안을 우선으로 삼고 바깥을 차선으로 삼는다는 원칙에 의거하여 기록되었으니 이것을 '자근자시(自近者始)'라고 한다.[45]

『공양전』은 한대의 혁명주의의 합리화를 우선적 목표로 한다. 그래서 『춘추』 은공 원년에 '대일통'이라고 하였다. 이 '대일통'은 일반적으로 주나라의 왕실을 중심으로 하는 통일된 체제를 말한다. 그러나 공양학의 입장에서는 노나라를 중심으로 하는 혁명적 '대일통'이 필요하였다. 이로써 한나라 왕조를 수립하고 보존하기 위한 수단으로 삼았고, 이때의 '대일통'은 존노사상에 근거를 두었다. 한나라는 『춘추』의 대의가 '대일통'이며 이것을 통하여 명분을 가지고 세력을 하나로 통일시키려는 의도를 가지고 있었으며 그러한 이념을 공양학이 뒷받침한 것이다.

(2) 『춘추곡량전』의 존존관(尊尊觀)
『곡량전』은 공자의 『춘추』를 해설한 해설서이며 춘추삼전 중의 하나이다. 『곡량전』은 '곡량춘추'라고도 한다. 실로 하휴의 『춘추송양전해고(春秋公羊傳解詁)』가 나온 때에 이미 전현에 의한 비판이 있었지만, 진대(晉代)에 이르러 두예의 『춘추좌전집해(春秋左傳集解)』가 나온 뒤부터는 좌전학의 독점시대라 해도 과언이 아

---

45 呂紹綱, 「董仲舒와 春秋公羊學」, 『中國經學史論文選集』上冊, 文史哲出版社印行, 林慶彰編, 1993, 225쪽.

니다. 이 『공양전』과 『곡량전』은 후대 『춘추좌전』이 성행하기 시작하면서부터 점차 경전으로서의 위상을 상실하였다.[46] 『곡량전』은 공양고와 함께 공자의 문인인 자하에게 가르침을 받은 곡량적(穀梁赤)이 지은 것이라고 전해지는데, 책으로 성립된 것은 한나라 초의 일이며, 『공양전』보다는 조금 뒤에 성립된 것으로 보인다. 이것은 『공양전』과 경문을 비교해 볼 때 『곡량전』의 경문이 정확하다고 할 수 있으나, 전문의 내용이 『공양전』을 따르는 경우가 많고 또 그것을 논박하는 경우가 여러 곳에서 보이기 때문이다. 『한서』「예문지」에는 11권이라고 되어 있으며, 반고(班固)는 작자를 주(注)하여 "곡량자는 노나라 사람이다."라고 하였는데, 곡량자에 대해서는 한대이래로 이설이 많다. 후한의 왕충(王充)은 『논형(論衡)』에서 곡량자의 이름은 차(寘)라고 하였으며, 환담(桓譚)의 『신론(新論)』과 응소(應劭)의 『풍속통(風俗通)』에서는 적(赤)이라고 하고 있다. 『한서』「예문지」의 안사고(顔師古) 주(注)에서는 이름을 희(喜)라고 하였다.

『곡량전』은 『춘추공양전』과 마찬가지로 경문의 각 년 월에 일어난 각 기사에 대해 문답체를 사용하여 그 의리를 밝히고 있는데, 『공양전』이 『춘추』의 미언대의를 해석하고 있는 반면 『곡량전』은 다만 대의를 해석하고 미언은 해석하고 있지 않다. 또 『공양전』의 어구(語句)나 전의(傳義)를 부분적으로 차용하고 비슷한 사건을 문제로 하고 있는데도 사건에 의탁한 의미는 다르며, 사상적으로는 크게 차이가 난다. 우선 『곡량전』은 심정윤리(心情

---

46 權正顔, 「《춘추좌씨전》의 理解」, 『譯註春秋左氏傳1』정태현, 13쪽.

倫理)를 인정하지 않고 있다. 예를 들어 정나라의 채중(祭仲)이 군주의 폐위를 행한 것을 권도를 아는 자라고 칭송한 『공양전』과는 반대로 그에 대해 정(正)을 내치고 악(惡)을 세웠다고 비난하고 있다. 그래서 송양공(宋襄公)이 홍(泓) 땅에서 대패한 기사에 대하여 대사(大事)에 임해서도 대예(大禮)를 잊지 않았다고 한 『공양전』과는 달리 '다른 사람의 재앙을 공격하지 않았던' 그 군자의 심정을 인정하지 않고 패하여 많은 장병을 사상하게 한 것은 인군이 되어 그 군대를 버린 것이라고 함으로써 책임윤리의 입장을 강조하였다.

또 노은공(魯隱公)의 양국은 선하지만 부정하다고 하여 지배질서를 중시하고 있으며(은공 원년), 예의 존봉(尊奉)을 역설하고 부예(婦禮)를 지켜 소사(燒死)한 백희(伯姬)를 칭송하지만 예보다도 군명을 우위에 두고 있다(양공30년). 그리고 진의 사개가 제후의 죽음을 듣고 군대를 돌린 것을 예에 들어맞는 선행이라고 평가는 하지만 '군명을 멋대로 행하였다'는 이유로 사개를 규탄하고 있으며(양공19년), 정백과 단(段)의 기사에 가탁하여 '완추(緩追)하여 적을 놓친 것은 친친(親親)의 도(道)이다'라고 하였고(은공 원년), 자숙희(子叔姬)와 관련하여 "부모와 자식의 관계는 비록 죄가 있더라도 그것을 면하도록 하고자 한다."고 하여 혈연윤리를 말하고 있지만 "친친(親親)으로써 존존(尊尊)을 해치지 않는 것이 춘추의 의(義)이다."라고 하여 국가주의를 선명하게 드러내고 있다.(문공15년)[47]

---

[47] 『유교대사전』, 博英社, 1990, 1578쪽.

공자는 노나라 역사에 도덕적인 잣대를 드리워서 『춘추』를 기록하였다. 그러나 이 글은 2,500년의 세월이 흐른 오늘날, 그 기사의 전말을 미리 파악하지 않는다면 본지를 알기에는 난해한 점이 많다. 그래서 우리는 오늘날 전해지는 『춘추좌전』·『공양전』·『곡량전』에 근거하여 공자의 춘추대의를 파악해야한다. 앞에서 언급한 바와 같이 『춘추좌전』은 공자의 춘추대의를 파악하는데 사실적이고 직접적인 사료의 역할을 한다. 그러나 『춘추좌전』이 반드시 역사서의 의미만 있는 것은 아니다. 그것은 체계적으로 상당히 인과응보의 원리에 의하여 감계의 역할까지를 하고 있다. 또 『공양전』·『곡량전』은 한대(漢代)의 해경서로서 특히 『공양전』은 한나라 정권의 수립과 유지를 위하여 춘추대의가 존노(尊魯)의 혁명적인 측면에서 연구되었음을 알 수 있었다.

그리고 동시대의 작품인 『곡량전』은 친친과 존존이 동시에 중시되었다고 하였는데, 여기서 친친은 존노(尊魯)이고 존존은 존주(尊周)이므로 『곡량전』이 대의적인 측면에 근사하게 접근한 것으로 보인다. 그러나 이 삼전을 연구하는 학자의 견해와 입장이 시대와 상황에 따라서 다른 목적에 의하여 연구되었음을 인정한다면, 공자의 춘추대의는 역시 당시의 주왕실을 존중하면서도 자국인 노나라에 대한 사랑과 애정을 저버리지 않았다는 측면에서 존주와 존노를 포괄한 대의라고 보는 것이 옳을 것이며, 이것이 필자의 시각이기도 하다.

III. 공자 『춘추』 대의의 본질과 실천방법

고대에는 인류의 생활이 자연과 밀접한 관계 속에서 영위되었다. 그러므로 하늘과 땅을 포함한 자연이 사람들에게 절대적인 존재였으며 순응해야만 하는 대상이었다. 그러나 사람은 자연에 대하여 때로는 순응하고 때로는 극복하며 살고 있다. 역사의 반복과 발전이 거듭 진행됨과 동시에 사람에게 자연에서 온 법칙과 질서는 점점 무시되는 상황이 되고 있다. 지금도 사람은 자연의 파괴를 감수하면서도 인류의 편의와 안락을 위하여 의·식·주의 개발과 발전을 위한 노력을 경주하고 있다. 이에 부수적으로 자연의 법칙으로부터 발생한 예와 의같은 도덕은 퇴락하고 자타간의 공생보다는 개인주의가 점점 확대되고 있다. 또 세계는 경제적으로 급격하게 성장을 해왔고 지금도 사람들의 관심사는 여전히 경제의 발전과 이익창출에 정신이 집중되어 있다.

그러나 이러한 중에도 다행스러운 것은 인류가 이익창출로 인해서 발생된 편리한 생활을 희망하는 만큼 그 내면에는 높은 문화 수준을 간직하고 지켜나가려고 하는 의지가 내포되어 있으며, 이익의 창출과 높은 문화를 추구하는 욕구가 공존하며, 더 나아가 가족과 이웃 간의 우에와 사랑의 미풍양속을 보존하려는 의지가 있다는 것이다. 이에 자연과 인류, 선진국과 후진국, 남과 내가 영원하게 공생하는 원칙을 알고 실천하려면, 의와 불의의 윤리적 잣대를 분명히 확보하여 나와 남, 아국과 타국, 자연과 인간간의 질서를 유지함과 동시에 평화를 영구하게 보장받을 수 있는 단서를 마련하는 것이 급선무이다.

그러므로 이 장에서는 유학에서의 의의 본질을 밝히고 공자의 의(義)의 실천 사례를 제시하여 오늘날 현대인들이 이익을 추구함과 동시에 공생과 공영의 목적을 이루는데 있어서 고집해야 할 기준을 세우는데 일조하고자 한다. 이에 의(義)와 직(直)·의(義)와 예(禮)·의(義)와 이(利) 등의 관계로써 의의 본질을 상고한다. 특히 모든 제덕의 기본인 직(直)이 대의에 필요조건이며 비직(非直)이 대의에 위배됨을 누구나가 알고 있으나, 상황에 따라서는 직이 대의를 구현하는데 필요충분조건이 되지 않으며 진리의 구현에 절대적인 덕목이 아님을 증명하고자 한다. 이 과정에서 공자가 대의를 구현함에 있어서 상도를 중시했지만 경우에 따라서 상도와 상도가 상충하였을 때에는 권도로써 대의를 실현한 점을 상고하여, 의의 실천으로서 상도(常道)와 권도(權道)의 의미와 실천사례를 문헌상의 발췌를 통하여 제시한다. 동시에 의의 어떠한 명분과 구실도 친친의 덕을 포용하지 않을 수 없음을 주장하고자 한다.

1. 의(義)의 개념과 제덕(諸德)

1) 의(義)의 자의(字意)와 개념

의(義)는 뜻과 의미라는 말이다. 더 나아가 의는 군신간의 도덕이 되며, 군신지의(君臣之義)는 부자유친(父子有親)·부부유별(夫婦有別)·장유유서(長幼有序)·붕우유신(朋友有信)과 함께 오륜을 구성한다. 이 의(義)는 국가나 군주 또는 공공을 위한 것이며, 친족관계나 혈연관계가 없는 사람과 질서를 유지하고 하나가 될 수 있는데 필요한 것을 말한다. 그리고 옳다는 뜻과 함께 마땅하다는 의미도 있다.[48]

의의 의미는 시대와 상황에 따라 일정한 것은 아니다. 그 의에 대한 의미를 포괄적으로 정리해 본다면 첫째, 『중용』에서 '의란 마땅함'이라고 하였으니, 의는 적의(適宜)를 의미한다. 둘째, 의는 유가의 도(道)와 리(理)에 합치하는 것이지만 의는 항상 이(利)와 상대하여 이야기 된다. 『논어(論語)』「리인(里仁)」편에서 '군자는 의(義)에 밝고 소인은 이(利)에 밝다'라고 한 것이 그것이다. 『맹자』「양혜왕상」편에 '위와 아래가 서로 이익만을 취하면 나라는 위태로울 것이다'라고 하였으니 이(利)를 혼란의 원인으로 보고 있다. 초기 유가에서는 의를 중시하고 이를 경시하는 경향이 강하였다. 세 번째, 의(義)는 도덕규범이라는 의미가 있다. 여기서의 의(義)는 항상 인(仁)과 연결된 의미를 갖는다. 이러한

---

[48] 李相殷 監修, 『漢韓大字典』, 民衆書林, 995쪽.

예는 『맹자』「이루상」에 '인(仁)의 실상은 어버이를 섬기는 것이요, 의의 실상은 형을 따르는 것이다'라고 하였고, 「진심상」에서는 '어버이를 친히 하는 것은 인이요 어른을 공경하는 것은 의이다'라고 하는 것에서 보인다. 의에 대하여 맹자는 '수오지심(羞惡之心)'이 확충된 것이라고 보고 윤리적 수치심과 결합시켰으며, 인이 인간의 안택(安宅)이라고 하였고 의는 인간의 정로(正路)라고 하였다.[49]

의는 인과 대대와 보완의 의미를 함유하며 인의 세계를 구현하는 방법이다. 인의 세계를 구현하기 위하여 의의 잣대를 가지고 가치의 경중을 헤아려 보는 것이다. 이에 의의 의미가 본분에 마땅함을 적의(適意)로 삼는 것이고 그 마땅함의 가부는 현실 속에서 이라는 상반된 개념과 갈등의 구조를 갖지만 결국에는 조화를 이루어 내는 것이 중요하다.

2) 의(義)와 직(直)의 보합과 불일치성(不一致性)

사람은 하늘과 땅 사이에 존재한다. 그리고 천지의 덕을 가지고 태어났다. 천지를 다른 말로 건도(乾道)와 곤도(坤道)라고 하는데, 그 하늘의 건도와 땅의 곤도는 모두 원(元)·형(亨)·이(利)·정(貞)하다고 『주역』 건괘와 곤괘의 괘사(卦辭)에서 전제하였다. 여기서 원·형·이·정은 춘·하·추·동 사계절을 말하기도 하며 동·서·남·북의 방위를 말하기도 한다. 또 자연과 인간이

---

[49] 『유교대사전』, 博英社, 1990, 1160쪽.

함께하는 시공의 의미도 들어있다. 이 자연의 법칙이 사람에게 곧 바로(直) 적용되었다. 천지의 덕이 곧 사람에게 인·의·예·지의 덕목이 되었다.

　인·의·예·지의 윤리덕목 중에서 인은 공자가 추구하는 최고의 도덕 덕목이다. 공자는 그 인을 자신이 최고로 평가하는 제자인 안연에게 '극기복례(克己復禮)'라고 설명하였다. '극기복례'는 자신의 사욕을 극복하여 공공의 예를 회복한다는 것이다. 예는 공자가 말하는 인을 실현하는 방법이다. 그래서 공자는 『논어』 「안연」에서 예가 아니면 보지 말고, 말하지 말고, 듣지 말고, 행동하지 말라고 하였다. 이는 시(視)·청(聽)·언(言)·동(動)이 예에 맞아야 한다는 것이다. 성현들이 관심 있게 본 천지자연의 법칙이 인간의 도덕규범들을 만들어 냈으며 이 인·의·예·지 같은 덕목들에는 선위개념인 직(直)이 포함되어 있다.

　사람은 형이하학적으로 말하면 하늘과 땅에 의지하여 생존하고, 그 형이상학적인 천지의 덕을 바탕으로 생활한다. 이 덕의 우주적인 각도를 가진 의미를 한 마디로 표현한다면 직심(直心)이라고 한다. 하늘의 자강불식한 덕과 땅의 함홍광대한 덕이 곧게 사람에게 부여되었으니 직덕(直德)은 모든 덕목 중에 우선하는 개념이 된다. 인간이 하늘로부터 부여받은 성품을 인·의·예·지라고 부르며, 인·의·예·지중의 하나인 의도 다른 덕목과 마찬가지로 직을 전제로 하여 구현된다. 직의 중요성에 대하여 공자는 "사람의 삶이 곧은 것이니 곧지 아니하고도 사는 것은 요행히 면한 것이다."[50]라고 하였다. 사람이 살아가는 이치는 곧은 직성을 기반으로 삼아야 한다. 사람이 살아나가는 기본이 어긋나면 그 다음은 볼 것도 없이 어긋난다. 이 직(直)의 철학이 걸국은 개인의 수신에 관여하고 나아가 치국의 방편으로 이어지는 것이 『논어』「위정」에 보인다.

> 애공(哀公)이 공자께 물었다. "어떻게 하면 백성이 복종합니까?" 공자께서 대답하였다. "정직한 사람을 들어 굽은 사람에게 놓으면 백성이 복종하고, 굽은 사람을 들어 정직한 사람에게 놓으면 백성이 복종하지 않는다."[51]

공자는 직(直)과 비직(非直) 중에서 직이 중요하며, 직자(直者)와 비직자(非直者) 중에서 직자를 등용하고 우대한다면 모든 사람들이 정직하게 되어 정치가 순조로울 수 있다고 하였다. 정치인의 기본적인 덕목이 직이며 백성이 위정자의 직을 안다면 마음으로 복종한다는 것이다. 직은 수신의 기본적인 요소임과 동시에 타인과의 관계에서도 몸에 기본적으로 갖추지 않으면 온전한 관계를 이룰 수 없으며 더욱이 치국하는 자들이 갖추어야 하는 필수덕목이다. 이 수신과 치국의 필수덕목인 직성(直性)은 호연지기(浩然之氣)로써 길러지는데 『맹자』「공손추상」에 호연지기와 직의 관계성을 설명하는 내용이 있다.

> "감히 묻겠습니다. 무엇을 호연지기(浩然之氣)라고 합니까?"
> 맹자가 말하였다. "말하기가 어렵다. 그 기(氣)가 지극히 크

---

50 『論語』「雍也」: 子曰 "人之生也直, 罔之生也, 幸而免."
51 『論語』「爲政」: 哀公問曰 "何爲則民服?" 孔子對曰 "舉直錯諸枉則民服, 舉枉錯諸直則民不服."

고 지극히 강하니, 직(直)으로써 잘 기르고 해침이 없으면, 이 호연지기가 천지의 사이에 꽉 차게 된다."[52]

'호연지기(浩然之氣)'란 큰 자연의 기운을 말한다. 이 기는 '강건중정(剛健中正)'하고 강유를 포괄하는 기운이다. '호연지기'를 키우려고 현대인들은 운동과 예술 등 각종방법을 동원한다. '호연지기'가 본래 정신과 관련되어 있지만 바로 정신적인 함양을 하기는 힘들기 때문에 외부적으로 각종 방법을 동원하여 호연지기를 얻으려고 하지만 사람이 스스로 항상 직하면 크게 어긋나지 않으며, 직으로 기르면 천지의 지대하고 지강한 기운이 사람에게 충전된다. 그것은 운동과 예술과 스포츠로써 기른 평범한 기운과는 비교할 수 없는 것이다. 호연지기를 길러 이루면, 직의(直義)에 맞는 것은 마땅히 실행하고 직의(直義)에 맞지 않는 것은 반드시 거부할 힘이 생긴다. 그래서 호연지기는 직(直)으로써 길러지고 직심은 호연지기로 길러진다. 모든 제덕의 선위개념인 직은 호연지기를 길러내며 의(義)와 짝을 이룬다.

인간이 하늘로 부터 부여 받은 직성(直性)에 대하여 『주역』 곤괘 육이 효사(爻辭)에 "직방대(直方大) 하면 익히지 않더라도 이롭지 않음이 없다."[53]고 하였다. 이는 방정하고 반듯하고 방대하다는 의미를 강조한 것이며 여기에서 『주역』 곤괘의 곤은 건의 상대개념인 땅의 의미이며, 또 남자와 상대되는 여자라는 의미

---

52 『孟子』「公孫丑上」: 敢問何謂浩然之氣? 曰 "難言. 其爲氣也, 至大至剛, 以直養而無害則, 塞于天地之間."
53 『周易』「坤卦」, 六二爻辭; 直方大, 不習無不利.

를 갖는다. 일반적으로 하늘은 높고 땅은 낮으며 건은 강하고 곤은 유하다고 한다. 그러나 반드시 곤이 유한 것만은 아니다. 유순정고(柔順貞固)한 것이 바로 곤의 덕이다. 직(直)·방(方)·대(大)하게 되면 아무리 작아 보이는 것도 강한 것이다. 직(直)은 정(正)과 상통하고, 방(方)은 의(義)와 같은 의미 즉, 옳다는 의미와 네모나게 방정하다는 의미가 있다. 정대(正大)하면서 의가 구현되는 것은 바로 곤괘 육이효의 덕인 중정(中正)의 실현이다. 이와 같은 직은 호연지기를 기르는 방법이 되며 직덕(直德)은 의(義)·도(道)·정(正:方)·대(大)와 같은 것들과 상호 작용한다.

그러나 직이 항상 방대(方大)한 것만은 아니다. 그리고 직이 항상 진리를 대변하지는 않는다. 한 가지 예를 들면, 정직하게 행동하는 것을 최대의 덕목으로 알고 있는 아들 된 자가 자신의 아버지가 양을 훔치는 것을 보고 그 아버지를 고발했다.[54] 아들의 정직함은 상식을 초월한 것이다. 이 내용은 훔치면 안 된다는 공공의 도덕적인 가치관과 이 세상에 더 이상 가까울 수 없는 부모에 대한 최선의 윤리의식 사이에서 갈등이 발생될 수 있다는 것이다. 그러므로 공공의 도덕적 양심과 친친이라는 윤리규범의 사이에서 양자 간의 선후와 경중을 정리해야할 필요성이 있다. 법과 도덕에 위배되는 행위를 보고서 그것을 고발하는 행위는 직(直)이다. 직은 인간에게 필수적으로 필요한 도덕 덕목이다. 정직한 것이 의이고 정직하지 못한 것이 불의가 되는 것은 당연

---

54 『論語』「子路」: 葉公語孔子曰 "吾黨有直躬者, 其父攘羊而子證之." 섭공은 沈諸梁이다. 초나라 섭 땅의 고을 尹 벼슬에 있었다. 字는 子高이다. 公이라고 한 것은 참람하게 일컬은 것이다.

하다. 남의 물건을 훔치는 행위는 공공의 이익과 조화된 삶을 추구하는데 있어서 개개인이 지녀야만 하는 도덕적인 가치의식에 위배됨과 동시에 법에 어긋나는 일이며 형벌로 귀결되어야 마땅하다.

그러나 그 공공의 조화를 깨고 도덕과 법질서를 위배한 사람이 자신을 낳아준 부모나 친지였을 경우에는 직과는 다른 윤리의식이 필요하다. 보편적인 의에 위배되지만 더욱 가치 있는 의가 존재하면 그것을 잡아야 한다. 이것이 직과 의가 상황에 따라서 불일치하는 경우인데 이때에는 상황의 의(義)을 찾아서 진리를 구현해야할 필요가 있는데 이것을 권도라고 한다. 보편타당한 도덕적 가치관이 시간과 공간과 인물의 상황성에 따라서 잣대를 달리하는 것이 '시중지의(時中之義)'이다. 보편적인 의는 상도로써 구현되고 특수상황의 의는 권도로써 구현된다. 의의 잣대로써 완성된 윤리가 확대되어 발휘되면 한층 더 공공의 이익과 조화를 창출해 낼 수 있으므로 의(義)와 직(直)이 일치하고 일치하지 않는 관계를 인식할 수 있으며 그 가운데 친친이 존재한다는 것을 확인할 수 있다.

3) 의와 예의 시중성(時中性)

앞장에 언급한 바와 같이 공자가 최고로 평가하는 덕목은 인이며 인의 구현은 극기하여 예로 돌아가는 것이다. 여기서 예의 의미는 옛날이나 지금이나 복잡다단한 법장제도를 의미하는 것이 아니다. 다만 임금이나 신하가 각각의 신분에 맞는 자세로서 사고하고 행동하여 상호간에 조화를 이루어내는 것이 본질이다. 『예기(禮記)』「예기(禮器)」편에는 '선왕(先王)이 예를 제정함에 있어서 근본정신과 형식을 갖추고 있었다. 충과 신은 예의 근본이고 의리(義理)는 예의 문채이다. 근본이 없으면 확립될 수 없고 문채가 없으면 행할 수 없다'고 하였다.[55] 예는 하늘의 운행질서가 땅의 법도가 된 것이다. 이 예는 의리에 어두우면 무용지물이 된다. 예와 의는 그 근본정신이 충신이며 상호간에 보합과 대대의 관계를 갖는다. 또『예기(禮記)』「교특생(郊特牲)」에서는 '예가 존귀한 바는 그것이 지니고 있는 의가 존귀하기 때문이다. 이미 그 뜻을 잃어버리고 그 수만을 벌려 놓은 것은 축관과 사관의 일이다. 그러므로 그 예의 형식은 행하기 쉬우나 그 의는 알기 어렵다. 그것을 안 다음에 예를 지키는 것이 천자가 천하를 다스리는 도의 근본이다'[56]라고 하였다. 예는 수나 형식이 중요한 것이 아니라, 그 예를 뒷받침해주는 의가 어렵고도 중요하며 의에 맞는 예로써 정치를 하는 것이 도의 근본이라는 것이다.

  선진유가에서는 예와 의가 혼용되어 사용되었다.『춘추』에도 예(禮)와 비례(非禮)로써 사건과 인물에 대한 평가를 단정하는 형식을 취하고 있다. 그러므로 단지 예가 예의와 규칙에 합당하는 의미만이 아니라 옳다는 의미를 내포하고 있기 때문에 예와 의의 의미를 분명하게 구분하여 사용되지는 않았다는 것을 알 수 있다.『춘추좌전』에 보이는 예와 의의 관계를 살펴보면, 의는

---

55 『禮記』「禮器」: 先王之立禮也, 有本有文. 忠信, 禮之本也, 義理, 禮之文也. 無本不立, 無文不行.

56 『禮記』「郊特牲」: 禮之所尊, 尊其義也. 失其義, 陳其數, 祝史之事也. 故其數可陳也, 其義難知也. 知其義而敬守之, 天子之所以治天下也.

"대저 명분으로써 의를 제창하고 의로써 예가 나오게 되며"[57] "예로써 의를 행한다."[58]라고 의와 예의 상관관계를 제시하였다.

의와 예가 갖추어진 인물이 춘추시대에는 경서(經書)의 학습으로써 이루어진다고 하였으니 그 예가 『춘추』 희공(僖公) 27년(무자戊子 B.C.633)에 '겨울에 초인(楚人)·진후(陳侯)·채후(蔡侯)·정백(鄭伯)·허남(許男)이 송나라를 포위하였다'[59]라고 하였다. 그리고 이에 대한 『춘추좌전』의 기사를 보면 다음과 같다.

> 겨울에 초자(楚子)가 제후(齊侯)와 함께 군대를 거느리고서 宋나라를 포위하니 송 공손고(宋 公孫固)가 진(晉)나라에 가서 위급함을 고하였다. 선진(先軫:晉下軍之佐)은 "은혜를 보답하고 환난을 구제하여 위엄을 취하고 패업을 정하는 것이 이 일에 달렸습니다."라고 하고, 호언(狐偃)은 "초나라가 비로소 조(曹)나라를 얻었고 위(衛)나라와 새로 혼인을 맺었습니다. 우리가 조나라와 위나라를 치면 초나라는 반드시 이들을 구원할 것이니, 제나라와 송나라는 초나라의 핍박에서 벗어날 수 있을 것입니다."라고 하였다. 이에 진(晉)나라는 피로(被廬)에서 군대를 훈련시키고 삼군을 편성하여 원수를 누구로 삼을 것인가를 상의하였다.
> 조쇠(趙衰)가 말하였다. "극곡(郤縠)이 좋습니다. 신(臣)이 자주 그의 말을 들어보았는데, 예악(禮樂)을 좋아하고 시서(詩書)

---

57 『春秋左傳』, 桓公 2년: 夫名以制義, 義以出禮.
58 『春秋左傳』, 僖公 28년: 禮以行義.
59 『春秋』, 僖公 27년: 冬, 楚人陳侯蔡侯鄭伯許男圍宋.

를 돈독하게 익혔습니다. 시서는 의리(義理)의 부고입니다. 예악은 도덕의 준칙(準則)입니다. 도덕과 의리는 이민(利民)과 이국(利國)의 근본입니다. 「하서(夏書)」에 "사람을 등용함에는 그 사람의 말을 청취하고, 그 사람의 일 처리하는 것을 보고, 거복(車服)으로 공노를 보상한다."라고 하였으니 군(君)께서는 극곡(郤縠)을 한번 시험해 보소서." 이에 진후는 극곡에게 중군을 거느리게 하였다.[60]

이 기사(記事)는 춘추시대의 진문공(晉文公)때의 일이다. 극곡이 시서(詩書)에 능통하였으므로 조쇠(趙衰)에 의하여 천거된 상황이다. "시(詩)·서(書)·예(禮)·악(樂) 중에 시는 선악을 잘 풍자하는 것을 의로 삼고, 서는 정사(政事)를 기술하는 것을 의로 삼았으니, 의가 모여 있는 곳이다. 예는 민심이 절도가 있도록 하는 것으로 덕을 삼으며, 악은 민심을 온화하게 하는 것으로 덕을 삼으니, 덕이 있고 의가 있어야 나라를 이롭게 하고 백성을 이롭게 하는 기본이 된다."[61] 이 시대에는 '시(詩)·서(書)·예(禮)·악(樂)을 통한 수신이 가정과 사회와 나라를 위하여 필요한 인재를 성장시키는데 필수였다. 극곡이 뛰어난 인물로 평가되지

---

60 『春秋左傳』, 僖公 27년 : 冬, 楚子及諸侯圍宋, 宋公孫固如晉告急. 先軫曰 "報施, 救患, 取威, 定覇 於是乎在矣." 狐偃曰 " 楚始得曹, 而新昏於衛. 若伐曹衛楚必救之, 則齊宋免矣." 於是乎蒐于被廬, 作三軍, 謀元帥. 趙衰曰 "郤縠可. 臣亟聞其言矣, 說禮樂而敦詩書. 詩書, 義之府也. 禮樂德之則也. 德義利之本也." 夏書曰 "賦納以言, 明試以功, 車服以庸, 君其試之." 乃使郤縠將中軍.

61 『春秋左傳詳節句解』, 僖公 27년 : 詩以美刺善惡爲義, 書以記述政事爲義, 言義之所聚也. 禮以節民心爲德, 樂以和民情爲德, 有德有義, 乃利國利民之本也.

만 이듬해에 죽게 되니 아까운 인물이 아닐 수 없다. 조쇠가 극곡을 천거하면서 '시(詩)·서(書)·예(禮)·악(樂)'을 돈독히 익힌 점을 높이 평가하였다. 경서를 돈독하게 학습한 극곡은 덕이 있는 사람으로 평가되었다. 시의 풍자와 서의 정치사는 그 예와 의를 밝힌 내용이기 때문에 이를 잘 익힌 극곡을 가장 중책인 중군(中軍)의 수장(首長)이 될 만하다고 여겼기 때문에 조쇠가 임명한 것이다. 이것이 인문과학과 예술을 통한 전반적인 인성교육의 결과를 대변해주는 실예(實例)이며, 임명되어야 할 인물이 천거된 마땅한 본보기이며, 예와 의가 상황에 맞은 역사적 기사(記史)이다.

극곡이 예를 아는 인물이었다고 한다면 의를 실생활에서 적절하게 실행한 인물로 안자(晏子)를 들 수 있다. 한편 예(禮)가 시간에 적의(適宜)한 것이 의(義)가 되는 것인데, 『안자춘추(晏子春秋)』, 권5에서는 안자의 예가 '시중지의(時中之義)'에 맞았다는 것을 볼 수 있고 공자의 평가도 볼 수 있다.

> 안자(晏子)[62]가 노나라에 사신으로 가자, 공자가 자기의 제자들로 하여금 안자의 행동을 살펴보도록 하였다. 자공(子貢)이 이를 살피고 되돌아 와서, 공자에게 보고하기를 "누가 안자를 일컬어 예를 잘 익힌 사람이라고 하였습니까? 무릇 예에는 임금 앞에서 계단을 오르되 건너뛰지 않고, 당상에서는 뛰지 않으며, 옥을 선물로 전달받을 때는 무릎을 꿇지 않는다고 하였

---

[62] 晏子는 齊나라 靈公, 莊公, 景公을 보좌한 신하이다.

습니다. 안자의 행동을 보니 모두가 이에 어긋났습니다. 누가 안자를 두고 예를 잘 익힌 자라고 말하였습니까?"

안자가 노나라 임금과 사신으로서 할 일이 모두 끝나자, 물러나와 공자를 만났다. 이에 공자가 먼저 물었다. "무릇 예에 계단을 오르되 건너뛰지 않고, 당 위에서는 뛰지 않으며, 玉을 선물로 전달받을 때는 무릎을 꿇지 않는다고 하였습니다. 그런데 선생께서는 모두 이에 상반되게 하셨다니, 그것도 예입니까?"하였다.

그러자 안자가 이렇게 설명하였다. "제가 듣기로 두 기둥 사이에 임금과 신하가 서로 마주 위치를 잡았을 때, 임금이 한 가지 행동을 하면 신하는 그 두 배로 움직여야 한다고 하였습니다. 임금께서 급히 다가오시니 그 때문에 저는 계단을 건너 뛴 것이요, 당 위에서 뛴 것은 그 위치에 맞추어 서기 위한 것입니다. 임금께서 옥(玉)을 주실 때에 그 몸을 낮추시기에 저는 꿇어앉아 그보다 낮춘 것입니다. 또 제가 듣기로 큰 예는 그 범위를 넘어설 수 없지만, 작은 예는 다소의 출입이 있을 수 있다고 들었습니다." 안자가 나가자, 공자가 그를 빈객의 예로써 전송하였다. 그리고 되돌아 와서 제자들에게 이렇게 일렀다. "법에 맞지 않는 예를 오직 안자만이 이를 바른 법으로 실행하였도다."[63]

---

[63] 『晏子春秋』, 권5 : 晏子使魯, 仲尼命門弟子往觀. 子貢反報曰 "孰謂晏子習于禮乎? 夫禮曰登階不歷, 堂上不趨, 授玉不跪. 今晏子皆反此, 孰謂晏子習于禮者?" 晏子旣已有事于魯君, 退見仲尼, 仲尼曰 "夫禮登階不歷, 堂上不趨, 授玉不跪, 夫子反此乎?" 晏子曰 "嬰聞兩楹之間, 君臣有位焉, 君行其一, 臣行其二. 君之來速, 是以登階, 歷堂上趨以及位也. 君授玉卑, 故跪以下之, 且吾聞之, 大者不踰閑, 小者出入可也." 晏子出, 仲尼送之以賓客之禮. "不許

윗글로 본다면 안자(晏子)의 예는 고착되어 있는 예는 아니고 수시변통하는 예이다. 공자의 제자가 그것을 모르고 안자를 비평하였고, 공자는 안자의 예가 바로 법에 맞는 예라고 제자들에게 가르쳤다. 예는 상황의 의에 맞아야 비로소 지극할 수 있다. 예는 하늘의 질서가 사람의 질서가 된 것이다. 선진유가에서는 예와 의가 크게 구분되지 않았다. 그 질서에 합당한 것이 예이고 합당하지 않은 것이 비례이다. 그 예가 항상 고착되어 불변하는 것이 아니고, 공간과 시간의 조건아래서 적중해야 살아있는 예가 되는데 이것이 의(義)와 합하는 점이다. 예는 시간·공간적 개념과 상관관계가 있다. 마찬가지로 시비를 가리는 의도 경우의 수가 있으니 시간과 공간과 인물에 의한 상황판단이 중요하다. 이에 예와 의는 그 시의(時宜)가 필수조건이 된다. 예가 경우의 수에 마땅할 때에 의가 되고 마땅하지 않을 때에 불의가 된다. 그래서 의(義)의 차원은 한층 높으며 자로 재듯이 치밀하다. 그 의를 실현하는 것이 높은 문화인이 되는 길이며 현명한 사람들은 이를 추구한다.

4) 의(義)와 이(利)의 가치갈등과 조화

의와 상반된 의미의 이는 날카롭고 날래고 이롭고 탐한다는 뜻을 함유한다.[64] 그리고 의는 옳다는 개념과 상황에 마땅하다는

　之義, 維晏子爲能行之."
64 『漢韓大字典』, 李相殷 監修, 民衆書林, 1966, 995쪽.

의미가 있다. 우리가 인을 구현하는 과정 속에서 인을 곧바로 구현하지 못할 때에는 상황의 의로써 인을 구현할 수 있다. 이렇게 인을 구현하는 과정 속에서 의가 필요한 요소라고 인정되는 반면에 때로는 이는 의와 상반된 개념으로 인을 저해하는 요소가 되기도 한다. 비록 의와 이는 상반된 가치의 갈등 구조를 가지고 있으나 그 가운데 조화가 있으며 그 조화를 추구하는 것이 인간사의 과제이다.

오늘날 일상생활에서도 의는 이와 상반되는 경우가 많다. 그래서 의를 택하자니 이익에 상반되고 이익을 택하자니 의가 아님을 안다. 물질이 우선시 되는 세상에서는 자칫 자신의 양심에서 반영되어 나오는 의를 무시하고 이익을 추구하고 그 이익이 이익인 것으로 간주하는 경향이 있다. 그래서 맹자가 양혜왕(梁惠王)을 만나보았을 때 양혜왕이 '장로께서 천리를 멀리 여기지 않고 오셨으니, 장차 내 나라를 이롭게 해주실 수 있겠습니까?'라고 이익에 집중하여 말하니 맹자가 "왕은 어찌 반드시 이익을 말씀하십니까? 또한 인과 의가 있을 따름입니다."[65]라고 의(義)를 강조하여 대답하였다. 여기서 중요한 것은 인과 의이다. 이익을 물리치고 인의를 중시하라는 것이다.[66] 맹자는 의와 이를 갈등하는 구조로 보고 논리를 구성하였다.

『맹자』「등문공하」에서는 이과 의가 상호 발휘될 때에 이익보다는 이치와 의가 중요함을 설한 내용이 다음과 같이 있다.

---

[65] 『孟子』「梁惠王上」: 孟子見梁惠王, 王曰 "叟不遠千里而來, 亦將有以利吾國乎?" 孟子對曰 "王何必曰利? 亦有仁義而已矣."
[66] 유교문화연구소 옮김, 『孟子』, 성균관대학교출판부, 2006, 5쪽.

"또 한 자를 굽혀서 한 길을 편다는 것은 이익으로써 말한 것이다. 만일 이익으로써 한다면, 한 길을 굽혀서 한 자를 펴 이익이 있을지라도 또한 하겠는가?"[67]

의(義)와 이(利)는 개념상으로 상반되며 갈등의 구조를 가지고 있다. 맹자는 이를 추구하면 의가 멀어진다는 전제를 가지고 오직 이익만을 추구하는 행태에 대하여 인의가 있음을 강조한다. 공자가 인을 말하면서 의·예·지를 포함하여 말하였고 맹자는 인과 의를 겸하여 말하면서 예와 지를 포함하는 논리를 형성하고 있다.

한편, 맹자는 의와 이에 대하여 "이익에 의거하여 행동하면 원망이 많게 되고"[68] "군자는 의에 밝고, 소인은 이에 밝다."[69]고 하였다. 의라는 것은 천리의 공변된 것이다. 군자는 하늘의 이치를 좇아 평일에 항상 의리를 정밀하게 학문하여 어느 곳에서도 투철하지 않음이 없다. 그러므로 모든 일에 의를 잡아서 행하니, 의의 바깥으로 벗어나지 않는다. 이는 욕심의 사사로운 것이다. 소인은 욕심만 좇아서 평일에 이로움만 꾀하는 생각뿐이므로 모든 일에서 이익을 도모할 뿐이고, 이익 이외의 것은 알바가 아니다. 군자와 소인의 분별이 여기에 있다.[70] 또 공자는 소도(小道)를 선택하면 군자의 길은 저절로 멀어진다고 하였다. "자하가 거보

---

67 『孟子』「滕文公下」: 且夫枉尺而直尋者, 以利言也, 如以利則枉尋直尺而利, 亦可爲與?
68 『論語』「里仁」: 子曰 "放於利而行, 多怨".
69 『論語』「里仁」: 子曰 "君子喩於義, 小人喩於利."
70 유교문화연구소 옮김, 『論語』, 성균관대학교출판부, 2005, 116쪽.

읍의 읍재가 되어 정치에 대하여 묻자, 공자는 속히 하려고 하지 말고, 작은 이익을 보지 말아야 한다. 속히 하려고 하면 잘 되지 않고, 작은 이익을 보면 큰 일이 이루어지지 않는다."[71]라고 하였다. 여기서 작은 것은 이이고 큰 것은 의를 말한다. 의는 이러한 원리를 내포하지만 원리의 중요성과 함께 실천적 측면을 우선해야 하는데『맹자』「이루하」에 의롭지 못하게 먹고 살면서 첩을 두고 사는 제나라 사람의 행위를 보면 의와 이의 경계를 확연하게 볼 수 있다.

제나라 사람 가운데 한 아내와 한 첩을 두고 사는 사람이 있었다. 그 남편이 나가면 반드시 술과 고기를 배불리 먹은 뒤 돌아오곤 하였다. 그의 아내가 누구와 함께 음식을 먹었느냐고 물어보면 모두 부귀한 사람이라고 하였다. 그의 아내가 첩에게 말하였다. "남편이 나가면 반드시 술과 고기를 배불리 먹은 뒤 돌아오는데, 누구와 함께 음식을 먹었는가 물어보면 모두 부귀한 사람이라고 하지만, 아직까지 현달한 사람이 찾아온 적이 없다. 내가 장차 남편이 가는 곳을 엿보겠다."하고 일찍 일어나 남편이 가는 곳을 미행하였는데, 온 도시를 돌아다니면서 함께 서서 말하는 사람도 없었다. 결국 동쪽 성곽의 무덤 사이의 제사지내는 곳에 가서 그 남은 것을 빌어먹고, 부족하면 또 다른 곳으로 갔으니, 이것이 그가 배불리 먹는 방법이었다. 그 아내가 돌아와서 첩에게 말하였다. "남편은

---

[71] 『論語』「子路」: 子夏爲莒父宰, 問政, 子曰 "無欲速, 無見小利. 欲速則不達, 見小利則大事不成."

우러러 바라보면서 일생을 마쳐야 할 사람인데, 지금 이 모양이다."라고 첩과 함께 남편을 원망하면서 뜰 가운데서 울고 있었는데, 남편은 그것을 알지 못하고 의기양양하게 돌아와서는 아내와 첩에게 교만하게 굴었다.[72]

지금 세상에서 부유하고 귀한 사람들은 의기양양해 하면서 도무지 욕이 되는 줄을 알지 못하는 경우가 많다. 보통 사람이 이들을 보면 또한 즐거움이라고 하겠지만, 도가 있는 군자로서 본다면 부유함과 귀함을 구하는 감정과 태도가 참으로 말할 수가 없을 지경이다. 다만 그 아내와 첩이 이러한 상태를 보지 못한 것일 뿐이다. 만일 그 아내와 첩이 본다면 부끄러워서 함께 울지 않는 경우가 적을 것이다. 어느 경우에도 제나라 사람처럼 되지 않기는 쉽지 않다. 따라서 군자는 맛있는 음식이나 화려한 의상을 바라지 않고, 오직 이익과 의리의 경계를 엄격히 하고 지극히 굳세고 지극히 큰 기운을 기른다.[73] 제나라 사람의 먹고 사는 방법은 결코 옛 이야기로 끝나지 않는다. 현대와 같이 물질문화가 정신문화를 능가하는 시대일수록 이익의 추구와 의의 구현이 여전히 상반되는 구조로 존재하며, 선택은 의의 잣대를 갖춘 개인의 문제이다. 현대는 의와 이의 갈등구조 속에서 이의 가치

---

[72] 『孟子』「離婁下」: 齊人, 有一妻一妾而處室者. 其良人, 出則必饜酒肉而後反, 反其妻問所與飲食者, 則盡富貴也. 其妻告其妾曰 "良人, 出則必饜酒肉而後反, 問其與飲食者, 盡富貴也, 而未嘗有顯者來, 吾將瞯良人之所之也." 蚤起施從良人之所之, 徧國中, 無與立談者, 卒之, 東郭墦間之祭者, 乞其餘, 不足, 又顧而之他, 此其爲饜足之道也, 其妻歸告其妾曰 "良人者, 所仰望而終身也, 今若此." 與其妾, 訕其良人而相泣於中庭, 而良人, 未之知也, 施施從外來, 驕其妻妾.
[73] 유교문화연구소 옮김, 『孟子』, 성균관대학교출판부, 2006, 599쪽.

가 현실적으로 더욱 중요시되고 있다. 그래서 의의 가치는 국민들 뿐 만이 아니라 위정자들조차도 그 존재여부를 알려고 하지 않으니, 국민들의 관심사는 더욱 이익으로 치닫는 현실이다. 이에 대한 한 가지 예를 든다면 "양자(楊子)는 자신을 위하는 것을 중요하게 여겨서, 한 터럭을 뽑아서 천하를 이롭게 할지라도 하지 않았다."[74]라고 하였다. 양자는 도를 해롭게 한 자이다. 여기서 터럭은 자신의 터럭이다. 그런데 하나의 터럭을 가지고 천하를 이롭게 한다고 하는 데도 하지 않는다고 하였으니 이는 자신을 위함이 지극한 상태로써 의와 이가 부조화된 상태의 극치이다. 그러나 의와 이는 상극하는 가운데 상생할 수밖에 없으며, 갈등구조 속에서도 조화를 이루어 내는 것이 의의 실현이라는 측면에서의 인간의 과제이다.

 이러한 과제를 해결하려면, 시대를 불문하고 가치관이 혼란한 시기에는 항상 성현의 발자취로써 그 의미를 반추하여 성현의 본지를 파악하여 혼란을 정리하는 것이 정도(正道)이다. 이에 먼저 요(堯)·순(舜)의 도를 상고해보면, 요·순은 "그 도에 맞지 않는다면 한 그릇의 밥이라도 남에게 받아서는 안 되지만, 만일 그 도에 맞는다면 순임금은 요임금에게서 천하를 받으면서도 지나치다고 여기지 않았다."[75] 요·순은 도의(道義)에 맞는 것이라면 천하와 같이 큰 것을 받는다고 하여도 그것을 이익으로 생각지 않고 주고받는다. 이미 이것은 개인 영달을 위한 이익의 마음

---

[74] 『孟子』「盡心上」: 孟子曰 "楊子, 取爲我, 拔一毛而利天下, 不爲也."

[75] 『孟子』「滕文公下」: 孟子曰 "非其道則, 一簞食, 不可受於人, 如其道則舜, 受堯之天下, 不以爲泰."

으로 천하를 얻은 것이 아니기 때문이다. 요임금과 순임금이 주고받은 천하는 받을 만한 덕을 갖춘 사람에게 줄만한 사람이 준 것으로 보인다. 그 시대에 최고의 집정자가 주고받은 '수수지의(授受之義)'가 우리에게 주는 교훈은 무한하며, 집정자의 의는 다시 아랫사람을 교화하는 공효가 있다. 『대학』「전10장」에 "위에서 인을 좋아하는데, 아래에서 의를 좋아하지 않는 경우는 없다. 의를 좋게 여기고 그 일이 마무리되지 못하는 경우는 없다. 창고의 재물이 그의 재물이 아닌 경우가 없다."[76]라고 하였다. 아랫사람이 의를 좋아하여 윗사람에게 충성하면 신하는 임금의 일을 자기의 일로 삼아서 반드시 일을 마칠 것이다. 이것이 의를 좋아하고서 일이 마쳐지지 않는 경우가 없다는 뜻이다.[77]

    상하가 의로써 조화를 이루면 그 가운데 일이 이루어지지 않는 것이 없다. 그 뿐만이 아니라 이익을 추구하지 않았으나 이익이 상부(相扶)하여 얻어진다. 이렇게 얻어진 의와 이익은 누구도 빼앗아 갈 수 없는 정의(正義)에 의한 이익이 될 뿐이다. 여기에서 주지해야 하는 교훈은 현대인들이 추구하는 부의 축적도 근면과 성실로써 화목한 기운으로 추구하는 경우라면 '횡발횡파(橫發橫波)'하지는 않을 것이라는 점이다. 요·순이 최고 집정자의 지위에서 요가 임금이고 순이 신하로서 적의한 인물을 찾아서 양위하고 양위 받은 행위는 단지 임금과 신하 간에 있어서 대사를 처리하는 일에서만 존재하는 것은 아니다. 나라나 조직의 상

---

[76] 『大學』「傳10章」: 未有上好仁而下不好義者也, 未有好義, 其事不終者也, 未有府庫財, 非其財者也.
[77] 유교문화연구소 옮김, 『대학·중용』, 성균관대학교출판부, 2007, 100쪽.

하좌우가 각각의 자리에서 제 구실을 하는 것이 그 단체 전체의 이익을 창출하고 더 나아가 개인의 이익과 행복을 창출한다.

『대학』「전10장」에 맹헌자(孟獻子)가 말하기를, "마승을 기르는 이는 닭과 돼지를 살피지 않고, 얼음을 치는 집은 소와 양을 기르지 않으며, 백승(百乘)의 집은 취렴하는 신하를 기르지 않으니, 그 취렴하는 신하를 기르려면 차라리 도둑질하는 신하를 둔다."고 하였다. 이것을 국가의 정사는 이를 이로움으로 삼지 않고 의를 이로움으로 삼는다는 말이다.[78] 공자도 의롭지 않으면서 부유하고 귀한 것은 나에게 뜬구름 같은 것[79]이라고 하였다. 마승을 기르는 집에서는 임금의 봉록을 먹으니 마땅히 닭과 돼지를 길러서 백성의 이익을 침범하면 안 되고, 상사(喪事)와 제사에 얼음을 쓰는 집은 받는 봉록이 후하니 소와 양을 길러서 백성의 이익을 침범하면 안 되며, 백승의 집에서는 이미 봉록을 받는 것이 있으니 더욱 마땅히 취렴하는 신하를 두어 백성의 재물을 긁어 위를 받들어서는 안 된다. 취렴하는 신하가 있기 보다는 차라리 부고의 재물을 도적질하는 신하를 두는 것이 괜찮다고 하였다. 대개 도적질하는 신하는 내 몸의 재물만 상하게 할 뿐이지만, 취렴하는 신하는 백성의 생명을 상하게 하니, 어찌 그러한 신하를 두어서 백성들에게 해가 되게 할 수 있는가? 이것은 나라를 다스리는 자가 이익을 자기만 독점하여 이익을 이로움으로 삼을 것이 아니라, 마땅히 이익을 백성들에게 공변되게 배분하

---

[78] 『大學』「傳10章」: 孟獻子曰 "畜馬乘, 不察於鷄豚, 伐氷之家, 不畜牛羊, 百乘之家, 不畜聚斂之臣, 與其有聚斂之臣, 寧有盜臣. 此謂國不以利爲利, 以義爲利也.".

[79] 『論語』「述而」: 子曰 "不義而富且貴, 於我, 如浮雲."

여 의로써 이로움을 삼아야함을 말한다.[80]

의(義)는 누구나가 좋아한다. 이것은 본심이 있기 때문이다. 이익도 누구나가 좋아한다. 이것은 그 안에 욕심이 존재하기 때문이다. 제후는 제후에 마땅한 의(義)로써 생활하고, 대부(大夫)는 대부의 신분에 마땅한 의로써 생활하는 것이며, 사(士)와 서민(庶民)은 그에 마땅한 의로써 먹고 생활하는 것이 전체적인 측면에서 조화로운 삶이다. 권력이 있는 상위계층에서 서민의 이익을 창출하기 보다는 그것을 착취하는 것은 의리에 맞지 않으며, 능력이 있는 대기업이 중소기업의 이익에 일조하기 보다는 그 이익을 착취하는 것도 전체적인 면에서 조화롭지 않다. 각자의 위치에서 신분에 맞는 이익을 취하는 것이 전체를 이롭게 하는 일이고 이것이 마땅하고 적당한 의이다. 다시 적당한 의는 적당한 분배로 이어져 사회와 국가와 온 누리가 조화를 형성하는데 이바지하는 순기능이 있다고 본다.

2. 의 실천의 방법론

1) 도(道)의 실천적 개념

하늘의 덕이 사람에게 존재하는 것을 성(性)이라고 한다. 그 덕목은 인·의·예·지로 대별하는데 이 성(性)은 사람이면 남녀

---

[80] 유교문화연구소 옮김, 『대학·중용』, 성균관대학교출판부, 2007, 102쪽.

노소를 가리지 않고 누구에게나 존재하기 때문에 철학적인 의미가 지대하다. 이것이 부모와 자녀가 한마음이 되고 부부·붕우가 한마음이 될 수 있으며 온 누리가 하나로 뭉쳐질 수 있는 소이연이 된다. 도(道)는 우리 모두 하나가 될 수 있다는 가능태를 가지고 각자의 성(性)을 온전히 보전하고 사사물물에 대처하고 조절하여 나아가는 것이다. 여기서 사사물물은 사람과 사물, 사건 등을 통칭하는 것이다.

도(道)와 성(性)의 관계를 보면, "성을 따르는 것을 도라고 말한다. 사람이 도를 잠깐도 떠날 수 없는 것이니, 떠날 수 있다면 도가 아니다. 그러므로 군자는 그 보지 못하는 곳에서도 경계하고 삼가며 그 들리지 않는 곳에서도 두려워한다. 어두운 곳보다 잘 보이는 곳이 없으며 작은 일보다 잘 나타나는 것이 없으니, 그러므로 군자는 그 홀로 있는 곳에서 삼간다."[81] 도는 성을 보존하고 지키는 것에서부터 시작하며 밖으로는 사사물물에서 이루어지고 안으로는 홀로 있을 때 함양해야 한다. 홀로 있을 때 타인의 시각이 없는 자리에서 행동을 삼가고, 더 안으로 들어가 심의 함양이라는 측면에서는 심(心)의 선악이 발아하는 시점에서 선을 함양하라는 의미를 갖는다. 이러한 점으로 보았을 때 도(道)는 나의 본성을 온전히 하는 것을 기본 골조로 삼으며, 자신의 심신과 밀접함을 알 수 있다.

이에 맹자는 "도가 가까운 데 있는데도 먼 데서 찾으며, 일이

---

81 『中庸』「第1章」: 率性之爲道… 道也者, 不可須臾離也, 可離, 非道也, 是故君子, 戒愼乎其所不睹, 恐懼乎其所不聞. 莫見乎隱, 莫顯乎微, 故君子愼其獨也.

쉬운 데 있는데도 어려운 데에서 찾는다. 사람마다 자기 어버이를 친히 하며, 자기 어른을 어른으로 모시면 천하가 평화로울 것이다."[82]라고 하였다. 사람이 도를 찾으려고 방황하는 것은 마치 무지개를 찾아서 산을 넘고 또 넘어 보는 것과 같다. 도를 찾으려고 헤매어 보아도 결국은 그 도의 근원이 내 안에 존재하고 부모·형제·자매와 같이 가까운 사람으로부터 시작된다는 것을 재차 확인 할 수 있다.

한편, 도(道)에 대하여 『대학』「경1장」에 "큰 학문의 덕은 밝은 덕을 밝힘에 있고, 백성을 새롭게 함에 있으며, 지극히 착함에 그치는 데에 있다."[83]고 큰 학문의 강령을 말하였다. 하늘이 만물을 발육시킬 때에 음양과 오행으로써 한다. 그러나 음양과 오행에는 반드시 이치가 그 가운데에 존재한다.[84] 이치는 공허하게 먼 곳에서 찾을 것이 아니고 먼저 수신을 최우선으로 삼아야 할 것이다. 그 다음 학문과 수행으로써 닦은 덕을 부부와 부자와 형제에게 미쳐서 평화와 공존을 유지하고, 더 나아가 상류세상과 하층간의 교류와 강대한 부류와 약소한 부류간의 갈등을 조화롭게 조율해 가는 데에 있다.

이러한 도는 천도와 인도로 나누어 볼 수 있는데 천도를 한 마디로 말한다면, 『주역』건괘의 덕목인 자강불식이다. 하늘의 일월성신은 일정한 법칙에 의하여 쉬지 않고 움직인다. 해가 언

---

82 『孟子』「離婁上」: 孟子曰 "道在爾而求諸遠, 事在易而求諸難. 人人親其親, 長其長, 而天下平."
83 『大學』「經1章」: 大學之道, 在明明德, 在親民, 在止於至善.
84 유교문화연구소 옮김, 『대학·중용』, 성균관대학교출판부, 2007, 14쪽.

제나 그 자리에서 그 빛을 발하고 달이 지구를 돌면서 자신의 역할을 다하는 것이 천도인데 이러한 덕을 간단하게 표현하면 성(誠)이라고 한다. 성(誠)은 중단 없는 성실성을 의미한다. 『중용』「제26장」에 "성(誠)한 것은 하늘의 도(道)요, 성(誠)을 하는 것은 사람의 도(道)이다.[85] 성이라는 것은 사물의 마침이며 시작이니, 성하지 않으면 사물이 없게 된다. 그러므로 군자는 성함을 귀하게 여긴다."[86] "그러므로 지극한 성는 쉼이 없다."[87]라고 하였다. 성한 자는 힘쓰지 않아도 들어맞으며 생각하지 않아도 얻어서 자연스럽게 도에 맞으니 성인(聖人)이요, 성지(誠之)하는 자는 선을 가려서 굳게 잡는 것이다.[88] 성지(誠之)는 성실한 것이 간극이 없어서 사특한 것이 끼어 들어갈 수 있는 성질의 것이 아니다. 하늘과 연계되어 사는 사람 중에 하늘의 자강불식한 도인 성(誠)을 그대로 본받은 자가 성인(聖人)이며, 범인은 하늘의 성덕(誠德)을 본받으려고 노력하는 것일 뿐이다. 그래서 범인은 성인과 가깝게 되고 하늘과 일치하려고 끊임없는 학문과 수행을 경주할 뿐이다.

그러나 세상은 하늘의 도와 그 도를 본받으려는 의사(義士)를 추앙하지 않는다. 이에 맹자는 "천하에 도가 있을 때는 작은 덕을 가진 사람이 큰 덕을 가진 사람에게 부림을 당하고, 작은 현자가 큰 현자에게 부림을 당하며, 천하에 도가 없을 때에는 힘이

---

85 『中庸』「第20章」: 誠者, 天之道也, 誠之者, 人之道也.
86 『中庸』「第25章」: 誠者, 物之終始, 不誠無物. 是故君子誠之爲貴.
87 『中庸』「第26章」: 故至誠, 無息.
88 유교문화연구소 옮김, 『대학·중용』, 성균관대학교출판부, 2007, 228쪽.

적은 자가 큰 사람에게 부림을 당하고, 힘이 약한 자가 강한 자에게 부림을 당한다."[89]고 하였다. 여기에서 천하에 도가 있을 때라고 하는 것은 하·은·주 삼대를 말한다. 그 이후의 시대는 관점에 따라서 약간의 차이와 굴곡은 있으나 보통 난세라고 한다. 그러나 난세를 사는 군자는 세상을 탓하고 학문과 수행을 게을리 할 수는 없는 일이다. 하늘에서 부여받은 성(性)을 조절하여 지켜나가고 그 하늘이 요구하는 것은 성하려고 하는(誠之)것임을 알고 실행하는 것일 뿐이다. 그리고 하루의 정성됨이 한 달이 되고 한 달이 일 년이 된 다음에 쌓여서 얻어진 공효를 부부와 부모와 형제, 나라와 온 누리에 영향을 주어 미풍양속을 창조해 가는 것이다. 이것이 세대가 흐름을 막론하고 수행을 감수하는 성지자(誠之者)의 의(義)라고 할 수 있다.

2) 예(禮)의 상도성(常道性)과 의(義)의 권도성(權道性)

인·의·예·지에는 각각 신(信)이 들어있다. 이 인·의·예·지·신을 오성(五性)이라고 하는데 이 오성을 바탕으로 오륜(五倫)이 구성되었다. 부자유친·군신유의·장유유서·붕우유신·부부유별이라는 오륜은 인간사에서 동서고금을 불문하고 인간사에 가장 밀접한 문제이며 이것을 항상(恒常)된 도 즉, 상도(常道)라고 한다. 상도의 구현은 이미 성현들의 자취로써 상고할 수 있다.

---

89 『孟子』,「離婁上」: 孟子曰 "天下有道, 小德役大德, 小賢役大賢, 天下無道, 小役大, 弱役强."

인간사는 상도를 기본으로 한다. 상도는 앞에서 전제한 직(直)과 연대하여 있다. 그러나 상도중에서 군신유의와 부자유친이 상충하는 상황은 현실에서 다반사로 발생한다고 본다. 이것은 직한 것이 대의의 필수조건이지만 필요충분조건은 못 된다는 점과 상통한다. 이에 상도와 상도가 상충하고 직한 것이 대의가 되지 않을 때는 권도를 실행하여야 한다. 여기에서 권의 일차적인 의미는 저울대를 지칭한다. 이 저울대는 물건을 사고 팔 때 치루는 값의 양을 따져서 이에 응당한 물건의 양을 달아서 더 모자라거나 치우치지 않도록 대칭이 되게 하는 잣대이다. 그러나 일상사에서는 가치 있는 것을 찾아내는 것이 중요하다.

맹자는 권도에 대하여 "남녀가 직접 주고받지 않는 것은 예이다. 형수가 물에 빠졌을 때 손으로 구하는 것은 권도이다."[90] 라고 하였다. 권도는 가볍고 무거움을 저울질하여 적중한 것을 취함을 가리킨다. 형수를 구원할 때에 손으로 직접 구하는 것은 상도에 어긋난다. 그러나 혐의를 피하는 것은 가볍고 빠진 사람을 구원하는 것이 중요하며, 일상에서는 상도를 지키는 것이 중요하다. 하늘과 땅이 항상(恒常)된 도로써 운행하는 것처럼 사람이 상도를 지키는 것은 하늘을 위로하고 땅에 의지하는 것만큼 중요하다. 그러나 상도와 상도가 상충할 때에는 경중을 헤아려 중요한 것을 잡는 것이 더욱 중요하니 이때 권도를 쓰는 것이 대의를 실현하는 방법이 된다.

---

90 『孟子』「離婁上」: 男女授受不親, 禮也, 嫂溺, 援之以手者, 權也.

3) 공자의 권도를 통한 의의 실천

공자의 의를 『논어』에서 보면, "군자는 의로써 바탕을 삼는다."[91] "믿음이 의에 가까우면 말을 실행할 수 있으며, 공손함이 예에 가까우면 치욕을 멀리할 수 있다."[92] 그래서 "의를 좇을 뿐이다."[93] "여럿이 함께하면서 하루를 다 보내고도 말이 의에 미치지 못하고, 작은 지혜를 좋아하여 행한다면 환난이 있을 것이다."[94]라고 하였다. 군자는 다만 의가 있는 바를 보아서 무슨 일이든지 오직 의리만을 좇아야 하니, 의에 마땅한 것이면 하고 의에 마땅하지 않으면 하지 않는다. 이것이 군자가 크게 공변되어서 천리에 순응하는 방법으로 천하의 일을 이루는 방법이다.[95]

이에 공자의 의실천 사례를 상고해 본다면, 첫째 공자는 가정 내에서 아들인 리(鯉)를 직접 가르치지 않고 공부를 하도록 유도하였다. 그리고 조카에 대한 의의 실천 사례가 『논어』 「선진」편에 있다. 그 내용은 "남용(南容)이 백규(白圭)란 내용의 시를 세 번 반복해 외우니 공자께서 그 형님의 딸로 처를 삼아 주셨다."[96]라고 하였다. 이것은 공자가 집안에서 가족관계 속에서의 의의 실행이 어떠했는가 하는 점을 엿볼 수 있는 단서이다. 남용이 날마다 백규라는 시를 세 번씩 거듭하여 읽으니 공자가 그를 보고

---

[91] 『論語』「衛靈公」: 子曰 "君子義以爲質."
[92] 『論語』「學而」: 信近於義, 言可復也, 恭近於禮, 遠恥辱也.
[93] 『論語』「里仁」: 義之與比.
[94] 『論語』「衛靈公」: 子曰 " 群居終日, 言不及義, 好行小慧, 難矣哉."
[95] 유교문화연구소 옮김, 『論語』, 성균관대학교출판부, 2005, 108쪽.
[96] 『論語』「先進」: 南容三復白圭, 孔子以其兄之子, 妻之.

서 조카사위로 삼은 것이다. 백규는 말을 조심하고 삼간다는 내용이다. 말로부터 일이 성사되고 다시 도에 나아갈 수 있기 때문에 말에 관하여 관심을 갖은 남용을 크게 평가하였고, 이에 공자가 그를 조카딸과 덕을 함께할 수 있다고 판단했으니 그 조카사위로 삼을 만 한 마땅한 의를 취한 것이다. 이것이 마땅하고 적절하다고 하는 의미상의 의의 실행이다.

둘째 공자의 의는 보세장민(保世長民)하는 심오한 뜻을 내포한다는 점이다. 우선 공자시대의 시대상황을 보면 상당히 난해하였다. 춘추시대에 일어난 시군(弑君)의 패역 사건이 36회에 이르고 패권 다툼으로 나라의 멸망이 52건에 이른 것을 보면 얼마나 정치·사회의 기강이 문란하고 도덕적 타락 현상이 심각하였는가를 알 수 있다. 그러므로 공자가 『춘추』의 기록을 통하여 불의한 천자를 비판하고 무도한 제후를 변척(辨斥)하고 대부(大夫)의 비행(非行)을 토죄(討罪)하여 엄격한 포폄(襃貶)의 뜻을 보이고 대의명분을 밝혔다. 『춘추』는 단순한 역사의 기록이 아니라 사상과 이념이 담긴 경전(經典)이다. 그러므로 『춘추』의 저술이 있은 뒤에 후대의 난신적자(亂臣賊子)들이 모두 두려워하였으며 '시중지도(時中之道)'에 의한 춘추의 비판정신은 후대 역사적 시비 분별의 기준이 되었다.[97] 주나라의 덕이 쇠퇴하자 사관이 그 직책을 제대로 수행하지 못하고, 위에 있는 사람도 『춘추』의 대의를 밝히지 못하고, 부고와 책서와 모든 기록이 대부분 옛날 법도와 어긋났다. 그러므로 공자가 노나라 사관이 책에 기록한 성문에

---

[97] 오석원, 「春秋의 화이사상과 민족의식」, 『한국 도학파의 의리사상』, 유교문화연구소, 2005, 41쪽.

의거하여 그 진위를 상고하고 그 전례(典禮)를 기록하여 위로는 주공(周公)이 남긴 법제를 따르고 아래로는 미래에 필요한 법을 밝게 드러내었다.[98]

공자는 춘추시대의 인물로서 세속이 변화하고 정치가 바로 서지 않는 까닭에 오경(五經)을 찬수하였다. 특히 공자가 『춘추』를 지어 시비를 분명히 하고 정사(政事)를 바르게 하려고 하였다. 그러나 "『춘추』를 쓰는 일은 천자가 하는 일이었다. 이 때문에 나를 알아주는 자도 오직 『춘추』때문일 것이며, 나를 꾸짖는 자도 오직 『춘추』 때문일 것이다."[99]라고 하였으니, 나를 안다고 한 것은 그 한 마디 말 사이에 왕자(王者)의 법을 바르게 하여 군신과 부자의 윤리와 기강을 세워서 세상을 밝아지게 함을 이른다. 나를 꾸짖는다고 한 것은 그 필부의 신분으로서 천자의 권력을 빌어 출척(黜陟)과 상벌(賞罰)의 일을 다루어 기록한 것을 말한다.[100]

『춘추』에는 의로운 싸움이 없으나[101] 『춘추』를 보면, 그 가운데에 싸움을 기록한 것이 많다. 그 싸움이 하나도 의에 합당하다고 인정할 수 없다. 다만 그 가운데 왕실을 존숭한다는 일을 빌어서 행한 것도 있고, 왕실을 능멸한 죄를 성토하여 친 것도 있다. 춘추시대의 정벌은 "저 싸움이 이 싸움보다 조금 낫다."고

---

98 「杜預序」: 周德既衰, 官失其守, 上之人不能使春秋昭明, 赴告策書, 諸所記注, 多違舊章. 仲尼因魯史策書成文, 考其眞僞, 而志其典禮, 上以遵周公之遺制, 下以明將來之法.

99 『孟子』「滕文公下」: 春秋, 天子之事也. 是故孔子曰 "知我者, 其惟春秋乎! 罪我者, 其惟春秋乎!"

100 유교문화연구소 옮김, 『孟子』, 성균관대학교출판부, 2006, 428쪽.

101 『孟子』「盡心下」: 孟子曰 "春秋, 無義戰."

평가할 수는 있으나, 결국은 의리에 맞는 싸움은 없었다. 정벌은 본래 위에 있는 사람이 아래 사람을 친다는 의미이다. 제후에게 죄가 있으면 천자가 정벌하여 그 죄를 바르게 잡을 수 있다. 제후가 천자의 명을 받아서 치는 것은 의리에 맞는다. 그러나 피차간에 서로 대등한 나라는 서로 정벌하지 못한다. 만일 명의를 빌어 서로 정벌하면 이것은 왕실을 능멸하는 것이다. 춘추시대의 싸움은 모두 대등한 나라끼리 서로 정벌하는 것이었고, 천자의 명(命)을 받들지도 않았다. 그러므로 의리의 싸움이라고 할 수 없는 것이다.[102] 공자는 춘추시대에 의리의 싸움은 없으나 『춘추』에 의리를 담아내었다. 『춘추』의 의에 대하여 맹자가 다음과 같이 언급하였다.

> 왕자의 자취가 없어짐에 시(詩)가 없어졌으니, 시가 없어진 뒤에 『춘추』가 지어졌다. 진(晉)나라의 승(乘), 초(楚)나라의 도올(檮杌), 노(魯)나라의 춘추(春秋)가 한가지이다. 그 일은 제(齊)나라 환공(桓公)과 진(晉)나라의 문공(文公)의 일이며, 그 글은 사관(史官)이 쓴 것이다. 공자가 말하기를, "그 의는 내가 가만히 취한 것이다."[103]

공자가 말하는 『춘추』의 의는 인간이 도덕을 중시하는 가치

---

[102] 유교문화연구소 옮김, 『孟子』, 성균관대학교출판부, 2006, 1003쪽.
[103] 『孟子』「離婁下」: 孟子曰 "王者之迹, 熄而詩亡, 詩亡然後, 春秋作. 晉之乘, 楚之檮杌, 魯之春秋, 一也. 其事則齊桓晉文, 其文則史. 孔子曰 "其義則丘竊取之矣."

관 속에서 불의를 극복하여 정도를 실현시키고자 하는 것이다. 의리사상은 개인·윤리적 차원을 넘어서 사회·역사적 차원의 문제로까지 확대된 것을 말한다. 『춘추』가 후대 의리사상의 표준이 된 것은 역사상황에 나타나는 구체적 사건들 하나하나에 대하여 시비(是非)·정사(正邪)·선악(善惡)을 분별하고 인의(仁義)를 바탕으로 한 인간의 대의(大義)를 표명하였기 때문이다.[104] 그래서 군자는 법(法)을 행하여 명(命)을 기다릴 따름이다.[105] 법(法)은 천리의 마땅함이요. 여기에서 법(法)은 의(義)이다. 그러나 공자의 의는 표면상으로 보았을 때에 공자의 정명론과 배치되는 듯하였다.

> 공자가 말하였다. "그 지위에 있지 않으면 그 정사를 도모하지 않는다."[106]
> 『중용』에 "천자가 아니면 예를 논의하지 못하며, 법도를 만들지 못하며, 문자를 상고하지 못한다."[107]라고 하였다.

윗글에 의하면, 법도를 제작하는 것은 국가의 매우 중대한 일이며 반드시 천자만이 천의 운행에 의거하여 한 시대의 법과 제도를 정하여서 만백성의 마음과 뜻을 고르게 할 수 있다. 가깝고 멀며, 귀하고 천한 사람이 서로 만나는 데에는 지켜야 할 예

---

104 오석원, 「春秋의 화이사상과 민족의식」, 『한국 도학파의 의리사상』, 유교문화연구소, 2005 40쪽.
105 『孟子』「盡心下」: 君子行法, 以俟命而已矣.
106 『論語』「憲問」: 子曰 "不在其位, 不謀其政."
107 『中庸』「第28章」: 非天子, 不議禮, 不制度, 不考文.

가 있는데, 오직 천자만이 논의할 수 있고 천자가 아니면 감히 논의하지 못한다. 궁실과 수레와 옷과 도구에는 정해진 등급이 있는데, 오직 천자만이 이를 정할 수 있고 천자가 아니면 감히 정하지 못한다. 글을 쓰는 문자에는 점과 획과 형상이 있는데, 오직 천자만이 상고하여 바로잡을 수 있고 천자가 아니면 감히 상고하여 바로잡지 못한다. 이와 같이 정치는 하나같이 높은 데에서 총괄되어야 한다.[108]

성인은 완전한 덕의 소유자라고 전제할 수 있다. 공자가 작위로는 왕위에 있지 못하였으나 그 보세장민(保世長民)하는 덕으로 보면 왕자(王者)임에 틀림이 없다. 공자가 『춘추』를 지어서 후세사람들로 하여금 예와 의의 실체를 알게 해야 한다는 신념으로 자신의 지위에서는 불가능한 작업을 실행하였다. 이것은 공자가 후세에 중정(中正)한 의를 전하는 것을 더욱 중요하게 여긴 것이다. 이렇게 공자의 의는 지위로 보아서는 왕위에 있지 못하였으나, 보세장민의 목적이 월권의 폐단보다 더욱 중요하게 간주되었으므로 권도를 구현한 것이고 그 결과는 만세에 표준으로 남아서 혁혁하게 빛날 것이다.

셋째로 공자의 의는 친친을 내포한다는 것이다. 공자가 『춘추』를 지은 것은 권도의 실현이었고 이에는 후세를 위한 우환(憂患)과 자애(慈愛)의 정(情)이 담겨 있다. 한편 공자는 노나라의 신하였다. 자신의 직분 상에서 공자는 친친을 포함하는 의를 실행하였다. 공자는 자신의 조국인 노나라 소공(昭公)에 대하여 혈육의 한계를 갖는 친친이 아니라, 부모의 나라 임금에 대한 친친의

---

[108] 유교문화연구소 옮김, 『대학·중용』, 성균관대학교출판부, 2007, 271쪽.

의를 다 하였으니 그 예는 다음과 같다.

진(陳)나라 사패(司敗)가 "소공(昭公)이 예(禮)를 아십니까?"라고 묻자, 공자가 말하였다. "예(禮)를 아십니다." 공자가 물러나시자 진사패가 무마기(巫馬期)에게 읍하며 나와서 말하였다. "내가 듣기로는 군자는 편을 들지 않는다고 하였는데 군자도 또한 편을 듭니까? 임금이 오나라에 장가를 들었는데 동성이므로 '오맹자(吳孟子)'라고 하였는데 임금이 예를 알면 누가 예를 알지 못하겠습니까?" 무마기가 이 말을 공자에게 알리자, 공자가 말하였다. "나는 다행이로다. 허물이 있으면 사람들이 반드시 아는구나!"[109]

노나라 소공(昭公)이 예문에 익숙하여 예를 안다는 명성이 있었는데 진(陳)나라 사패(司敗) 벼슬을 하는 사람이 의심스러워 '과연 소공이 예를 아는 사람입니까?'라고 묻자, 공자가 "예를 안다."라고 하였다. 대개 다른 나라 대부가 내 나라 임금의 행동에 대한 시비를 물으면 이러한 물음에 대한 대답이 마땅히 공자와 같아야 한다. 오나라와 노나라는 모두 희성(姬性)이다. 동성(同性)은 백세라도 혼인을 통하지 않는 것이 노나라의 예인데, 이제 노나라 임금이 오나라에 장가드니 이는 동성과 혼인한 것이다. 무마기가 사패의 말을 고하니, 공자가 다만 자신을 허물하여 말하

---

[109] 『論語』「述而」: 陳司敗問, 昭公知禮乎? 孔子曰 "知禮." 孔子退, 揖巫馬期而進之曰 "吾聞君子不黨, 君子亦黨乎? 君取於吳, 爲同性, 謂之吳孟子, 君而知禮? 孰不知禮?" 巫馬期以告, 子曰: "丘也幸! 苟有過, 人必知之!".

였다. "사람들은 허물을 듣지 않는 것을 다행스럽게 여기지만, 나는 매우 다행스럽게 여긴다. 진실로 허물이 있으면 사람들이 반드시 알고 이미 사람들이 알아서 곧 내게 들려주어서 후일 허물고치기를 도모할 수가 있으니 다행이다."라고 한 것이다.[110]

공자는 소공(昭公)의 불의을 알고 있었다. 그러나 남의 나라 대부인 진사패가 자신의 고국의 임금인 소공의 불의를 지적하니 공자는 알면서도 고국의 임금을 비판할 수 없었다. 소공의 불의는 사실이었으나, 공자의 진실은 그 것을 허물할 수 없었다는 것이다. 이것이 공자의 친친이며 애국이다. 공자의 권도는『춘추』를 찬수한 것과 함께 조국인 노나라에 대한 의리로써 증명할 수 있으며, 그 권도의 차원에 대하여 "함께 배울 수는 있어도 함께 의에 나아갈 수는 없으며, 함께 도에 나아갈 수는 있어도 함께 설 수는 없으며, 함께 설 수는 있어도 함께 권도를 행할 수는 없다."[111]라고 하였다. 함께 배울 수 있다는 것은 구할 바를 아는 것이고, 함께 도에 나아갈 수 있다는 것은 갈 바를 아는 것이며, 함께 설 수 있다는 것은 뜻을 독실하게 하여 굳게 잡아서 분변하는 것이고, 함께 권도를 행한다는 것은 경중을 헤아릴 수 있다는 것이다.[112] 권도는 일의 경중을 저울질하는 일이다. 곧 도의 치밀한 부분이다. 그래서 권도를 행해야 하는 지경에서 경중을 헤아려 내는 것은 도의 높은 차원이며 치밀하여 반드시 정(正)과

---

110 유교문화연구소 옮김,『論語』, 성균관대학교출판부, 2005, 246-247쪽.
111 『論語』「子罕」: 子曰 "可與共學, 未可與適道, 可與適道, 未可與立, 可與立, 未可與權."
112 유교문화연구소 옮김,『論語』, 성균관대학교출판부, 2005, 324쪽.

중(中)을 잃어서는 안 된다. 그 내용은 친친을 우선하며 친친을 포함하는 것으로 보는 것이 마땅하다.

공자의 사상을 보편적으로 '인(仁)사상'이라고 한다. 인은 진리의 또 다른 말이다. 그러나 그 인이 실현되기에는 시대적 상황이 점점 어지럽게 변했다. 그래서 공자는 의로써 인을 실현하는 방법으로 삼았다. 공자는 가족 간의 의와 군신간의 의와 보세장민을 향한 의를 실행하여 천명을 이행하였으며,『춘추』를 지은 작업은 공자가 권도로써 구현한 공자의 대의실현(大義實現)이었다.

군자의 대의는 조화를 이루되 연고에 얽매이지 않고, 눈앞에 어려움이 닥쳐도 구차스럽게 행동하지 않으며, 늠름하고 떳떳하되 교활하게 행동하지 않는다. 군자의 대의는 따뜻하고 부드럽되 원칙만 고집하는 각박함을 보이지 않으며 옥과 같아서 엄격하고 청렴하게 모가 나 있어도 남을 상하게 하지 않는다. 행동이 정밀하여 더러운 것을 밝은 것으로 잘못 아는 경우도 없으며, 숭상할 일을 고르게 높이되 빠뜨리거나 피곤하게 하지 않는다. 부귀하다고 해서 물건을 마구 대하지 않으며, 빈궁하다고 해서 행동을 아무렇게나 하지도 않는다. 그런가 하면 어진 이를 존중하되 불초한 이에게 마구 대하는 일도 없다. 이것이 바로 군자가 행하여야 할 대의이다.[113] 곧 군자는 한쪽으로 편중되지 않은 중정(中正)한 의를 행할 뿐이다. 하늘이 사람에게 준 천명(天命)이

---

[113]『晏子春秋』, 권4 : 叔向問晏子曰 "君子之大義, 何若?" 晏子對曰 "君子之大義, 和調而不緣, 溪盎而不苟, 莊敬而不狡, 和柔而不銓, 刻廉而不劌, 行精而不以明洿, 齊尙而不而遺罷. 富貴不傲物, 貧窮不易行, 尊賢而不退不肖. 此君子之大義."

사람에게 있어서 인·의·예·지의 성품이 되었다. 그 중에 의는 옳다는 의미와 함께 시간과 장소와 인물에 따라서 마땅함을 수반해야한다. 그래서 시간과 장소 인물에 대한 정확한 상황 판단이 요구된다.

의는 궁극적으로 인을 구현하는 방법이며 인·의·예·지과 같은 덕목들과 밀접한 연관이 있다. 예는 의로써 구현되며 이것은 직(直)을 전제로 한다. 모든 덕목은 곧아야[直] 옳은 것이다. 그러나 직으로만 의를 구현하지 못하는 경우가 있으니『논어』「자로편」에서 '직궁자(直躬者)'가 그의 아버지가 양을 훔치는 것을 고발한 사안에 대하여 공자는 '우리 무리들 중에 직한 사람은 이와는 다르다. 아버지가 아들을 숨겨주고, 아들이 아버지를 숨겨주는 것이니, 직이 그 가운데 있다.'[114]고 하였다. 직과 의가 상충하였을 때에 누구나가 두 가지 덕이 모두 중요함을 알고 있다. 고발하느냐 아니면 은닉하느냐하는 기로에 있을 때 가치의 경중을 헤아려야 한다. 그래서 직과 의가 상충하는 상황은 이미 상도(常道)를 행할 수가 없는 상황이므로 다른 의의 잣대인 권도(權道)로써 가치의 경중을 헤아려 행하여야 한다.

이에 공자는 하(夏)·상(商)·주(周)시대를 거쳐 왕도가 성행하다가 세상의 풍속이 쇠미해지고 난신적자들이 발생하자,『춘추』를 지어서 후세에 명분을 바로 하고 희미해지는 의의 의미를 확실하게 제시하고자 기도한 것이다. 공자가 천자의 신분이 아니면서『춘추』를 지은 것이 당시 상도에는 어긋났지만, 공자에

---

114 『論語』「子路」: 孔子曰 "吾黨之直者, 異於是. 父爲子隱, 子爲父隱, 直在其中矣."

게는 다가오는 미래를 위하여 의(義)의 가치관을 정립하여 천하를 위하려는 의도가 있었던 것이다.

　이상으로 보아서 의(義)는 상도(常道)를 수반하나 상도(常道)와 또 다른 상도가 상충하는 경우가 발생했을 때에는 가치의 경중을 헤아려 권도(權道)를 쓰는 것이니 이것이 대의이다. 대의라는 의미는 사덕(四德)가운데 의라는 일부분적인 의미만을 확대하여 크게 다룬다는 뜻은 아니다. 공자가 군신의 도를 중요하게 여기지만 사회와 국가가 혼란한 지경에 있었던 당시에 보세장민을 위하여 『춘추』를 저술하였다. 이것은 후세와 백성을 자애하는 의도가 신하로써 월권의 오류를 행하는 것보다 가치가 있다고 판단한 것이다. 또 노나라 소공(昭公)의 비례(非禮)를 알면서 언급할 수 없었던 것도 소공의 비례를 묻어두려는 의도는 아니었다. 다만 이에는 냉철한 비판과 평가의 앞에는 친친을 포함하고 친친을 우선으로 해야만 한다는 대의가 포장되어 있는 것이다. 친친을 선위개념으로 하는 의(義)가 공자의 대의이고 선진유가(先秦儒家)의 대의에 대한 입장이다. 이것을 한마디로 말하면 중정(中正)한 의(義)철학이라고 한다. 일반적으로 인(仁)은 포용의 의미로 쓰이고 이와 상반되게 의(義)는 냉철함과 개별성을 내포한다. 그러나 의(義)의 예리하고 날카로운 비판과 판단 속에서도 반드시 따뜻하게 포용하는 인의 요소가 분명히 내재하고 있음을 알 수 있다. 이것이 의(義)의 중심부에 존재하고 있는 인의 존재가 친친임을 증명하고 이것이 오늘날 시대를 초월하여 변하지 않는 의의 본질임을 밝힌다. 이러한 기준은 현대인들이 의의 가치관을 정립하는데 일조하고 사사건건의 가치경중을 가리고 시비곡직(是非曲直)을 밝히는데 활용될 수 있다고 본다.

Ⅳ. 춘추대의와 춘추시기의 중심제후국 이동

1. 공자의 춘추대의

1) 중화사상(中華思想)

(1) 대일통(大一統)과 중화(中華)

『춘추』는 '대일통(大一統)'으로 시작한다. 경문 은공(隱公) 원년(元年:己未 B.C.722)에 '원년춘왕정월(元年春王正月)'이라고 시작을 하고 있고, 이 시작이 은공의 시년(始年)이며 주왕(周王)의 정월(正月)이다. 임금이 즉위하니 '체원이거정(體元以居正)'하고자 한 것이다.[115] '체원이거정(體元以居正)'이라는 것은 통치자가 천지의 원기(元氣)를 본체로 삼아서 항상 정도(正道)로서 처신하며 정교(政敎)를 펴는 것을 원칙으로 삼은 것이다. 대체로 이는 제왕의 즉위를 가리키는 말이며 일반적으로 쓰였다.[116] 원년(元年)의 봄은 주나

---
115 『春秋左傳』, 隱公 元年, 두예주 : 隱公之始年, 周王之正月也. 凡人君卽位, 欲其體元以居正.
116 정태현 역주, 『譯註春秋左氏傳1』전통문화연구회, 15쪽, 역자주.

라 왕력(王歷)으로 정월(正月)이다. 여기에서 비록 일이 없으나 반드시 정월을 기록한 것은 시작을 신중히 하고자 하는 의지가 내포되어 있다.[117] 원년(元年)은 군주가 처음 맞는 해이고 춘(春)은 한 해의 시작이다. 여기에서 왕(王)은 주나라 문왕(文王)을 이르는 말이다. 먼저 왕을 말하고 뒤에 정월을 말한 것은 주나라 문왕의 정월이기 때문이며 '왕정월(王正月)'이라고 말한 것은 바로 '대일통(大一統)'을 말한다.[118] 『춘추』는 그 첫머리에 '원년춘왕정월(元年春王正月)'이라고 하여 거대하고 정대한 기준을 세웠다. 이것이 나라를 다스리는 대일통사상이다. 이는 시간의 흐름 속에서 하나의 시간적인 표준을 세웠다는데 의미가 있다. 이 기준은 인간사와 역사 속에서 우리 인간들이 추구하는 이상적인 지향점과 같은 의미이다. 혼란스럽던 춘추시대의 그 어느 제후국도 이 대일통의 기준만은 무시할 수 없는 표상이었다. 유학(儒學)에서 '대일(大一)'은 극(極)임과 동시에 양의(兩儀)와 사상(四象)을 포함하는 의미이다. 그래서 『춘추』에는 '대일통' 다음으로 사방(四方)을 기록하였다.

　　은공(隱公) 6년(갑자 B.C.717) 『춘추』 경문(經文)에 '추칠월(秋七月)'이라고 하였다. 이와 같이 『춘추』에서 아무 사건이 없어도 그 계절의 첫 달을 기록한 것은 네 계절을 갖추어 한 해를 이루기 위함이다. 다른 곳에서도 이와 같은 기록형식이 보인다.[119]

---

[117] 『春秋穀梁傳』, 元年 : 春王正月. 雖無事, 必擧正月, 謹始也.
[118] 『春秋公羊傳』, 元年 : 元年者何? 君之始年也. 春者何? 歲之始也. 王之孰謂? 謂文王也. 曷謂先言王而後正月? 王正月也. 何言乎王正月? 大一統也.
[119] 『春秋左傳』, 은공 6년, 두예주 : 雖無事而書首月, 具四時以成歲. 他皆放此.

때를 아는 것의 구체적인 방법은 사계절을 정확하게 아는 것이다. 또 사계절을 정확하게 아는 것은 동·서·남·북의 공간개념을 정확하게 아는 것이 되기도 한다.

  요(堯)임금이 희중(羲仲)에게 명령하여 동쪽 모퉁이에 살게해서 해가 뜨는 것을 관찰하여 해가 뜨는 지점이 중간이 되는 때를 정하게 하니 그 때가 밤낮의 길이가 같은 춘분(春分)이다. 춘분을 정하여 백성들에게 알리니 백성들은 그 때가 농사를 시작하는 때임을 알아서 들로 농사를 지으러 나간 것이다. 그 때가 바로 새나 길짐승들이 교미를 하고 새끼를 낳거나 부화를 하는 시기이다.[120]

  통상적으로 1, 2, 3월은 봄에 소속되고 4, 5, 6월은 여름에 소속된다. 다시 7, 8, 9월은 가을에 소속되고 10, 11, 12월은 겨울에 소속된다. 『춘추』에 가을의 첫 달인 7월을 기재한 것은 네 계절을 바르게 한 것이고 시간과 공간의 의미를 함께 갖는다. 이에는 시간적 기준점을 세우고 난 후에 다시 사방을 반듯하게 하고자하는 의지가 담겨있다. 또 이것의 의미는 하나의 시간을 통한 공간적인 기준점을 세워서 각 지방을 다스리는데 원칙을 가지고 정치하려는 의도가 담겨있다. 정치의 기본은 천도를 관찰하여 시간과 공간을 반듯하게 정하는 것이며 요임금도 이러한 방식으로 정치하였다. 이러한 『춘추』의 기록방식으로 보았을 때, 『춘추』의 정신은 의의(意義)와 체계가 모두 '대일통'이다.

  '대일통'은 사람이 시간과 공간의 공유를 통하여 행동하는

---

[120] 이기동 역해, 『서경강설』, 성균관대학교출판부, 2007, 37쪽.

형식과 동작을 만들어서 정도(正道)와 정행(正行)을 실현하고자 한 것이다. 그 내부에 윤리적이면서 철학적인 가치를 함유하고 있는데 이것이 인(仁)·의(義)·예(禮)·지(智)이다. 유가에서는 이 인·의·예·지를 동·서·남·북과 춘·하·추·동에 분속시켜서 논리를 구성하고 있다. 이 인·의·예·지의 덕목에서 비롯된 것이 오륜이며, 이 높은 수준의 문화를 존숭하는 것이 '존중화(尊中華)'이다. 존중화의 이면에 낮은 수준의 문화를 버리고 높은 수준의 문화형태로 바꾸는 순기능이 있는데 이것이 양이적(攘夷狄)이다. 즉 이를 종합하여 화이사상(華夷思想)이라고 한다. 그러나 화이사상은 이적과 중화를 구분하는 데에 목적을 두는 것이 아니라 인문주의적 높은 수준의 문화를 지향하는데 있으며 이것의 본질은 중화사상(中華思想)에 있다.

그래서 한가지로 요약하면 『춘추』의 사상은 체제라는 측면에서는 '대일통'으로 통섭할 수 있으며 그 본질적인 측면에서 말하면 중화사상이라고 할 수 있다. 그리고 이 중화는 『중용』의 형이상학적인 중화(中和)가 실재적인 현상세계에서 대일통의 조화로운 체제를 가지고 존재하는 것을 말하며, 그 내면에는 인문주의적 성격을 갖추고 있는 연계성을 가지고 있다.

(2) 대동(大同)과 중화(中華)

대동(大同)은 크게 함께한다는 의미이다. 사람마다 자신의 수양을 최우선으로 여기지만, 수신은 궁극적으로 남과 함께 조화를 이루어 내는 것이며, 이는 평천하의 원동력이 된다. 함께한다는 의미는 『주역(周易)』「동인(同人)」, 괘사(卦辭)와 그에 해당하는 정자의 전(傳)으로써 파악할 수 있다.

사람과 함께 하되 들에서 하면 형통할 것이며, 대천(大川)을 건넘이 이로우며 군자의 정(貞)으로 함이 이롭다.[121]

남과 함께 한다는 것은 천하대동의 도리로써 하는 것이니, 곧 성현의 크고도 공정한 마음으로 하는 것이다. 보통사람들이 함께 하는 것은 사사로운 뜻으로써 합이 되는 것이니, 이것은 친하게 가까이 하는 정(情)일 따름이다. 그러므로 반드시 밖에서 대동해야 한다. 대동은 친밀하게 사사로운 정으로 하는 것이 아니고, 교야의 광원한 곳에서 하는 것이다. 사사로움에 매이지 않아야 지공한 대동의 도리이며 오랫동안 함께 할 수 있다.[122] 『주역』은 종괘(綜卦)와 호괘(互卦)와 착괘(錯卦) 등의 관계를 보아야 판단과 해석을 근사하게 할 수 있다. 「동인(同人)」괘는 천화동인(天火同人)이다. 이는 화천대유(火天大有)괘의 종괘(綜卦)이다. 호괘(互卦)가 천풍구괘(天風姤卦)이므로 만나는 것이 되고 만나서 힘을 합치게 된다는 것이다. 그러므로 동인이라고 한다. 동인은 온 천하가 함께하는 것이다. 그 동인(同人)은 정(正)이어야 하고 부정(不正)으로 합하려고 하면 그 뜻을 해친다. 반드시 지공무사(至公無私)하여야만 험한 상황을 극복 할 수 있는 것이다.

『논어』「자로」편에 "군자는 타인과 조화를 이룰 뿐 부화뇌동하지 않고, 소인은 부화뇌동할 뿐 타인과 조화를 이루지 못한다."[123]라고 하였다. 공자는 군자와 소인의 삶을 대비시켜 설명

---

[121] 『周易』「同人」, 卦辭 : 同人于野, 亨, 利涉大川, 利君子貞.
[122] 『周易』「同人」, 卦辭, 傳 : 夫同人者, 以天下大同之道, 則聖賢大公之心也. 常人之同者, 以其私意所合, 乃暱比之情耳. 故必于野. 謂不以暱近情之所私, 而于郊野曠遠之地. 旣不繫所私, 乃至公大同之道, 無遠不同也.

하고 있다. 여기서 관건은 화(和)와 동(同)의 차이에 있다. 동(同)은 피차간 개성의 차이를 불문하고 무조건적으로 찬동함을 의미한다. 개체의 차이를 부정한 전체의 동일성으로서 전체주의 혹은 분파주의 및 당파주의가 이에 해당한다. 이들은 전체 혹은 집단의 획일성을 선호한다. 반면에 화(和)는 피차간 개성의 차이는 긍정하지만 서로 배타적인 입장을 취하지 않고 조화를 이루려는 삶의 태도이다. 즉 개체의 차이를 전제로 하여 이상을 실현하는 것이다.[124] 한편, 『예기』「예운」에서는 대동사회를 다음과 같이 말하였다.

> 대도(大道)가 행해지는 것과 삼대의 영명한 현인이 때를 만나 도를 행한 일을 공자가 비록 눈으로 볼 수는 없었으나 삼대(三代)의 영현들이 한 일에 대하여 기록이 있다. 기록에 따르면 대도가 행하여진 세상에는 천하가 모두 만인의 것으로 되어 있다. 사람들은 현자와 능자를 선출하여 관직에 임하게 하고 온갖 수단을 다하여 상호간의 신뢰와 친목을 두텁게 하였다. 그러므로 사람들은 각자의 부모만을 부모로 하지 않았고 각자 자기 자식만을 자식으로 여기지 않았다. 노인에게는 그의 생애를 잘 마치게 하였으며 장정에게는 충분한 일을 시켰고, 어린이에게는 마음껏 성장할 수 있게 하였으며, 과부와 고아와 불구자 등에게는 고생하지 않는 생활을 시켰고, 성년의 남

---

[123] 『論語』「子路」: 君子和而不同, 小人同而不和.
[124] 황갑연,「유가의 조화지향적인 삶의 방식을 통해서 본 현대 웰빙문화의 반성 -先秦儒學을 중심으로-」, 哲學硏究, 제95집.

자에게는 직분을 주었으며, 여자에게는 그에 합당하게 결혼을 하게 하였다. 재화는 헛되이 낭비되는 것을 미워하였지만 반드시 자기에게만 사사로이 독점하지 않았다. 힘은 몸에서 나오지 않는 것을 미워하여 자신을 위해서만 쓰지 않았다. 그러므로 모두가 이러한 마음가짐이었기 때문에 사리사욕에 따르는 모략이 있을 수 없었고, 절도나 폭력이 없었으니, 아무도 문을 잠그는 일이 없었다. 이것을 대동사회(大同社會)라고 말한다.[125]

대동은 사리사욕을 저버리고 공적 자세로 하는 것이다. 내 것과 네 것을 구분하지 않고, 내 식구와 네 식구를 구분하지 않으며, 오직 함께하는 공동사회를 이상적으로 구성하여 그 가운데서 각각의 행복을 보장받는 것이다. 요(堯)임금이 순(舜)임금에게 주고, 순(舜)임금이 우(禹)임금에게 선위(禪位)한 것은 계승자가 중정(中正)한 덕을 갖춘 영현한 인물이기 때문에 준 것이다. 이 영현함은 오늘날 똑똑하고 박학다식하다는 것과는 거리가 있다. 한 나라의 임금은 바로 지공무사한 영현함이 있어야 한다. 그래서 사람들이 남의 부모도 내부모와 같이 존중하고, 남의 자제도 나의 자제처럼 자애할 수 있게 된다. 윗자리에 있는 사람이 본 보기를 행하면 사회가 변하여 재화를 독탐(獨貪)하지 않게 되

---

[125] 『禮記』「禮運」: 大道之行也, 與三代之英, 丘未之逮也, 而有志焉. 大道之行也, 天下爲公. 選賢與能, 講信修睦. 故人不獨親其親, 不獨子其子. 使老有所終, 壯有所用, 幼有所長, 矜寡孤獨廢疾者皆有所養, 男有分, 女有歸. 貨惡其棄於地也, 不必藏於己, 力惡其不出於身也, 不必爲己. 是故, 謀閉而不興, 盜竊亂賊而不作, 故外戶而不閉. 是謂大同.

며, 남녀의 분수가 있고, 상하좌우가 화합하여서 행복한 세상이 되니 이를 일러 대동(大同)이라고 하였다.

이 대동의 실현은 사회가 복잡해짐에 따라서 상황이 악화되어 힘쓰지 않아도 저절로 실현되지는 않았다. 그래서 또 다른 조화로운 세상을 중화세계라고 하여 표방할 수밖에 없게 되었다. 인문주의의 빛나는 덕목이 각각 천도에 걸려있는 입체적 구도아래서 실현된다. 먼저 중화사상(中華思想)의 중(中)의 의미를 살펴보면, 『주역』에서는 육효(六爻) 중에서 오효(五爻)와 이효(二爻)의 위치와 역할을 지칭하며, 중심이라는 의미가 있다는 것을 알 수 있다. 그러나 실질적인 중의 의미는 천에 달려있고 구체적으로 천도(天道)를 의미한다. 다음으로 중화사상(中華思想)의 화(華)의 의미를 살펴보면, 화(華)는 '꽃'과 '빛'이라는 의미를 내포한다. 『시경』「도요」에는 복숭아꽃의 요염함을 '화(華)'로 표현하였다.

자그마하고 어여쁜 복숭아 꽃이여 그 빛(꽃)이 훤하구나[126]

'화(華)'[127]에는 꽃의 의미와 꽃빛깔의 화려한 의미가 들어있다. 그러므로 중화(中華)는 중(中)이라는 불편부당한 자리와 역할을 구심점으로 하여 하나하나의 꽃잎이 어울려 꽃의 형상을 만드는 것처럼 세계를 응집시키는 뜻을 갖는다. 하나하나의 꽃잎

---

[126] 『詩經』「주남」, 〈桃夭〉: 桃之夭夭, 灼灼其華.
[127] 『說文解字』, 段玉裁註篇: 華, 榮也., 光華, 華夏也.
『禮記』「曲禮」: 爲天子, 削瓜者, 副之, 巾以絺. 爲國君者, 華之, 巾以綌. 천자를 위하여 참외를 깎는 자는 껍질을 깎은 뒤에 넷으로 쪼개고 또 가로로 끊어서 가는 갈포의 천으로 덮어서 올린다. 국군을 위해서는 참외를 깎은 뒤에 반으로 쪼개고 또 가로로 끊어서 거친 갈포의 천으로 덮어서 올린다.

은 각각의 개인과 사회집단과 국가에 비유할 수 있으며 그 중심에는 인·의·예·지와 같은 덕목이 있고 이것은 천(天)과 천지(天道)로 응집된다. 곧 사람은 "중화지기(中和之氣)'를 타고 태어났으므로 이 법칙을 따르고 살아나가는 것이 중화(中華)에 동참하는 방법이다. 그 예를 들자면,『춘추』성공(成公) 13년(B.C.578)에는 '삼월에 성공(成公)이 경사(京師)에 갔다."[128]라고 하였다. 이에 대한『춘추좌전』의 기사는 다음과 같다.

> 삼월(三月)에 성공(成公)이 경사(京師)에 갈 때 선백(宣伯)이 주왕의 상석(賞賜)를 얻고자하여 먼저 사자(使者)로 가기를 청하여 경사로 가니, 주왕은 사자를 접대하는 예로 선백을 예우하고(후하게 예우하지 않았다.), 뒤에 맹헌자(孟獻子)가 성공(成公)을 따라 경사로 가니, 주왕은 그를 노군의 개(介:임금의 행예(行禮)를 보조하는 사람)라 하여 후하게 예물을 주었다. 성공(成公)이 제후와 함께 주왕(周王)께 조현(朝見)하고서 드디어 유강공(劉康公:주나라 경사)과 성숙공(成肅公:주나라 경사)을 따라서 진후(晉侯)와 회합하여 진(秦)나라를 토벌하였다. 출병하기에 앞서 성자(成子)가 사(社)에서 제육(祭肉)을 받을 때 공경하지 않으니, 유자(劉子)가 말하기를, '내가 듣건대 사람은 천지 중화(中和)의 기운을 받아 태어나니, 이것이 명이다. 그러므로 동작과 예의(禮義)·위의(威儀) 등의 법칙이 있어서 명(命)을 안정시키는 것이다. 유능한 자는 이를 수양하여 복

---

[128]『春秋』, 成公 13年 : 三月公如京師.

을 부르고 유능하지 못한 자는 이를 폐기하여 화를 취한다.
그러므로 군자는 예에 진력하여 아랫사람에 임하고 소인은
윗사람의 힘에 진력해야한다…'129

　희노애락(喜怒哀樂)이 아직 발하지 않은 것을 중(中)이라고 한
다. 발하여 모두 절도에 맞는 것을 화(和)라고 한다.130 사람이 천
지가운데 중화(中和)의 기운을 가지고 태어났다는 것은 천지의
덕이 온전한 상태에서 그것이 중절(中節)하게 발(發)한 기운을 타
고 태어났다는 것이다. 이 중화(中和)는 심적(心的)이고 정적(情的)
이며 여기서의 중은 '미발지중(未發之中)'이다.
　위 기사에서 보면, 성인이 천지자연의 이치를 가지고 적절한
문채로써 동작(動作)·예의(禮義)·위의(威儀)의 법칙을 만들었다.
이때에 성숙공(成肅公)이 과연 하(瑕)땅에서 죽었다.131 주나라 경
사인 성숙공은 천도를 어긴 것이다. 예·의는 하늘에서 내린 것
인데 예·의를 행함에 공손하지 않았다. 인간사에서는 동작(動
作)·예의(禮義)·위의(威儀)의 법칙을 아는 것이 중요하다. 더욱
이 전쟁에 앞서 제사를 지내고 그 제육을 받는 동작에 불경(不敬)
함이 있었고 그 후 그는 죽음에 이르렀다. 한편 유강공(劉康公)은

---

129 『春秋左傳』, 成公 13年 : 三月, 公如京師, 宣伯欲賜, 請先使, 王以行人之禮
禮焉. 孟獻子從, 王以爲介而重賄之. 公及諸侯朝王, 遂從劉康公成肅公, 會
晉侯伐秦. 成子受脤于社, 不敬, 劉子曰 "吾聞之, 民受天地之中以生, 所謂
命也. 是以有動作禮義威儀之則, 以定命也. 能者養以之福, 不能者敗以取
禍. 是故君子勤禮, 小人盡力…"
130 『中庸』·「1장」: 喜怒哀樂之未發謂之中, 發而皆中節謂之和.
131 『春秋左傳詳節句解』, 成公 13年 癸未 B.C.578 : 聖人因天地自然之理, 而爲
之節文, 以爲動作禮義威儀之法則, 是歲, 成肅公果卒於瑕.

명(命)을 천지중화(天地中和)의 기운으로 보았고, 군자와 소인의 직분이 중화(中和)의 실현과 실현하지 않은 것 사이에 있다고 하였다. 즉 대동의 방법은 예와 의에 있다. 예가 있고 의가 실현된 민족은 중화민족(中華民族)이 되고 예와 의가 없는 민족은 이적(夷狄)이 된다.

여기에서 중화(中華)는 이발(已發)한 중(中)[132][133]이며 현상적이고 입체적으로 발휘된 것이다. 그래서 자신의 직위와 직분에 맞는 의를 행하는 실천이 중요하다. 이적의 행위를 '중화지기(中華之氣)'로 바꾸어 가는 것이 화이사상의 본질이며 화이(華夷)는 중화실현의 방법이다.

『춘추』대일통의 이념이 실천되어 가는 과정에서 타민족과의 관계에서 제기된 것이 '화이사상(華夷思想)'이다. 『춘추』의 화이사상은 한국·일본·중국 등 각국에 영향을 크게 미치어 문화적 자존의식과 민족의식을 고취시켰다. 그러나 시대적 상황에 따라 전개 양상이 매우 다양하며, 그 본래의 성격이나 의의가 많이 변질되기도 하였다. 중국의 경우 한대에 이르러서는 중화(中華)의 개념이 한 국가 자체를 의미하는 개념으로 변하여 정치적 의미로 쓰였으며, 때로는 천하의 중심지라는 지역성 또는 민족적으로 중화적(中華的) 우월의식을 갖고 타민족을 천시하기도 하

---

[132] 『近思錄』, 卷11, 『通書』권7 : 惟中也者, 和也, 中節也, 天下之達道也, 聖人之事也. 오직 中은 和이요 中節이요 천하의 통달된 道이요 聖人의 일이다.

[133] 『近思錄』, 卷11 : 朱子曰, 此以得性之正而言也, 然其以和爲中, 與中庸不合, 蓋就已發無過不及者而言之, 如書所謂允執厥中者也. 이것은 性의 바른 것을 얻은 것으로써 말한 것이다. 그러나 和로써 中을 삼는 것은 『중용』과 더불어 같지 않으니, 대개 已發하여서 지나치거나 모자라지 않는 것을 말하며 『서경』의 '允執厥中'이라고 말한 바와 같다.

였다. 물론 이것은 춘추정신의 근본 취지에 어긋나는 것이며, 춘추의리(春秋義理)의 입장에서 재비판되어야 한다.[134] 중화는 상하좌우가 조화를 이룬 세계이다. 각 개인과 집단에 예가 살아있고 그 예가 시의(時宜)에 따라 실현되어 의가 구현되는 세계이다. 중화의 중심은 상도인 예와 의의 유무에 따라 정해진다.

춘추시기에는 주왕실을 높이는 존주사상(尊周思想)이 미약하게나마 존재하였다. 그러나 『춘추좌전』 양공(襄公) 14년에 융(戎)이 진(晉)나라에게 말하기를 "우리 제융은 음식과 의복이 화(華)와 같지 않다."[135]라고 하였다. 이미 이때에 제융(諸戎)들은 중화(中華)의 중심을 진(晉)나라로 여겼다. 중화의 중심이라는 것은 현상세계에서 조화를 이루는 구심점이기 때문에 곧 진나라를 아버지의 나라쯤으로 대우하였다는 의미이다. 중화(中華)에는 조화로운 세상을 실현하는 체제 안에서 구심점이 된다는 의미가 내포되어 있다. 그리고 그 구심점에 가깝게 접근하려면 인문주의의 덕목인 의의 실현을 통한 인의 구현을 수반해야 한다. 그래서 중화(中華)는 인이 구현된 실상의 세계를 말하며 중화(中華)의 중심에는 시간의 흐름에 따라서 중심의 이동이 가능하며 이것은 인문주의에 의한 예와 의가 살아있는 곳을 따라서 그 개인이나 국가에게 이동한다고 볼 수 있다.

---

[134] 오석원, 「春秋의 화이사상과 민족의식」, 『한국 도학파의 의리사상』, 유교문화연구소, 2005, 47쪽.
[135] 『春秋左傳』, 襄公 14년 : 我諸戎飮食衣服, 不與華同.

2) 정명사상(正名思想)과 비판사상(批判思想)

공자의 도는 중정(中正)한 도이다. 『주역』도 중정(中正)한 도를 귀하게 여긴다. 『주역』의 육효(六爻)가운데 중(中)은 이효(二爻)와 오효(五爻)의 위치를 말하며, 이는 불편부당(不偏不黨)한 자리이므로 중도(中道)를 구현하는 역할이 있다. 정(正)은 육효(六爻)가운데 그 각각의 효마다 각괘(各卦)의 지정된 효(爻)에 마땅함을 의로 여기는 것이며 이것이 정도(正道)이다. 사람에게 있어서 名을 따라 직분에 마땅함을 취하는 것이 정명이다. 제경공(齊景公)이 공자에게 정치에 대하여 묻자, 공자가 다음과 같이 대답하였다.

"임금은 임금답고, 신하는 신하다우며, 아버지는 아버지답고, 자식은 자식다운 것입니다."[136] 공자가 말하였다. "모난 그릇이 모가 나지 않았으면 모난 그릇이겠는가? 모난 그릇이겠는가?"[137]

이것은 사람의 직분과 명분에 맞는 절도 있는 행실이 중요하다는 것을 의미한다. 춘추시대에 모든 천자의 지위가 유명무실하고 제후가 제후역할을 제대로 하지 못했기 때문에 공자는 고(觚:모난 그릇)의 모 난 생김새가 호(觚)의 특성이며 명분임을 비유하여 말하였다. 이름에 맞는 역할을 담당하는 것이 도이다. 아

---

[136] 『論語』「顔淵」: 齊景公, 問政於孔子, 孔子對曰 "君君臣臣父父子子."
[137] 『論語』「雍也」: 子曰 "觚不觚, 觚哉?觚哉?"

버지라는 이름이 싫다고 하여 그것을 게을리 할 수가 없으며, 남의 임금 된 자가 그 이름이 싫다고 하여 나라에 대한 책임과 의무를 회피하지 못한다. 자신의 이름에 맞는 역할은 세상을 밝고 건전하게 만드는 것이며 그 이상의 것들은 이미 자신의 책임과 의무사항은 아니다. 단지 역량을 키워나갈 뿐이다. 또 공자는 정치를 함에 정명(正名)의 중요성을 다음과 같이 말하였다.

자로가 말하였다. "위(衛)나라 임금이 선생님을 맞이하여 정치를 하려고 하십니다. 선생님께서는 장차 무엇을 먼저 하시렵니까?" 공자가 대답하였다. "반드시 명칭을 바로잡겠다." 자로가 말하였다 "그러십니까? 선생님이 실정을 모르는데 어떻게 바로 잡으려 하십니까?" 공자가 말하였다. "촌스럽구나 자로여, 군자는 자기가 알지 못하는 것에 대하여 말하지 않는다. 명칭이 부정하면 말이 불순하고 말이 불순하면 일이 이루어지지 못하고, 일이 이루어지지 못하면 형벌이 알맞지 못하고, 형벌이 알맞지 못하면 백성들이 손발을 둘 곳이 없어진다. 그러므로 군자가 명칭을 붙이면 반드시 말할 수 있으며, 말할 수 있으면 반드시 행할 수 있는 것이니 군자는 그 말에 구차함이 없을 뿐이다"[138]

---

[138] 『論語』「子路」: 子路曰 "衛君待子而爲政, 子將奚先?" 子曰 "必也, 正名乎!" 子路曰 "有是哉? 子之迂也, 奚其正?" 子曰 "野哉! 由也! 君子於其所不知, 蓋闕如也. 名不正則言不順, 言不順則事不成, 事不成則禮樂不興, 禮樂不興則刑罰不中, 刑罰不中則民無所措手足. 故君子名之, 必可言也, 言之必可行也, 君子於其言, 無所苟而已矣."

여기에서 이름이란 모든 교화의 선위개념으로서 한번 바르지 못하여도 그 폐단이 커진다. 그러므로 이름이 중요하다. 몸을 바르게 하고 마음을 바르게 하는 것이 수신(修身)이라면, 명분을 바르게 하는 것이 제가(齊家)하고 평천하(平天下)하는 방법의 대체(大體)이다. 정명(正名)은 이름을 바르게 하는 것이며, 정(正)은 『주역』의 육효(六爻)로 보았을 때, 각각의 효의 마땅한 자리와 역할로 볼 수 있다.

모든 사물은 명분과 사실이 합치될 때 비로소 올바른 가치를 발휘할 수 있는 것이다. 특히 인간이라는 이름에는 '인간다움'이라는 실질적 내용이 뒤따라야 명분이 바르다고 할 수 있다. 그러나 인간은 개인적 존재일 뿐만 아니라 사회와 유기적 관계를 형성하기 때문에 사회생활 속에서 상대 · 지위 · 상황 등에 따라서 그 명분을 달리 한다. 즉 각자가 주어진 상황에서 개인윤리로서의 '인간다움'을 기반으로 하여 자기의 명분을 다하면 사회 질서가 확립되고 집단의 화합이 가능하게 된다.[139]

대통령은 대통령의 자리에서 제 역할을 다하고, 장관은 장관의 자리에서 제 역할을 다하고, 국민이 각자의 직분에 충실하면 조화를 창출할 수 있다. 그러나 완벽하게 자신의 역할을 다하는 것도 쉬운 일이 아니므로 이에 대한 평가가 필요하게 된다. 공자는 제자들에 대한 평가를 하였고 초나라 영윤자문(令尹子文)에 대한 평가도 다음과 같이 하였다.

---

[139] 오석원, 「春秋의 화이사상과 민족의식」, 『한국 도학파의 의리사상』, 유교문화연구소, 2005, 42쪽.

자공(子貢)을 "너는 그릇이다."140 중궁(仲弓)은 인(仁)하면서 말재주는 없다.141 초나라 영윤자문(令尹子文)은 청렴하다.142

이러한 공자의 평가 방법은 포폄(褒貶)에 의거하였다. 그 포폄의 잣대를 바로 하는 것이 의(義)이다. 이 잣대는 사람과 시간과 장소에 따라서 수시변통한다. 그러나 의의 잣대는 시간과 공간성을 따라서 수시변통하니 그 대의를 확립하는 것이 중요하다. 『춘추좌전』, 성공(成公) 14년에 "『춘추』의 표현은 은미하면서도 뚜렷이 드러나고, 뜻이 있으되 기록은 흐릿하게 감추고, 완곡하게 문체를 드리웠지만 뜻이 다르며, 곡진하면서도 비루하지 않고, 악을 징계하면서 선을 권장한다. 성인이 아니고서야 누가 능히 그것을 수사할 수 있겠는가?"143라고 하여, 『춘추』의 문체는 오늘날 우리들이 본말을 드러내어 확실하게 쓰는 작문법과 비교하면 확실히 다르다. 그래서 공자의 '춘추필법'을 파악하지 못하면 인물에 대한 평가가 판이하게 달라지고 심지어 곡해하는 오류를 범하게 된다. 이에 이 책에서 인물에 대한 평가는 중화사상(中華思想)을 지향하는 과정에서 정명(正名)을 행하였는가 하는 문제를 심도 있게 연구하여 이미 공자가 『논어』에서 밝힌 의의 잣대를 가지고 비판을 하는 방식을 취할 것이다. 이것은 다시 본보기가 되어 개과천선의 교훈으로 삼아 조화를 추구하는 목적을 향해 정진하는데 필요한 과제일 뿐이다.

---

140 『論語』「公冶章3」: 子曰 女器也.
141 『論語』「公冶章4」: 雍也, 仁而不佞.
142 『論語』「公冶章18」: 子曰 淸矣.
143 『春秋左傳』, 成公14년: 春秋之稱, 微而隱, 志而晦, 婉而成章, 盡而不汚, 懲惡而勸善. 非聖人, 誰能修之?

2. 강대국의 패권적 중심제후국(霸權的中心諸侯國)

『춘추』의 대의는 크게 세 가지 측면으로 나누어 볼 수 있는데 이것이 중화사상·정명사상·비판사상이다. 중화사상은 대일통론에 근간을 둔다. 대일통의 세계를 실현하기 위하여 세계는 UN과 FTA뿐 만이 아니라 각종 스포츠와 문화행사를 진행시키고 각각 그 중심에 있고자 노력한다. 각자의 자리에서 자국의 자존과 이익을 위하고 개인의 자존과 이익을 창출하려고 하는 것이 대일통의 공통된 과제를 이루기 위한 개개 국가와 단체에게 부여된 정명이다. 이 정명(正名)은 중정론(中正論)에 근간을 두며 중정에 맞지 않았을 때에는 그 중정의 잣대에 의한 비판이 필요하고 이 비판은 다시 중화세계를 실현하기 위한 또 다른 노력이다. 즉 비판사상은 대의명분(大義名分)에 의하여 시비와 선악 등을 변별한다. 이러한 비판정신은 공자의 정명사상(正名思想)에 근간을 두고 출발하며 『춘추』의 궁극의 도달점인 중화사상(中華思想)의 실현에 목표점이 있다.

　온 누리가 대동을 이루는 데에는 강자와 약자의 맡은 바 역할이 있다. 그 맡은 역할을 충실히 행할 때에 대일통의 세계가 구현된다. 춘추시기에 제후국의 중심에 주왕실이 있었다. 그러나 주왕실은 명분만이 살아있었을 뿐 실권은 패제후에게 있었다. '춘추오패' 중에서 대국으로서 패권을 누린 나라는 진(晉)나라, 초(楚)나라, 제(齊)나라라고 할 수 있다. 이에 이들의 나라가 패제후로서 중화세계를 실현하고자 하였다면 춘추시기로부터 오늘에 이르기 까지 혼란은 덜했을 것이라고 예측해 볼 수 있다. 한편 이들의 나라가 패제후가 된 근거를 파악한다면 오늘날에도 교훈으로 삼을 만한 의미가 충분하다고 본다. 그래서 본 장에서는 강대국이 강대국으로서 중심 역할을 다 했는가를 묻고 그것이 중화의 중심이라는 점에서 과연 중심국이라고 할 만한지를 판단하고자 한다.

1) 제나라의 존왕의리(尊王義理)와 소국멸망(小國滅亡)

제나라는 춘추시기에 가장 먼저 패제후가 된 나라이다. 제환공이 관중을 등용하여 패제후가 되어 존왕정치를 했기 때문에『논어』『헌문』에서는 '정이불휼(正而不譎)'이라고 제환공의 정치를 평가하였다. 제나라에 있는 존왕정치(尊王政治)의 사례를『춘추』와『춘추좌전』으로 살펴보면,『춘추』장공(莊公) 14년(B.C.680)에 "14년 봄에 제인(齊人)과 진인(陳人)과 조인(曹人)이 송나라를 토벌하였다."[144]라고 한 데에 있다. 이에 대한『춘추좌전』의 기사는 "14년 봄에 제후가 송나라를 토벌할 때에 제나라가 주나라에 군대를 요청하니, 여름에 단백(單伯, 선백이라고도 한다)이 군대를 거느리고 와서 제후와 회합하여 송나라와 화평을 맺고 돌아갔다."[145]라고 하였다. 제나라가 천자를 높이고자 하였기 때문에 천자의 군대를 요청한 것이니, 이는 왕명을 가탁하여 대순(大順)한 도리를 보이기 위함이었다. 경에는 '인(人)'이라고 기록하였는데,

---

[144]『春秋』, 莊公 14년 : 十有四年春, 齊人陳人曹人伐宋.
[145]『春秋左傳』, 莊公 14년 · 十四年春, 諸侯伐宋, 齊請師于周, 夏, 單伯會之, 取成于宋而還.

전에 제후(諸侯)라고 말한 것은 모두 나라를 한데 묶어서 한 말이다.[146] 제나라가 진(陳)과 조(曹)와 동맹하여 송을 토벌하는데 주나라에 군대를 요청한 것이 대의명분을 바로하기 위한 행위였다.

반면, 춘추좌전 희공 5년-12년의 기사에 초나라가 현(弦)과 황(黃)을 멸망시킨 사건이 있다. 그 사건은 현과 황은 초나라 근처에 있는 소국인데, 현은 제나라의 후원을 받으면서 초나라에 대하여 사대(事大)하며 대비하지 않다가 멸망당하였다. 현자는 황으로 도망쳤는데, 황인도 초나라에 사대하지 않고 제나라와의 관계만으로 제나라가 자국을 지켜줄 것으로 착각하다가 결국은 초나라에게 멸망당한다.

이에 대하여 여동래는 "천하의 재앙은 남을 믿고 스스로 대비하지 않는 자가 대개 많이 당하는 것이고, 천하의 치욕은 남의 믿는 바가 되었다가 그를 능히 보존해 주지 못하는 자가 가장 심한 것이다. 남을 믿다가 재앙을 당한 자는 진실로 책할 수 있지만, 믿었던 자가 믿음직하지 못해서 남을 재앙으로 몰아넣었다면 어찌 가히 더욱 책망하지 않을 수 있겠는가? …… 중앙에 있는 나라가 남을 그르쳐 사지에 몰아넣고도 스스로 허물하지는 않고, 오히려 그 멸망한 자들을 뒤에서 꾸짖으니, 부끄러운 줄도 모르는 것이 심하다."[147]라고 약소국이 사대하지 않은 점과 강대국이 약소국을 보호하지 못한 점을 겸하여 비평하였다.

---

146 『春秋左傳』, 莊公 14년, 두예주 : 齊欲崇天子, 故請師, 假王命以示大順. 經書人, 傳言諸侯者, 摠衆國之辭.
147 『東萊博議』, 成公 16年 : 天下之禍, 恃人而不自戒者居其最, 天下之辱, 爲人所恃而不能保者, 居其最. 恃人而受禍者, 固可責也, 所恃者不足恃, 而納人於禍, 庸非可責之尤者乎……爲中國者誤人於死地, 曾不自咎, 尚忍隨其後譏之, 甚矣無愧而不知恥也.

제나라가 강대국의 도리에 맞지 않은 처사를 저질렀다. 초나라가 현과 황를 멸망시킨 것은 소국을 멸망시킨 것이다. 제나라가 그것을 방관한 것도 대의를 실추시킨 것이다. 제나라는 자국을 따르던 약소국을 보호하지 못했으니 이것은 제나라가 중화(中華)의 중심에 있고자 하였으나 오히려 멸망을 자초한 원인이 되었다.

또한 자국의 후계자를 확실히 정하지 못하였는데 그 내용은 『춘추』 애공(哀公) 5년 경문에 "가을 구월 계유(癸酉)에 제후 저구(杵臼)가 졸하였다. 윤달에 제경공을 장사 지냈다."[148]라고 하는 데에 있다. 『공양전』에서는 제경공(齊景公)을 처구(處臼)라고 하였다. 경공의 장사에 관한 내용은 전에 없다. 다만 이에 대한 『춘추좌전』의 기사를 보면 다음과 같다.

제나라 연희(燕姬:경공부인)가 아들을 낳았는데 성장하지 못하고 죽었으며, 여러 아들 가운데 육사(鬻姒:경공의 첩)가 낳은 아들 도(荼)를 경공이 사랑하더니 여러 대부가 그를 태자로 삼을까 두려워하였다. 공에게 건의하여 말하기를, "임금의 나이가 많은데 태자가 있지 않으니 어찌 합니까?" 공이 말하기를, "두 세분은 근심할 필요 없으니, 질병이나 조심하고, 또한 짐짓 즐거운 일이나 도모하라, 어찌 임금감이 없는 것을 걱정하리오."라고 하였다. 임금이 질병을 앓으면서 국혜자(國惠子)와 고소자(高昭子)로 하여금 도(荼)를 후계자로 세우게 하

---

[148] 『춘추』, 哀公 5년 : 秋九月, 癸酉齊侯杵臼卒, 閏月, 葬齊景公.

고, 여러 공자를 래(萊)에 거처하도록 하더니 가을에 경공이 졸하였다.¹⁴⁹라고 하였다.

제나라 임금 저구는 경공이다. 재위 58년에 안영의 실리주의정책을 채택하여, 처음에는 진나라에 협조하여 국제질서의 안정에 기여했고, 말년에는 국력을 배양해서 진나라를 배반하고 위나라·정나라와 함께 동맹하여 새로운 국제세력으로 부상하였다. 그러나 향락과 사치를 좋아하여 인민에게 덕을 베풀지 않았고, 진나라에 대한 반란세력을 지원하며, 패권투쟁에만 전념하였기 때문에 크게 성공하지는 못하였다.¹⁵⁰ 나라에는 세자를 미리 정해 놓아야 하는 것이 원칙이다. 그러나 제나라 경공은 몇몇 사람과 도(荼)를 세우고자 도모하면서 세자 도(荼)가 자신의 뒤를 이어야 한다는 확실한 명분을 세우지도 못하였다. 이러한 이유로 인하여 제나라는 점점 쇠퇴하였다. 제나라의 정사는 관중과 연관하였으며 제환공 이후에 제나라의 세력은 오래 유지되지 못하였다.

---

149 『春秋左傳』, 哀公 5년 : 齊燕姬生子, 不成而死, 諸子鬻姒之子荼嬖, 諸大夫恐其爲大子也. 言於公曰 "君之齒長矣, 未有大子, 若之何?" 曰 "二三子間於憂, 則有疾疢, 亦姑謀樂, 何憂於無君?" 公疾, 使國惠子, 高昭子立荼, 寘羣公子於萊, 秋, 齊景公卒.

150 徐正淇 譯註, 『새 시대를 위한 春秋』, 살림터, 1997, 388쪽.

2) 진(晉)나라의 존현의식과 뒤바뀐 천서(天序)

1988년 태원시(太原市) 금승촌(金勝村)에서 놀랄만한 보기(寶器)가 나왔다. 이 조준(鳥樽)은 술을 마시는 데 쓰인 주전자였다. 이것은 조(趙)나라의 물건이었다. 조(趙)·한(韓)·위(魏)나라가 역사의 무대에 등장하여 진(晉)나라의 찬란한 패업을 나누어 취하였다. 1962년 산서성(山西城) 우옥현(右玉縣) 대천촌(大川村)에 두 가지 국보급 호부온주준(胡傅溫酒樽)이 출토되었다. 이 두개의 호부온주준(胡傅溫酒樽)은 모양이 온전하게[151] 발견되었다. 이렇게 진(晉)나라 문화의 찬란함을 엿볼 수 있다.

(1) 구범(舅犯)의 진문공(晉文公)에 대한 존중

진나라는 춘추시대 중기와 말기까지 거의 패권을 주장하였다. 춘추초기 잠시 패권을 행사한 제나라 보다는 국력의 면에서는 강대하였으며 그 강대함의 주역으로는 진문공을 들 수 있으며 진문공에게는 그를 따르고 종사하고자 하는 인물이 많이 있었다. 그 중 진문공의 외삼촌인 구범은 진문공에 대하여 "망명한 자는 보배로 삼을 것이 없고, 어버이를 사랑함을 보배로 삼는다."[152]라고 말하였다. 구범은 진문공의 외삼촌이다. 진문공이 망명 중에 진목공(秦穆公)이 공자중이(公子重耳)에게 나라를 얻을 것을 권하였다. 이에 구범이 가르치며 말하기를, '망명 중인 중이(重耳)는 나라를 얻음을 보배로 삼지 않고, 오직 어버이 상사(喪

---

151 「晉國春秋 天下一統」, 科學之友, 2007, 37쪽.
152 『大學』「傳10章」: 舅犯曰 "亡人無以爲寶, 仁親以爲寶."

事)에 비통함을 보배로 삼는다.'라고 하였다. 대개 어버이를 사랑함은 근본이요, 나라를 얻음은 말단이므로, 나라를 가볍게 여기고 어버이를 중히 여긴 것이다. 이 또한 근본을 바깥으로 하고 말단을 안으로 하지 않는 것이다.[153] 구범이 진문공을 보좌하면서 진문공이 친친의 의를 중요하게 여기는 것이 마치 나라를 얻는 것보다도 중요하게 여기는 인물이라고 강조하는 대목이다. 여기에서 진문공이 마치 순임금과 같은 '친친지도(親親之道)'를 갖고 있었는가 하는 점을 비교하는 것이 아니고, 다만 구범의 의도가 진문공을 최고의 극치에 두고 나라를 다스리려는 의도였다는 것이다.

(2) 난무자(欒武子)의 구범(舅犯)에 대한 존중

진나라는 자신의 방대한 힘을 믿고 상대를 가볍게 보지 않았으며, 초나라에 대한 공구의식도 가지고 있었다. 그리고 무엇보다도 자국의 현인을 존중하는 일이 계속 이어졌다. 이에 대한 사례를 보면, 선공(宣公) 12년(B.C.597) 경문에 '초자(楚子)가 정(鄭)나라를 포위하였다.'[154]라고 하였는데, 전년에 신릉에서 정나라가 초나라와 결맹하고서, 또 진(晉)나라 섬기기를 원하였기 때문이다.[155] 정나라는 작은 나라로서 초나라를 섬기고 진(晉)나라도 섬겨야만 하는 필연성이 있었다. 이때에 정나라가 진(晉)나라 쪽으로 외교관계를 돈독히 하니 초나라가 배신에 대한 응징으로 정나라를 포위하였다. 이에 대한 『춘추좌전』, 선공(宣公) 12년(B.C.

---

153 유교문화연구소 옮김, 『대학 · 중용』, 성균관대학교출판부, 2007, 90쪽.
154 『春秋』, 宣公 12년 : 楚子圍鄭.
155 『春秋』, 宣公 12년, 두예주 : 前年盟辰陵而又徼事晉故.

597)의 기사는 다음과 같다.

　　12년 봄에 초자(楚子)가 정나라를 17일간 포위하였다. 여름 6월에 진군(晉軍)이 정나라를 구원하였다. 수무자(隨武子)가 말하기를 "작년에 진(陳)나라에 침입하고 금년에 정나라에 침입하였으되, 백성들이 피로해하지 않고 초군을 원망하는 말이 없으니, 정령(政令)에 상도(常道)가 있다고 할 수 있습니다."[156]라고 하였다.

　　위로는 천왕이 제 역할을 못하고 아래로는 방백이 역할을 못하니, 천하제후들은 신하가 임금을 시해하고 자녀가 부모를 시해하는 일이 있었으나, 왕실(諸夏)이 그 잘못을 토벌하지 못하고 이적이 토벌하였다.[157] 진(晉)의 수무자(隨武子)는 사회(士會)이다. 수무자(隨武子)는 진군(晉軍:순림보)이 황하에 이르러 정나라가 이미 초나라에 굴복한 사실을 알았고 되돌아가면서 초나라의 정치에 상도가 살아있는 훌륭한 상태임을 말해주고 있다. 순림보는 극결의 뒤를 이어 중군의 사령관이 되었다. 여기서 중군은 총사령관이다. 또 사회(士會)와 극결(郤缺)의 아들 극극(郤克)이 모두 출전한 상태였다. 진나라는 초나라를 홀만하게 보지 않았다. 계속하여 『춘추좌전』선공(宣公) 12년(B.C.597)의 기사에서는 진(晉) 대부 난무자(欒武子)의 공구의식(恐懼意識)이 보인다.

---

156 『春秋左傳』, 宣公 12년 : 十二年春, 楚子圍鄭, 旬有七日. 夏六月, 晉師救鄭. 隨武子曰 "昔歲入陳, 今玆入鄭, 民不罷勞, 君無怨讟, 政有經矣."
157 『春秋胡氏傳』, 宣公 12년 : 上無天王, 下無方伯, 天下諸侯有臣弑君子弑父, 諸夏不能討, 而夷狄能討之.

진(晉)대부 난무자(欒武子)가 말하기를 "초나라는 용국(庸國)과의 전쟁에 승리한 뒤로 그 임금은 국민을 다스리고 교훈하기를 '백성의 생계는 쉽지 않고 화가 닥치는 것은 정해진 날이 없었다. 경계하고 두려워하는 것을 게을리 하면 안 된다.'라고 말하지 않은 날이 하루도 없었으며, 중군(中軍)에서는 군실(兵士와 軍器)을 다스리고 거듭 경계하며 '승리는 보장할 수 없는 것이다. 상나라 주임금(商紂)는 백전백승하였으되 끝내 무후(無後)하였다"[158]라고 하였다.

진(晉)의 난무자(欒武子)는 난서(欒書)이다. 진(晉)나라가 정(鄭)나라를 구원하고자 초(楚)나라와 대치한 상태에서 진(晉)나라가 초(楚)나라의 기강이 느슨해졌을 것이라고 얕잡아 보는 경향이 있자 난무자(欒武子)가 그렇지 않다고 말한다. 이와 같이 '계구지불가이태(戒懼之不可以怠)'는 춘추시대를 사는 현명한 '공구의식(恐懼意識)'이다. 진나라는 대국이다. 대국으로서 자칫 방만할 수 있었으나 난무자(欒武子)는 그렇지 않았다.

또 난무자는 자범(子犯)의 말을 빌려 주위를 경계시키고 있다. 『춘추좌전』, 선공(宣公) 12년(B.C.597)에 선대부자범의 말에 '군대는 명분이 바르면[直] 사기가 왕성하고 명분이 바르지 못하면 사기가 쇠퇴한다.'[159]고 하였다. 이때 자법이 이미 사망한 상

---

[158] 『春秋左傳』, 宣公 12년 : 欒武子曰 "楚自克庸以來, 其君無日不討國人, 而訓之于民生之不易, 禍至之無日, 戒懼之不可以怠, 在軍, 無日. 不討軍實, 而申儆之于勝之不可保. 紂之百克, 而卒無後."

[159] 『春秋左傳』, 宣公 12년 甲子 B.C.597 : 先大夫子犯有言曰 "師直爲壯, 曲爲老."

태이므로 선대부(先大夫)라고 한 것이다. 진문공(晉文公)의 외삼촌인 자범은 문공을 친친의 도가 반듯한 인물이라고 여기고 명분 있는 인물로 세웠다. 진(晉)나라에서는 자범의 명분론을 후대에도 길이 받들어 숭상한 것이다. 자범이 죽자 그 후 난무자가 자범의 명분론을 들어서 자범의 인물됨과 유언을 극존하였으니, 진나라의 정치에는 대의명분이 살아 있었다. 이것이 진(晉)나라가 장구하게 패권을 유지한 이유이다.

(3) 작명(作名)의 오류로 인해 뒤바뀐 천서(天序)

진(晉)나라에 진목후(晉穆侯)에게는 두 아들이 있었다. 그들의 이름을 태자 구(仇)와 성사(成師)라고 지었다. 뒤에 성사는 곡옥에 봉해져서 환숙(桓叔)이라 불리었다. 그런데 환숙의 아들인 장백(莊伯)과 장백의 아들인 무공(武公)까지 삼대에 걸쳐 그들은 본국인 진을 계속 핍박하였다. 결국 무공은 종국(宗國)인 진(晉)을 멸망시켰고 진후(晉侯)가 되었다. 이에 대한 기사는 『춘추좌전』환공 2년(B.C.710)에 보인다.

> 당초에 진목후(晉穆侯)의 부인 강씨(姜氏)가 조(條)의 전쟁 때에 태자를 낳고는 이름을 '구(仇)'라 하고, 그의 동생이 천묘의 전쟁 때 태어나니 이름을 '성사(成師)'라고 하였다. 사복(師服: 진대부)이 말하기를 "괴이하다. 임금님께서 아들의 이름을 지음이여. 이름으로써 그 사람의 분의(分義)를 제정하고, 의로써 예를 만들고, 예로써 정치의 근간을 삼고, 정치로써 백성을 바로잡는 것이다. 그러므로 정치가 이루어지고 백성이 복종하는 것이니, 이 원칙을 어기면 난(亂)이 발생한다. … 혜공 24년에 진나라가 비로소 어지러웠다.[160]

이름은 명분의 시작이라고 할 수 있다. 형이 되고 아우가 되고 임금이 되고 신하가 되는 것은 이름이 있은 뒤의 일이다. 태자의 이름을 구(仇)와 성사(成師)라고 하였으니 학문적인 수준이 너무 낮게 느껴진다. 그래서 진대부(晉大夫) 사복(師服)이 사람의 이름이 자신의 인생에 영향을 미치고 나아가 정치에 영향을 미치는데 태자의 이름이 잘못되었다고 근심하였다. 진목후가 전쟁 중에 아들을 낳아서 전쟁의 결과가 안 좋을 때에 낳은 아들에게 구(仇)라고 하였다. 한편, 전쟁에서 대승한 때에 낳은 아들의 이름을 성사(成師)라고 명명하였다. 이러한 상황을 진대부(晉大夫) 사복(師服)이 보고 장차 성사(成師)가 종국(宗國)을 뒤엎을 것이라고 예견하였다. 천서(天序)의 의(義)가 어긋난 결과는 주(周)의 경사를 토벌하는데 까지 이르는데 그 내용은 『춘추좌전』장공 16년(B.C.678) 기사에 보인다.

당초에 진무공(晉武公)이 이(夷)를 토벌하여 이궤저(夷詭諸)를 잡으니, 위국(蔿國)이 진(晉)나라에 요청하여 방면시켜 주었는데도 풀려난 뒤에 은혜를 보답하지 않았다. 그러므로 자국(子國:蔿國)이 란을 일으켜 진인(晉人)에게 이르기를 "우리와 함께 이(夷)를 토벌하여 그 땅을 취하자."라고 하고서, 드디어 진사(晉師)를 거느리고 이(夷)를 토벌하여 이궤저(夷詭諸)를 죽이니, 주공기보(周公忌父)가 괵(虢)으로 도망하였다. 혜왕이 즉위하여 기보(忌父)를 원래의 위치로 회복시켰다.[161]

---

160 『春秋左傳』, 환공 2년 : 初, 晉穆侯之夫人姜氏, 以條之役生太子, 命之曰仇, 其弟以千畝之戰生, 命之曰成師. 師服曰 "異哉, 君之名子也! 夫名以制義, 義以出禮, 禮以體政, 政以正民. 是以政成而民聽, 易則生亂…"惠之二十四年, 晉始亂.

노환공(魯桓公) 15년 경(經)에 환왕(桓王)의 붕(崩)을 기록하고, 노장공(魯莊公) 3년 경(經)에 환왕(桓王)의 장사(葬死)를 기록하였다. 이 뒤로도 주(周)나라에 장왕(莊王)과 희왕(僖王)이 있었는데, 그들의 붕(崩)과 장(葬)이 모두 경전에 보이지 않으니, 이는 왕실이 미약하여 다시 자력으로 제후와 교통하지 못했기 때문이다. 그러므로 전(傳)에 주공기보(周公忌父)의 일로 인하여 혜왕(惠王)을 드러낸 것이다. 혜왕의 즉위는 이 해의 말에 있었다.[162] 위국(蔿國)과 궤저(詭諸)는 모두 주나라 대부이다. 주공기보는 주왕의 경사이다. 드디어 진(晉)나라가 천서의 질서를 무너뜨린 것이다.

이에 대하여 여동래는 '적자와 서자, 윗사람과 어린 사람의 정해진 명분은 고금의 성현들조차 감히 가볍게 바꾸지 못한 것인데, 진목후는 어떤 사람이기에 감히 맨 먼저 그것을 어지럽혔는가? 중국을 오랑캐의 영역으로 몰아넣은 것은 반드시 진(晉)나라와 주왕(周王)이 열어 놓은 것이 아니라고 할 수 없다.'[163]라고 혹독하게 표현하였다. 이러한 상황을 『시경(詩經)』「당풍(唐風)」, 〈양지수(揚之水)〉에서는 '졸졸 흘러가는 물이여 흰돌은 착착(鑿鑿) 솟아있구나, 흰 바탕에 붉게 수놓은 옷깃으로 그대(桓叔) 따라 곡옥(曲沃)으로 가리라, 이미 군자를 만났으니 어찌 즐겁지 않다고

---

[161] 『春秋左傳』, 장공 16년 : 初, 晉武公伐夷, 執夷詭諸, 蔿國請而免之, 既而弗報. 故子國作亂, 謂晉人曰 "與我伐夷而取其地," 遂以晉師伐夷, 殺夷詭諸, 周公忌父出奔虢. 惠王立而復之.

[162] 『春秋左傳』, 장공 16년, 두예주 : 魯桓十五年, 經書桓王崩, 魯莊三年, 經書葬桓王. 自此以來, 周有莊王, 又有僖王, 崩葬皆不見於經傳, 王室微弱, 不能復自通於諸侯. 故傳因周公忌父之事, 而見惠王. 惠王立, 在此年之末.

[163] 『東萊博議』, 장공 16년 : 嫡庶長幼之定分, 古今聖賢不敢輕變, 晉穆侯何人也…納中國於蠻貊之域者, 未必非晉與周啓之也.

말하리오.'¹⁶⁴라고 하여 진나라가 곡옥환숙 보다 강대하지 못하여 민심을 잡지 못한 지경에 이른 상황을 읊고 있다.

　진문공이 패제후가 되기 이전에 윗대에서 패권다툼이 상당히 많았다. 원래 진나라와 곡옥과의 다툼은 환숙이 곡옥에서 세력을 강대하게 키운 일로부터 시작된다. 진나라의 인민은 진나라의 정통성을 계승하려고 하였으나, 곡옥의 강대한 세력은 쉴 새 없이 진나라를 침벌하였다. 진(晉)나라는 호후(昭侯), 효후(孝侯:소후의 아들인 평), 악후(鄂侯), 애후(哀侯:악후의 아들인 광), 소자후(小子侯), 후민(侯緡)이 정권을 잡았다. 그런데 그 후로 무공(武公)과 장백(莊伯)으로 권좌가 이어진다. 그 과정에서 번보(潘父)가 소후를 시해하여 곡옥환숙을 들이려 하였는데 민심이 도와주지 않았다. 인민이 소후의 아들인 효후를 세우니, 장백(莊伯)이 효후(孝侯)를 시해하였다. 다시 인민이 악후(鄂侯)를 세웠고, 그를 이어 악후의 아들인 광(光)과 소자후(小子侯)로 이어졌다. 그런데 무공(武公)이 소자후를 시해하였는데 인민이 후민(侯緡)을 세우니 무공이 후민(侯緡)마저도 멸망시켰다. 이러한 일단의 세력다툼이 명분에 맞지 않는 일이었으므로 무공은 주희왕에게 뇌물을 주어서 제후의 자리를 공식적으로 인정받는다. 그 후로 진나라의 인민들도 모두 할 수 없이 복종하게 되었다.¹⁶⁵

---

164 『시경』 「唐風・揚之水」에는 "揚之水여 白石鑿鑿이로다 素衣朱襮으로 從子于沃호리라 旣見君子호니 云何不樂이리오

165 『시경집주』 「唐風・無衣」, 華谷嚴氏 : 武公之事 國人所不與也 以晉世家考之 初潘父殺昭侯而迎桓叔欲入晉 晉人發兵攻桓叔 桓叔敗 還歸曲沃 晉人共立小侯子平 是爲孝侯 此桓叔初擧而國人不與也 其後曲沃莊伯殺孝侯于翼 晉人又功莊伯 莊伯復入曲沃 晉人復立孝侯子郄 是謂鄂侯 此莊伯再擧 國人又不與也 及鄂侯卒 莊伯伐晉 晉人立鄂侯子光 是謂哀侯 此莊伯三擧而 國人又不與也 及武公誘小子侯殺之 晉復立哀侯弟緡 此武公四擧而 國人終不

진나라에서 아들의 이름으로부터 천서(天序)의 의(義)를 지키지 않은 것이 결국은 나라의 질서를 무너뜨렸다. 또 진나라 성사(成師)가 종국을 멸하고 세운 제후국을 주나라는 인정하였다. 이름을 바르게 해야 한다는 명분론을 무시한 것이 결국은 진나라를 멸하고 주나라를 욕되게 하였으니 세상을 어지럽게 하는 발단이 된 것이다.

3) 초나라의 인재관리와 왕호참칭(王號僭稱)

춘추전국시기 초나라의 관제는 비교적 완비되었다. 그 중의 하나는 영윤제도(令尹制度)의 설치였다. 영윤의 직위와 권한은 왕의 다음이었다. 춘추전국시기 초(楚)나라의 관리등용 범위는 중앙으로부터 지방에 이르기 까지 기본적으로 모두 초나라 왕족혈통의 범위 내에 있었다. 이외에 극소수의 다른 민족의 현명한 선비

與也. 最後武公伐晉侯緡滅之盡 以其寶器賂周僖王 王命武公爲諸侯然後 晉人不得已而從之耳. (武公의 사업에 백성들이 함께하지 않았다. 晉의 世家로 상고해 보면, 애초에 潘父가 昭侯를 시해하고 桓叔을 맞이하여 晉나라에 들이려 하였다. 晉나라 사람들이 군사를 일으켜 桓叔을 공격하니, 桓叔이 패하여 曲沃으로 돌아갔다. 晉나라 사람들이 함께 小侯子平을 세우니 이 인물이 孝侯이요, 이는 환숙이 처음 거사함에 국인들이 함께하지 않은 것이다. 그 후에 曲沃莊伯이 孝侯를 翼땅에서 시해하였다. 晉人들이 또 莊伯을 공이 있다고 여겨 장백을 다시 곡옥으로 들였다. 晉人들이 다 孝侯의 아들 郄를 세우니, 이 인물이 鄂侯이다. 이것이 莊伯의 두 번째 거사인데 國人들이 또 함께하지 않았다. 鄂侯가 졸함에 이르러 莊伯이 晉을 정벌하여 晉人들이 鄂侯의 아들인 光을 세우려니 이 인물이 哀侯이다. 이것이 莊伯의 세 번째 거사인데, 國人들이 또 함께하지 않았다. 武公이 小子侯를 유인하여 죽임에 이르니, 晉나라는 哀侯의 동생인 緡을 세웠다. 이 武公이 네 번째 거사를 하였는데 國人들이 끝내 함께하지 않았다. 최후에 武公이 晉侯緡을 정벌하여 다 멸망시키니, 그들은 寶器로써 周僖王에게 뇌물을 주었다. 왕이 武公에게 명하여 제휘로 삼은 연후에 晉人들이 부득이하여 따랐을 뿐이다.)

는 가급(家及)의 관직을 담당하기도 하였다. 중앙에서 지방의 관직에 이르기까지 기본적으로 모두 초왕이 직접 임명하였다. 춘추시대 초(楚)나라의 관직은 장징제도(獎懲制度:상벌제도)였다. 초문왕(楚文王)과 초무왕(楚武王)이 모두 이러한 제도를 사용하였다.[166]

(1) 인재를 중시한『초서(楚書)』

초나라는 왕족의 인친도 아니면서 패제후가 되었다. 초나라가 패제후가 될 수 있었던 원인 중 하나는 인재를 보배로 삼는 원칙이 있었기 때문이다.『초서(楚書)』에 이르기를, '초나라는 보배로 삼을 것이 없고, 오직 착한 이를 보배로 삼는다.'라고 하였다.[167] 근본을 바깥으로 하고 끝을 안으로 하지 않는다는 뜻을 초나라 글에서 보고 알 수 있다. 옛적에 조간자(趙簡子)가 백형(白珩)이라는 패옥으로 초나라 대부 왕손어(王孫圉)에게 물으니, 왕손어가 대답하여 말하기를 '우리 초나라는 금과 옥을 보배로 삼지 않고 착한 사람을 보배로 삼는다.'라고 하였다. 무릇 착한 이는 근본이고 재물은 말단이므로, 재물을 가볍게 여기고 어진 이를 소중하게 여긴 것이다.[168]

그러나『초서(楚書)』의 내용과 달리 초나라는 인재활용 면에서 진나라에 못 미치는 상황이었다.『춘추좌전』, 양공(襄公) 26년(B.C.547)에 오나라 성자(聲子)가 오나라 영윤자목(令尹子木)에게

---

166 潭黎明,「論春秋戰國時期楚國官制」, 社會科學戰線, 2007.
167『大學』「傳10章」: 楚書曰, 楚國, 無以爲寶, 惟善, 以爲寶.
168 유교문화연구소 옮김,『대학·중용』, 성균관대학교출판부, 2007, 89쪽.

'진(晉)나라의 경은 초(楚)나라의 경만 못하지만 그 대부들은 현능하여 모두 경이 될 만한 재목입니다. 비유하자면 기재피혁이 초나라에서 간 것과 같으니, 초나라에 비록 재목이 있으나 진(晉)나라가 실로 그 재목을 쓰고 있습니다.'[169]라고 하였다. 초나라는 지세가 좋았으므로 현능한 인재가 많이 배출되었다. 그러나 실상은 인재를 용납하지 못하였기 때문에 그 인재들이 진나라 등 타국으로 갈 수 밖에 없는 상황이었다.

(2) 약육강식의 초왕(楚王)과 대부(大夫)

약육강식은 자연의 이치이다. 강자와 약자가 조화롭게 생을 유지하는 것 또한 자연의 이치이다. 법과 윤리를 가지고 있는 인간은 상호간의 조화를 더욱 아름답게 여겨야 하는데 초나라는 강자의 미덕을 갖추지 못하였다. 『춘추』문공(文公) 10년(B.C.617)에 '초자(楚子)와 채후(蔡侯)가 궐담(厥貉)에 주둔하였다.'[170]라고 하였다. 『곡량전』에서는 '궐담(厥貉)'이라고 하고, 『공양전』에서는 '굴담(屈貉)'이라고 쓰여 있다.

위 경문 문공(文公) 10년에 대한 『춘추좌전』의 기사는 다음과 같다.

진후(陳侯)와 정백(鄭伯)이 식(息)에서 초자(楚子)와 회합하였다. 겨울에 세 나라가 드디어 채후(蔡侯)와 함께 궐담(厥貉)에

---

169 『春秋左傳』, 襄公 26년 : 晉大夫與楚孰賢? 對曰晉卿不如楚. 其大夫則賢, 皆卿材也, 如杞梓皮革, 自楚往也, 雖楚有材, 晉實用之.
170 『春秋』, 文公 10年 : 楚子蔡侯, 次于厥貉.

주둔하여 송나라를 토벌하려고 하였다. 송나라 화어사(華御事)가 말하기를 "초나라가 우리를 복종시키려 하니 우리가 먼저 복종하는 것이 좋습니다. 무엇 때문에 저들이 우리를 전쟁으로 유인하게 할 필요가 있습니까? 우리가 실로 무능해서이니 백성들에게 무슨 죄가 있습니까?"라고 하였다. 이 말을 들은 송공은 초자를 영접해 위로하고서 복종의 뜻을 표시하였다. 그리고는 드디어 초자(楚子)를 인도하여 맹저(孟諸)에서 사냥하였다. 사냥할 때에 송공(宋公)은 우우(右盂) 정백은 좌우(左盂)가 되고, 기사공(期思公) 복수(復遂)가 우사마(右司馬), 자주(子朱)와 문지무외(文之無畏)가 좌사마(左司馬)가 되었다. 초자(楚子)가 새벽 일찍이 수레에 수(燧)를 실으라고 명하였으나, 송공(宋公)이 명을 어기니 무외가 송공의 어자에게 채찍을 쳐서 전군에 조리돌렸다. 어떤 자가 자주(子舟)에게 "국군을 모욕해서는 안 된다."라고 하자, 자주(子舟)가 말하였다. "관직을 맡아 직무를 수행함에 있어서 어찌 강하게 하느냐? 시(詩)에 강하여도 뱉지 않고 부드러워도 먹지 않는다. 겉으로만 복종하는 체하고 속으로는 비난하는 자를 용서하지 않고 삼가기를 끝없이 한다. 이 또한 강자를 피하지 않은 뜻이니, 내 어찌 감히 목숨을 아껴 관직을 어지럽힐 수 있겠는가?"[171]

---

[171] 『春秋左傳』, 文公 10年 : 陳侯, 鄭伯會楚子于息. 冬, 遂及蔡侯次于厥貉, 將以伐宋. 宋華御事曰 " 楚欲弱我也, 先爲之弱乎! 何必使誘我? 我實不能, 民何罪 " 乃逆楚子, 勞且聽命. 遂道以田孟諸. 宋公爲右盂, 鄭伯爲左盂, 期思公復遂爲右司馬子朱及文之無畏爲左司馬. 命夙駕載燧, 宋公違命, 無畏抶其僕以徇. 或謂子舟曰 "國君不可戮也." 子舟曰:"當官而行, 何疆之有?" 詩曰 "剛亦不吐, 柔亦不茹. 毋縱詭隨, 以謹罔極. 是亦非辟疆也, 敢愛死以亂官乎."

여기에서 수(燧)는 불을 채취하는 기구이다.[172] 초나라가 궐담(厥貉)에 주둔한 것은 화심(禍心)을 가지고 주왕실를 폄하한 것이다.[173] 초나라는 진(陳)나라와 정(鄭)나라와 함께 송나라를 토벌하였다. 송공(宋公)이 이에 복종하였고 초자와 함께 맹저(孟諸)에서 사냥을 하였다. 그런데 초자(楚子)가 새벽 일찍이 수레에 燧를 실으라고 명하였으나, 송공(宋公)이 명을 어기니 무외가 송공의 어자에게 채찍을 쳐서 전군에 조리돌리는 무도한 일이 발생하였다. 초나라는 그다지 중요하지 않은 일로 복종해 들어온 송(宋)에게 무도하게 힘을 과시하였다. 이런 일이 있은 후, 선공(宣公) 14년(B.C.595) 『춘추좌전』의 기사는 다음과 같다.

초자(楚子)가 신주(申舟)를 제나라에 빙문사로 보내며 "송나라에 길을 빌리기를 청하지 말라."라고 하였다. 또 공자 풍(馮)을 진(晉)나라에 빙문사로 보내며 "정나라에 길을 빌리기를 청하지 말라."고 하였다. 신주는 과거 맹저(孟諸)에서 사냥할 때 송나라에 죄를 지은 적이 있었다. 그러므로 초자에게 "정인(鄭人)은 총명하고 송인(宋人)은 우매하니, 진(晉)나라로 가는 사자는 해를 입지 않을 것이지만 나는 반드시 살해될 것입니다."라고 하니, 초왕(楚王)이 "그대를 죽인다면 내가 송나라를 토벌할 것이다."라고 하였다. 신주는 자기 아들 신서(申犀)를 초왕(楚王)에게 알현시키고서 떠났다. 송나라에 이르니, 송인은 그의 길을 막았다. 화원이 말하기를, "우리나라를 지

---

172 『春秋左傳』, 文公 10年, 두예주 : 燧, 取火者.
173 『春秋胡氏傳』, 文公 10年 ; 楚次厥貉, 藏禍心以憑夏貶之也,

나면서 우리에게 길을 빌리기를 청하지 않으니, 이는 우리나라를 자신의 변방으로 여기는 것이다. 우리나라를 자신의 변방으로 여긴다면 우리나라는 망한 것과 같다. 초나라의 사자를 죽인다면 반드시 우리를 토벌할 것이니, 우리를 토벌한다면 우리나라는 망할 것이다. 이리 망하나 저리 망하나 망하는 것은 같다."라고 하고서 드디어 신주를 죽였다. 초자(楚子)는 신주(申舟)가 살해되었다는 말을 전해 듣고 소맷자락을 휘날리며 일어나 맨발로 뛰어가니, 시종이 뒤따라가 질황(窒皇)에 미쳐 신발을 신기고, 침문 밖에 나가 검을 채우고, 포서의 저자에 가서 수레에 오르게 하였다.[174]

초자(楚子)가 훗날 사신을 보내 송나라를 지나면서 길을 빌리지 않도록 하였을 때, 다른 사람을 내버려 두고 문무외(文無畏)를 추천하였으니, 이 어찌 그 강직한 말과 굳센 기개가 진실로 한 몸을 내던져 어려운 일에 부딪치게 함으로서 강한 초나라라는 큰 명성을 과시하려 한 것이 아니겠는가? 문무외는 비로소 지난날의 헛된 명성이 마침 오늘의 실제 재앙을 불렀다는 것을 알았다.[175] 질황(窒皇)은 문지방이다. 신서(申犀)는 문무외의 아들이다. 초나라가 강대하다고 하여 문무외가 강한 힘을 써서 함부로 송

---

[174] 『春秋左傳』, 宣公 14年 : 楚子使申舟聘于齊曰 "無假道于宋." 亦使公子馮聘于晉, 不假道于鄭. 申舟以孟諸之役惡宋. 曰 "鄭昭, 宋聾, 晉使不害, 我則必死." 王曰 "殺女, 我伐之." 見犀而行. 及宋, 宋人止之. 華元曰 "過我而不假道, 鄙我也. 鄙我, 亡也. 殺其使者, 必伐我, 伐我, 亦亡也. 亡一也." 乃殺之, 楚子聞之, 投袂而起, 屨及於窒皇, 劍及於寢門之外, 車及于蒲胥之市.

[175] 『東萊博議』, 宣公 14年 : 楚子異日遣使過宋而不假道, 置他人而推無畏, 豈不以直辭勁氣, 固可以橫身犯難, 而張强楚之大聲乎? 無畏始知前日之虛名, 適所以招今日之實禍.

나라 어자를 다루는 무모한 행동을 범하더니, 이제 와서 송나라에게 길을 빌리는 예조차도 행하지 않으니 이는 강대국의 무모함이고, 강한 힘을 믿고 처신한 문무외도 그 자신의 죽음을 예견할 수 있었던 것으로 보인다. 강자의 약자에 대한 무모한 처신은 결과를 불행하게 한다. 강대한 나라가 언제까지나 강하지도 않으며, 강대국이 약소한 나라를 업신여기는 것은 약소한 것은 항상 약소할 것이라고 생각하는 안일한 자세에서 비롯된다.

초나라는 이와 같았을 뿐만이 아니라 약소한 인척의 나라인 등나라를 망하게 하였다. 장공(莊公) 6년(B.C.688) 경문에 '초나라가 다시 등(鄧)나라를 정벌하여 멸하였다.'[176]라고 하였다. 이에 대한 『춘추좌전』의 기사는 다음과 같다.

> 초문왕(楚文王)이 신국을 토벌하러 갈 때 등(鄧)나라를 지나니, 등기후(鄧祁侯)가 "나의 생질이다."라고 하고서 초문왕을 머무르게 하고는 연회를 베풀어 접대하였다. 추생(騅甥)·담생(聃甥)·양생(養甥)이 초자를 죽이라고 요청하였으나, 등후가 허락하지 않았다. 그러자 삼생이 말하기를 "등나라를 망칠 자는 반드시 이 사람일 것입니다. 만약 일찍 도모하지 않는다면 앞으로 군께서는 크게 후회하실 것입니다. 그러니 이때에 미쳐 도모하소서. 도모하려 하신다면 지금이 바로 그때입니다."라고 하니, 등후가 말하기를 "내가 초자를 죽인다면 사람들은 내가 먹다 남긴 음식도 먹지 않을 것이다."라고 하였다. 그러

---

[176] 『春秋』, 莊公 6年 : 楚復伐鄧, 滅之.

자 세 사람이 대답하기를 "만약 저희 세 신하의 말을 따르지 않으신다면 나라가 망하여 사직이 제사를 받지 못할 것인데, 임금님께 무슨 남길 음식이 있겠습니까?"라고 하였으나, 등후는 듣지 않았다. 돌아오던 해에 초자가 등나라를 토벌하였고, 노장공 16년에 초자가 다시 등나라를 토벌하여 멸망시켰다.[177]

추생(騅甥)·담생(聃甥)·양생(養甥)은 약소국의 신하인 신분으로서 강대한 나라의 임금을 죽이려고 하는 지모를 발휘하였다. 이는 약소국으로서 나라를 허점 없이 단속 하는 것을 급선무로 삼는 것만 못하다. 한편, 강대한 나라는 공연히 강대한 것이 아니다. 하물며 초나라가 등나라의 약점을 보지 못하였겠는가? 초나라가 인척인 등나라의 안위를 안중에 두지 않았다는 점은 강대한 나라의 정명을 스스로 포기한 것이고 단지 약육강식의 비인륜적 행위에 불과한 것이며, 진정한 문화국이 되지 못한 이유가 된다.

(3) 왕호(王號)의 참칭(僭稱)과 불신의(不信義)
『좌전』에서 사용하고 있는 군주의 호칭에는 세 가지가 있다. 첫째는 시호로써 호칭하는 경우이다. 예를 들면 노(魯)나라 은공(隱公), 진(秦)나라 목공(穆公), 초나라 장왕(莊王) 등이다. 둘째는 봉

---

[177] 『春秋左傳』, 莊公 6年 : 楚文王伐申, 過鄧, 鄧祁侯曰"吾甥也." 止而享之. 騅甥聃甥養甥請殺楚子, 鄧侯弗許. 三甥曰"亡鄧國者, 必此人也. 若不早圖, 後君噬齊, 其及圖之乎! 圖之, 此爲時矣." 鄧侯曰"人將不食吾餘." 對曰"若不從三臣, 抑社稷實不血食, 而君焉取餘?" 弗從. 還年, 楚子伐鄧, 十六年.

지(封地)를 받을 당시에 오등작제(五等爵制) 즉, 공(公)·후(侯)·백(伯)·자(子)·남(男)의 작호를 나라 이름 밑에 붙여 정백(鄭伯), 진후(秦侯), 제후(齊侯), 송공(宋公), 괵공(虢公), 허남(許男), 초자(楚子), 주자(邾子), 월자(越子)들과 같이 호칭하는 경우인데 이에는 식별의 다른 문제가 없다. 그러나 초나라 같은 경우는 춘추초기부터 왕호를 참칭하였고 뒤에 오나라와 월나라도 덩달아서 칭왕(稱王)하였다. 어떤 학자의 고증에 의하면 옛 제후들의 칭작(稱爵)은 결코 엄격한 것이 아니었고, 오등작호를 부른 것은 일부 국군(國君)에 해당한다고 하였다. 즉 공(公)은 임금의 통칭이고, 백(伯)은 인민의 어른 또는 제후의 장을 뜻하며, 자(子)는 본래 만이(蠻夷)의 군주에 대한 호칭이었다는 것이다. 셋째의 경우가 주의를 요하는 부분인데 제인(齊人), 정인(鄭人), 송인(宋人), 위인(衛人), 채인(蔡人) 등과 같이 나라이름 뒤에 사람인(人)자를 붙여 모인(某人)이라고 칭하는 경우이다. 이것은 상황에 따라서 그 나라 임금, 그 나라 대부, 그 나라 사람을 가리키는 말이다. 또 국인(國人)이라고 할 때에도 '나라 사람'이라고 번역하지만 이것도 당시의 상황에 따라서 그 나라의 전체 백성 또는 그 나라 국도 안에 있는 거주민을 뜻할 수 있다. 그러므로 이런 경우에는 『춘추』의 경문과 대조하고 검토하여 그 정확한 뜻을 가려내야 한다. 호칭과 관련하여 지적해야 할 것은 초나라에서는 현읍(縣邑)의 장을 현윤(縣尹)이라고 하고 공(公)이라고 칭했다. 예를 들면 신공(申公), 백공(白公), 섭공(葉公)과 같은 것이다. 이것은 임금이 칭왕(稱王)했기 때문에 그의 관리들도 칭공(稱公)한 것이다.[178] 왕호를 참칭한 무왕의 쇠퇴에 대하여 『춘추좌전』 장공(莊公) 4년(B.C.690) 경에 없고 전만 있는 기사는 다음과 같다.

4년 봄 주왕(周王) 3월에 초무왕(楚武王)이 '형시(荊尸)'라는 진법(陣法)을 만들어 군대에게 창을 나누어 주어 그 창을 들고 가서 수(隨)나라를 토벌하게 하려 하였다. 무왕이 제계(齊戒)하려다 말고 내전으로 들어가 부인 등만(鄧曼)에게 말하기를 "내 마음이 동요하여 집중이 되지 않는다."라고 하자, 등만이 탄식하며 말하기를 "왕의 복록이 다해서 그런 것입니다. 가득 차면 동요하는 것이 자연의 도리이니, 선군께서 그것을 아신 모양입니다. 그러므로 출정에 임하여 중대한 명령을 내리려 할 때에 왕의 마음을 동요시켰으니, 만약 군대는 손실이 없고 왕께서만 행군 중에 훙(薨)하신다면 이는 나라의 복입니다."라고 하였다. 무왕은 마침내 군대를 거느리고 출정하였다가 만목(樠木)의 밑에서 졸하였다.[179]

이에 대하여 두예는 '초나라는 소국으로 변방에서 비루하였는데, 이때에 이르러 무왕이 비로소 그 무리를 일으켜 왕이라 참칭(僭稱)하고서 군대를 진열해 놓고 무기를 나누어 주려 하였으니, 뜻이 이미 영만(盈滿)하였기 때문에 제계에 임하여 마음이 산란해진 것이다. 그러므로 등만이 천지 귀신을 징조로 삼은 것이다.'[180]라고 하면서 무왕이 강대국으로서 왕호를 참칭하고 군사

---

178 최종례, 『고사성어로 읽는 춘추좌전』, 玄音社, 2004, 388쪽.
179 『春秋左傳』, 莊公 4년 : 四年春正三月, 楚武王荊尸, 授師孑焉以伐隨. 將齊, 入告夫人鄧曼曰 " 余心蕩." 鄧曼歎曰 "王祿盡矣. 盈而蕩, 天之道也, 先君其知之矣. 故臨武事, 將發大命, 而蕩王心焉, 若師徒無虧, 王薨於行, 國之福也." 王遂行, 卒於樠木之下.
180 『春秋左傳』, 莊公 4년, 두예주 : 楚爲小國, 辟陋在夷, 至此武王始起其衆, 僭號稱王, 陳兵授師, 志意盈滿, 臨齊而散. 故鄧曼以天地鬼神爲徵應之符.

력을 기르는데 힘쓰다가 쇠퇴하게 되었다고 하였다.

왕성한 여름이 지나서 가을이 온다는 것을 알듯이 등만(鄧曼)이 그러한 천지의 조화를 초무왕(楚武王)에게서 읽어내었다. 무왕(武王)이 작은 초나라를 왕성하게 하고는 드디어 왕호를 참칭하는데 까지 이르렀다. 무왕의 부인이 무왕의 탄식소리와 심탕(心蕩)한 모습을 보고 기울어 가는 세(勢)를 알 수가 있었다. 이것이 기미(幾微)를 아는 것이다. 다른 제후국들은 모두 공(公) · 후(侯) · 백(伯) · 자(子) · 남(男)의 명칭으로 주나라에서 작위를 받아서 그대로 불리어졌는데 초나라와 오나라만은 왕의 칭호를 참칭하였다.

『춘추』성공(成公) 16년(B.C.575)에 '6월 그믐 갑오(甲午)일에 진후(晉侯)가 초자(楚子)와 정백(鄭伯)을 언릉(鄢陵)에서 전쟁하여 초자(楚子)와 정사(鄭師)을 대패시켰다.'[181]라고 하였다. 초군(楚軍)이 대패하지는 않았으나, 초자(楚子)가 눈에 화살을 맞고 물러갔기 때문에 '초자패지(楚子敗績)'라고 한 것이다. 언릉(鄢陵)은 정나라 땅이다.[182] 이에 대한 『춘추좌전』의 기사는 다음과 같다.

> 진후(晉侯)가 정나라를 정벌하려고 하니…정인(鄭人)은 진군(晉軍)이 토벌하러 온다는 말을 듣고 급히 사자(使者)를 보내어 초나라에 고하게 하였는데, 그때 요구이(姚句耳)도 함께 갔다. 초자(楚子)가 정나라를 구원하기 위해 출병하였는데, 사

---

181 『春秋』, 成公 16年 : 甲午晦, 晉侯及楚子鄭伯戰于鄢陵, 楚子鄭師敗績.
182 『春秋』, 成公 16年, 두예주 : 楚師未大崩, 楚子傷目而退, 故曰楚子敗績. 鄢陵鄭地.

마(司馬)가 중군을 거느리고, 영윤(令尹)이 좌군을 거느리고, 우윤 자신(右尹 子辛)이 우군을 거느렸다. 초군(楚軍)이 신읍(申邑)을 지날 때 자반(子反)이 읍내로 들어가서 신숙시(申叔時)를 보고… "이번 출병에 승패가 어떻겠습니까?"라고 물으니 신숙시가 대답하기를 "…지금 초나라는 안으로 그 백성을 버리고, 밖으로는 타국과의 우호를 단절하며, 제맹(齊盟)을 가벼이 여겨 맹약한 말을 저버리고, 농시(農時)를 어기고 군대를 동원하여 백성을 지치게 하면서 자신의 욕망을 채우려 한다. 그러므로 백성은 무엇이 신(信)인지를 몰라 나아가도 죄를 범하고 물러나도 죄(罪)를 범한다. 사람마다 자신이 어떤 곤경에 이를지 몰라 근심하고 있으니, 누가 목숨 바쳐 전쟁하려 하겠는가? …"[183]라고 하였다.

진후(晉侯)는 진여왕 요(晉厲公 姚)이다. 이때 송나라는 평공 원년(平公 元年)이었고 초나라는 공왕(共王)때이다. 구이(句耳)는 정대부(鄭大夫)이다. 초나라가 안으로는 백성에게 신의를 버리고 밖으로는 나라간의 우호조약을 어겼기 때문에 이윽고 몰락하였다.

---

[183] 『春秋左傳』, 成公 16年 : 晉侯將伐鄭 …鄭人聞有晉師, 使告于楚, 姚句耳與往. 楚子救鄭, 司馬將中軍, 令尹將左, 右尹子辛將右. 過申, 子反入見. 申叔時曰 " … 今楚內棄其民, 而外絶其好, 瀆齊盟, 而食話言, 奸時以動, 而疲民以逞. 民不知信, 進退罪也. 人恤所底, 其誰致死 …

3. 약소국의 자존적 중심제후국(自尊的中心諸侯國)

약소국은 물리적으로 국력이 약한 나라를 말한다. 고금을 불문하고 약소국은 강대국으로부터 정치·경제적으로 영향을 받기 때문에 예와 의를 중시하여 자존지도를 지켜나가면서 세계적인 조류를 따라서 불이익을 최소화하며 백성을 양적으로나 질적으로 늘려나가는 것이 중요하다. 『맹자』「양혜왕하」에는 '큰 나라로서 작은 나라를 섬기는 자는 하늘의 도를 즐기는 자이고, 작은 나라로서 큰 나라를 섬기는 자는 하늘을 두려워하는 자이다.'[184] 라고 하였다. 작은 나라로서 큰 나라와 교제하는 것은 작은 나라와 교제하는 강대국의 입장보다는 훨씬 곤란한 입장에 선다. 그러므로 약소국에는 무엇보다도 현자와 같은 인물이 더욱 필요하다. 그래야만 자국의 자존지도를 온전히 보존하며 강대한 힘에 의한 불의에 대하여 혹은 대항하고 혹은 외교적 지모를 발휘할 수 있는 것이다. 이 단락에서는 약소국이 약소국으로서 정명을 다하였다면 강대국이 강대국으로서 정명을 다한 것 보다 오히려 우월할 수 있다는 관점을 갖고 기술하겠다.

---

[184] 『孟子』「梁惠王下」: 以大事小者, 樂天者也. 以小事大者, 畏天者也.

1) 노(魯)나라의 과소(過小)와 사대(事大)

(1) 노나라의 무방비한 대주(對邾)행태

노나라는 주나라 초기에 중대한 봉건제후국이었다. 지리적으로 노나라가 제나라와 근접했으므로 항상 제나라의 위협을 받았다. 노나라는 주공에게 봉해진 나라이므로 분봉시(分封時)에 받은 것이 많았으며 지위가 특수하였고, 또 천자의 예악을 누릴 수 있었다. 노나라는 주례를 완전하게 보전하였을 뿐 아니라 또 각 방면에서 모두 주대의 예악전통의 영향을 많이 받았다.[185]

주(邾)나라가 수구(須句)라는 땅의 문제 때문에 군사를 출동시켰는데, 노희공(魯僖公)은 주(邾)나라를 깔보아 주나라에 대한 대비를 하지 않았다. 장문중이 '아무리 작더라도 국가이니, 가볍게 여겨서는 안 됩니다. 방비가 없으면 아무리 우리 군대가 많아도 믿을 수가 없습니다. 벌이나 전갈도 오히려 독이 있습니다.'라고 간언하였으나, 노희공은 장문중의 말을 듣지 않았고 드디어 작은 나라인 주나라에게 패전을 당하였다.

이에 대하여『춘추』희공(僖公) 22년(B.C.638)에 '22년 봄에 공(公)이 주(邾)나라를 토벌하여 수구(須句)를 취하였다.'[186]고 하였다.『공양전』은『춘추』와 같이 전하고 있으며 단지 '주(邾)'를 '주루(邾婁)'라고 쓰고 있다.『춘추』희공(僖公) 22년에 대한『춘추좌전』의 기사는 다음과 같다.

---

185 陳梅,「春秋中期晉楚爭霸中鄭魯應對霸主策略之比較」, 安徽文學 第3期, 2007.
186『春秋』, 僖公 22년: 二十有二年, 春, 公伐邾, 取須句.

22년 봄에 주나라를 토벌해 수구를 탈취하고서 그 임금을 귀국시켰으니 예에 맞았다. 주인(邾人)이 노나라가 수구(須句)를 구원한 일로 인하여 출병하여 노나라를 침범하는데도 공(公)은 주(邾)나라를 얕보아 방비를 설치하지 않고서 방어하였다. 장문중(臧文仲)이 말하였다. "나라에는 약소국이 따로 없으니 얕보아서는 안 됩니다. 방비가 없으면 아무리 군대가 많아도 믿을 수 없습니다. 시에 '조심하고 경계하기를 깊은 물가에 다다른 듯이, 엷은 얼음을 밟은 듯이 하라.'라고 하고 또 '공경하고 공경하라. 천도는 밝아서 천명을 보존하기가 쉽지 않다.'라고 하였습니다. 선왕의 밝은 덕으로도 어려워하지 않음이 없고 두려워하지 않음이 없었는데 하물며 우리 같은 작은 나라에서랴! 임금님께서는 주(邾)나라를 작다고 얕보지 마소서. 벌과 전갈도 독이 있는데 하물며 한 나라에서랴!" 공이 듣지 않았다. 8월 정미일에 공(公)이 주군(邾軍)과 승경(升陘)에서 전투하다가 아군이 대패하였다. 주인(邾人)이 공의 투구를 빼앗아 어문(魚門)에 달아 놓았다.[187]

함부로 남의 나라를 취하고 그 임금을 귀국시키는 것은 란(亂)을 일으켜서 혼란을 다스리는 것이다. 이는 옳다고 할 수 없고, 빼앗은 것과 다르지 않다.[188] 여기에서 시는 「소아(小雅)」〈소

---

[187] 『春秋左傳』, 僖公 22년 : 二十有二年, 春, 伐邾, 取須句, 反其君焉, 禮也. 邾人以須句故出師, 公卑邾, 不設備而禦之. 臧文仲曰 "國無小, 不可易也, 無備, 雖衆, 不可恃也. 詩曰戰戰兢兢, 如臨深淵, 如履薄冰. 又曰敬之敬之, 天惟顯思, 命不易哉! 先王之明德, 猶無不難也, 無不懼也, 況我小國乎! 君其無謂邾小. 蜂蠆有毒, 而況國乎!" 弗聽. 八月丁未, 公及邾師戰于升陘, 我師敗績. 邾人獲公胄, 縣諸魚門.

민편(小旻)」과 「주송(周頌)」〈경지(敬之)〉이다. 노나라는 주(邾)와 앙숙이었다. 희공(僖公)이 주(邾)나라를 과소평가하다가 패배한 것이다.

이에 대하여 여동래는 '큰 것이 작은 것을 이기고 강한 것이 약한 것을 이기고 많은 것이 적은 것을 이김은 병가의 정론이다. 노(魯)나라와 주(邾)나라가 서로 접전하기 전에는 사람들이 모두 노나라가 반드시 이길 것이라고 여겼다. 그러나 희공이 주(邾)나라를 깔보아 대비를 하지 않아서 끝내는 패배를 자초하였으니, 이는 노나라에는 노나라가 없는 반면에 주(邾)나라에는 주(邾)나라가 있었던 까닭이다. 있는 것으로 없는 것을 상대했으니, 승리가 어찌 주나라에 있지 않겠으며, 패배가 어찌 노나라에 있지 않겠는가?'[189]라고 노나라에 없는 자존지도가 주(邾)나라에 있었다고 하였다.

큰 나라가 자신이 크다고 과신하여서 작은 나라에 대한 대비를 하지 않고 방심하다가 벌어진 일이다. 아무리 작은 나라도 나라는 나라. 현대적으로 조명한다면, 토지가 넓고 국민의 수가 많고 지하자원이 풍부한 것은 강대국의 기득권이 보장 되는 조건임에는 틀림이 없다. 그러나 이제는 국토도 작고 국민의 숫자도 적고 지하자원이 풍족치 않은 나라에도 근면한 국민성과 함께 예(禮)와 의(義) 같은 고유한 문화를 살리려고 하는 노력이 있

---

[188] 『春秋胡氏傳』, 僖公 22년 : 擅取人國而反其君, 是以亂易亂, 非所以爲禮也. 與收奪者, 無以異矣.

[189] 『東萊博義』, 僖公 22년 : 大勝小, 強勝弱, 多勝寡, 兵家之定論也. 魯與邾未交兵之前, 人皆意魯之必勝矣., 而僖公卑邾不設備, 卒以取敗. 是魯無魯, 而邾有邾也. 以有對無, 勝安得不在邾, 敗安得不在魯乎?

다면, 이 나라는 참된 문화국이라고 할 만하다고 본다.

(2) 노나라의 사대(事大)

노나라는 춘추후기에 가난하고 빈약한 나라가 되었다. 국내로는 삼환(三桓)씨가 정권을 잡았고 국외로는 항상 대국의 위협을 받았다. 춘추중기이래 노나라는 진(晉)나라의 보호를 받아 제(齊)나라에 대항하였고 진나라를 섬기는데 공경을 다하였고 진나라가 일으킨 정벌과 회맹 등의 군사 활동에 적극적으로 참여하였다. 공경대부도 끊임없이 조빙하고 납세를 하였다. 심지어는 지나친 예로써 노나라에 아부하였다. 노양공(魯襄公)이 진(晉)나라에 조회할 때에 진후에게 계수(稽首)하였으니, 이는 노나라가 진(晉)나라 임금을 천자의 지위에 둔 것이고, 스스로 속국이 되기를 원한 것이다.[190] 이것이 노나라의 사대(事大)이다.

문공(文公) 3년(B.C.624) 경문에 '겨울에 공(公)이 진(晉)나라에 갔다.'[191]라고 하였다. 이에 대한 『공양전』은 '겨울에 공(公)이 진(晉)나라에 갔다. 12월 기사일(己巳日)에 문공과 진나라 군주인 후작이 동맹을 맺었다.'[192]고 하였고 이에 대한 『춘추좌전』의 기사는 다음과 같다.

---

[190] 陳梅,「春秋中期晉楚爭霸中鄭魯應對霸主策略之比較」, 安徽文學 第3期, 2007, 33-34쪽.
[191] 『春秋』, 文公 3年 : 冬, 公如晉.
[192] 『春秋公羊傳』, 文公 3年 : 冬, 公如晉. 十有二月, 己巳, 公及晉侯盟.

진인(晉人)이 전에 문공(文公)에게 무례했던 것을 두렵게 여겨, 이전에 맺은 맹약의 개정을 청하니 공이 진나라에 가서 진후와 결맹하였다. 진후가 연회를 열어 문공을 대접할 때 「청청자아(菁菁者莪)」를 읊으니, 장숙(莊叔)이 문공에게 뜰 아래로 내려가서 배사하게하며 말하였다. "소국이 대국의 명을 받았으니 감히 예의를 삼가지 않을 수 있습니까? 진군(晉君)께서 대예(大禮)로써 접대해 주시니 이런 즐거움이 다시 어디 있습니까? 소국(小國)의 즐거움은 대국의 은혜입니다." 진후가 뜰에 내려가 사양하고서 함께 올라와서 배례(拜禮)를 이루었다. 공이 「가락(嘉樂)」을 읊었다.¹⁹³

여기에서 〈청청자아(菁菁者莪)〉는 『시경』「소아」의 편명인데, 이편의 '이미 군자를 만나보니 내 마음 즐겁고 군자는 예의가 있다.'는 구절을 읊은 것이다. 〈가락(嘉樂)〉은 『시경』「대아」의 편명인데, 이편의 '드러난 아름다운 덕이 백성과 관리에게 모두 합당하니 하늘에서 복록을 받는다.'는 구를 읊은 것이다.¹⁹⁴

장숙은 노나라 대부이다. 진(晉)나라 양공(襄公)때에 노나라 문공(文公)이 진양공(晉襄公)에게 조현(朝見)하였다. 노나라 문공(文公)은 진양공(晉襄公)에게 자신은 소국이라고 전제하고 진(晉)나라는 대국이라고 하면서 소국이 대국의 은혜를 입어서 산다고 하

---

193 『春秋左傳』, 文公 3年 : 晉人懼其無禮於公也, 請改盟, 公如晉, 及晉侯盟. 晉侯饗公, 賦菁菁者莪 莊叔以公降, 拜曰:"小國受命於大國, 敢不愼儀? 君貺之以大禮, 何樂如之? 抑小國之樂, 大國之惠也." 晉侯降, 辭, 登 成拜, 公賦嘉樂.
194 『春秋左傳』, 文公 3年, 두예주 :「菁菁者莪」, 詩小雅, 取其旣見君子, 樂且有儀.「嘉樂」, 詩大雅, 取其顯顯令德, 宜民宜人, 受祿于天.

였다. 이것이 소국이 진나라를 대하는 시의(時宜)에 맞는 처사이다. 또 작은 나라가 큰 나라로부터 자신을 보호하여 시대를 살아나가는 방법인 사대정신(事大精神)이다. 노나라의 사대는 다음과 같이 계속되는데,『춘추』문공(文公) 원년(元年:B.C.626)에 '공손오(公孫敖)가 제나라에 갔다.'[195]라고 하였다. 이에 대한『춘추좌전』의 기사는 다음과 같다.

> 노나라 목백이 제나라에 가서 비로소 빙문하였으니 에에 맞았다. 범예에 의하면 국군이 즉위하면 경이 나가 여러 나라를 두루 빙문하여 옛 우호를 지속하고 외국과 수호조약을 체결하여 이웃나라와 잘 지내어 사직을 보위(保衛)하는 것이 충(忠)・신(信)・비양(卑讓)의 도리이다. 충(忠)은 덕의 순정(純正)함이고 신(信)은 덕의 견고함이고 비양(卑讓)은 덕의 기본이다.[196]

경문의 공손오와『춘추좌전』의 목백은 같은 인물이며 노나라 사람이다. 충(忠)과 신(信)과 비양(卑讓)하는 도리는 사대(事大)하는 내용의 핵심이다. 진(晉)나라와 초(楚)나라도 정치상 조(魯)나라에 대하여 위협을 하는 것 이외에도 경제상의 핍박을 점점 심하게 하였다. 진(晉)나라는 평공(平公)이래 육경(六卿)이 권력을 가지고 있었고 국내에도 모순이 심해졌으며 중소국가에 대한 핍

---

[195]『春秋』, 文公 元年 : 公孫敖如齊.
[196]『春秋左傳』, 文公 元年 : 穆伯如齊, 始聘焉, 禮也, 凡君卽位, 卿出幷聘, 踐修舊好, 要結外援, 好事鄰國, 以衛社稷, 忠信卑讓之道也. 忠德之正也, 信德之固也, 卑讓德之基也.

박을 가중하였다. 이러한 진(晉)나라의 욕망을 만족시킬 수 없었다.[197] 이 뿐만이 아니라 조(魯)나라는 당시 제(齊)나라 진(晉)나라 초(楚)나라로부터 핍박을 받았다. 그래서 진(晉)나라를 주로 섬겼지만 제나라와 초나라도 섬겨야 하는 약소한 나라에 불과하였다.

(3) 노나라 정치의 정의(正義)와 불의(不義)

노나라는 주공(周公)의 아들 백금의 후예들의 나라이다. 주공이 예악을 제정하였고 그 예악이 노나라에 남아있었다고 한다. 그렇다면 춘추시기에 노나라의 풍속이 과연 주공의 후예들의 나라답게 아름다웠는가 하는 관점에서 사실적인 근거가 있어야 한다. 단지 주공의 후예들의 나라이므로 주공을 예우하여 예악이 남아있다고 한 것인지 아니면 공자의 조국이기에 특별히 격을 승격한 것은 아닌지 의구심을 품을 필요가 있다. 우선 노나라에 예의가 남아있다고 하는 근거는 다음과 같다.

『춘추좌전』은공(隱公) 6년(B.C.717)에는 '겨울에 경사(京師)에서 사람이 와서 기근을 알렸다. 은공이 주(周)나라를 위하여 송(宋)과 위(衛)와 제(齊)와 정(鄭)에게 양곡판매를 청하였으니, 예에 맞는 처사였다.'[198]라고 하였다. 기근을 통고한 것이 주왕의 명이 아니었기 때문에 전에는 '경사(京師)'라고 말하고, 경에는 기록하지 않은 것이다. 비록 주왕의 명이 아니었으나, 은공은 공손히

---

[197] 陳梅,「春秋中期晉楚爭霸中鄭魯應對霸主策略之比較」, 安徽文學 第3期, 2007.

[198] 『春秋左傳』, 隱公 6년 : 冬, 京師來告饑. 公爲之請糴於宋衛齊鄭, 禮.

명에 부응하고자 하였다. 그러나 자기 나라에는 양곡이 부족하므로 널리 이웃 나라에게 청하였다. 그러므로 예에 맞는 처사라고 한 것이다. 전(傳)의 기록은 은공의 현명함을 드러낸 것이다.[199] 식량은 나라와 국민을 지탱시키는 필수품이다. 그러나 노나라 은공(隱公)이 천자국인 주나라를 위하여 그 곡식을 사고 팔 수 있도록 하였다. 이것이 모든 제후국은 천자국에 대한 신의가 있었음을 말해주고 있다. 그리고 노나라에 예가 살아있다는 평가가 있는데,『춘추』, 민공 원년(閔公 元年:B.C.661)을 보면 '겨울에 제나라 중손(仲孫)이 왔다.'[200]라고 하였다. 이에 대한『춘추좌전』의 기사는 다음과 같다.

> 겨울에 제나라 중손추가 노나라로 와서 난리를 살폈다. 경에 '중손'이라고 자를 기록한 것도 그를 아름답게 여긴 것이다. 중손이 제나라로 돌아가서 말하기를 "경보(慶父)를 제거하지 않으면 노나라의 난리가 끊이지 않을 것입니다."라고 하였다. 제환공이 "어찌하면 그를 제거할 수 있겠는가?"라고 묻자, 중손(仲孫)이 "끊임없이 화란을 일으키면 장차 스스로 쓰러질 것이니, 임금님께서는 그때를 기다리소서."라고 대답하였다. 제환공(齊桓公)이 "이 기회에 노나라를 취할 수 있겠는가?"라고 묻자, 중손이 대답하기를 "불가능합니다. 노나라는 그래도 주례(周禮)를 지키고 있으니, 주례는 나라를 존립시키는 근간

---

[199]『春秋左傳』, 隱公 6년, 두예주 : 告糴, 不以王命, 故傳言京師, 而不書於經也. 雖非王命, 而公共以稱命. 己國不足, 旁請隣國, 故曰禮也. 傳見隱之賢.
[200]『春秋』, 閔公 元年 : 冬, 齊仲孫來.

입니다. 신이 듣건대 '나라가 망할 때에는 큰 나무와 마찬가지로 근간이 먼저 쓰러진 뒤에 가지와 잎이 뒤따라 쓰러진다.'고 하였습니다. 그런데 노나라는 주례를 버리지 않고 있으니, 아직 움직일 때가 아닙니다. 그러니 임금님께서는 힘을 다해 노나라의 화난을 안정시키고 노나라를 가까이 하소서. 예의가 있는 나라를 가까이하고 정권이 안정되고 국력이 견고한 나라를 의지하십시오. 정권 내부에 분열이 있는 나라를 이간시키고, 혼란한 나라를 패망시키는 것이 패왕의 그릇입니다."라고 하였다.[201]

노장공(魯莊公)이 죽은 뒤 경보(慶父)의 난리로 인하여 노나라는 혼란하였다. 제환공(齊桓公)이 중손추를 노나라에 보내 혼란의 상태를 살피게 하였다. 이에 제나라 중손추(仲孫湫)는 제환공에게 노나라 정치에는 예가 살아있다고 하였다. 환공이 경보를 죽일 것을 도모하니 공손추는 경보가 자멸할 것이라고 하였다. 이에 대하여 여동래는 '노나라의 풍속은 이미 무너진 뒤에도 노나라를 보존시킬 수 있었으니 성대하다.'[202]고 하였다. 주나라의 뿌리 깊은 문화가 노나라에 상존한다는 것은 춘추초기에 패제후국인 제나라도 인정하는 바이다. 그러나 사실상 예와 의가 살아있었다면 공자는 춘추를 찬술하지 않았을 것이라고 보아야 한다.

---

201 『春秋左傳』, 閔公 元年 庚申 B.C.661 : 冬, 齊仲孫湫來省難, 書曰仲孫, 亦嘉之也. 仲孫歸曰 "不去慶父, 魯難未已." 公曰 "若之何而去之?" 對曰 "難不已, 將自斃, 君其待之." 公曰 "魯可取乎?" 對曰 "不可. 猶秉周禮, 周禮, 所以本也. 臣聞之, 國將亡, 本必先顚, 而後枝葉從之. 魯不棄周禮, 未可動也. 君其務寧魯難而親之. 親有禮, 因重固. 間携貳. 覆昏亂, 霸王之器也.
202 『東萊博義』, 閔公 元年 庚申 B.C.661 : 魯之風俗, 能存魯於旣壞之餘, 盛矣

노나라는 주실(周室)의 친족이다. 제나라 중손추가 '노나라는 오직 주(周)나라의 예를 잡았고 노나라는 주례를 버리지 않았다.'는 내용이 민공원년(閔公元年) 전(傳)에 있다고 위에서 언급하였다. 이미 노나라가 주대(周代)의 예의법도(禮儀法度)와 예절을 실행하였다고 하면서 어째서 242년 동안에 『춘추』에서 노나라 대부가 주(周)에 간 것이 일곱 차례이고 빙문(聘問)한 것이 두 차례라고 기록되어 있는가? 이것은 반드시 빠진 부분이 있는 것 같다. 그 나머지도 빠진 부분이 적지 않다는 것이 양백준의 주장이다.[203] 노나라는 왕실의 친족으로서 춘추시기에 다른 제후국과는 다르게 예와 의를 알았다고 하지만 두 가지 의론에 대하여 다음과 같은 사건으로써 불의(不義)를 실증할 수 있다.

첫째 실증은 은공 원년(隱公 元年:B.C.722) 경문에 '가을 칠월에 천자가 재훤(宰咺)으로 하여금 혜공(惠公)과 중자(仲子)의 봉을 보내왔다.'[204]는 데에 있고 위 경문에 대한 『춘추』, 은공 원년(隱公 元年:B.C.722)에 대한 『춘추좌전』의 기사는 다음과 같다.

> 가을 7월에 천왕이 재훤(宰咺)을 노나라에 사신으로 보내어 와서 혜공(惠公)과 중자(仲子)의 봉(賵)을 주었으니 그 시기가 늦었고, 또 자씨(子氏, 중자)는 아직 죽지도 않았는데 봉(賵)을 주었다. 그러므로 이름을 기록한 것이다. 천자는 7개월 만에 장사 지내는데 동궤(同軌)가 모두 오고, 제후는 5개월 만에 장사 지내니 동맹국이 오고, 대부는 3개월 만에 장사 지내니 같

---

[203] 楊伯峻 著, 『春秋左傳注』, 中華書局, 1983, 22쪽.
[204] 『春秋』, 隱公 元年 : 秋七月, 天王使宰咺, 來惠公仲子之賵.

은 지위에 있는 관원이 오고, 사(士)는 달을 넘겨 장사 지내니 인척이 온다. 물품을 보냈는데 장사 지내기 전에 미치지 못하였고, 생자(生者)를 조문하되 슬퍼할 때에 미치지 못하였으며, 흉사(凶事)를 미리 행하였으니 예가 아니다.205

여기에서 재(宰)는 관명(冠名)이고 훤(咺)은 인명(人名)이다. 훤(咺)이 죽은 자에게 주는 물품을 장사를 지내기 전에 적당한 시기를 잡아 주지 못하고, 산 사람에 대하여 조상을 하였으며, 중자(仲子)가 아직 죽지도 않았는데 미리 봉(賵)을 전하였기 때문에 그를 깎아 내려 이름을 기록한 것이다. 이것이 천자의 대부에 대해 자(字)를 칭한 이유이다. 여기에서 중자(仲子)는 환공(桓公)의 어머니이다.206 평왕(平王)은 노나라 혜공(惠公)이 죽었으므로 장사지내는 데 필요한 물품을 보냈다. 이것이 봉(賵)이다. 평왕(平王)은 혜공이 죽어서 장사지내는데 때에 마땅하게 예물을 보내지 못했을 뿐만이 아니라, 중자는 아직 죽지도 않았는데 죽은 사람에게 필요한 봉을 동시에 보낸 것이다. 평왕은 예와 의를 몰랐다. 봉을 받은 노은공(魯隱公)도 역시 예와 의를 몰랐다.

두 번째 실증은 은공이 어머니인 중자(仲子)의 사당에서 육일무(六佾舞)를 추게 한 것에 대한 기사로『춘추좌전』, 은공 5년에 있다. 기사의 사건개요는 노나라에서 중자의 사당을 짓고 그 뜰

---

205 『春秋左傳』, 隱公 元年 : 秋七月, 天王使宰咺, 來歸惠公仲子之賵, 緩且子氏未薨. 故名. 天子七月而葬, 同軌畢至, 諸侯五月, 同盟至, 大夫三月, 同位至, 士踰月, 外姻至. 贈死不及尸, 弔生不及哀, 豫凶事, 非禮也.

206 『春秋』, 隱公 元年, 두예주 : 宰官, 咺名也. 咺贈死不及尸, 弔生不及哀, 豫凶事, 故貶而名之. 此天子大夫稱字之例. 仲子者, 桓公之母.

에서 악무(樂舞)를 추게 하였다. 그런데 당시에 노나라에서는 팔일무를 추고 있었다. 은공(隱公)이 중중(衆仲)에게 이렇게 하는 것이 예에 맞는지 물으니 중중이 '천자는 팔일(八佾), 제후는 육일(六佾), 대부는 사일(四佾), 사(士)는 이일(二佾)로 한다.'고 대답하자, 은공은 이 대답에 의거하여 어머니인 중자의 사당에서 육일로 춤을 추게 하였다.

그 내용이 『춘추』 은공(隱公) 5년(B.C.718)에 있는데, '9월 중자의 궁(宮:종묘)을 완성하고서 처음으로 육일(六羽)를 바쳤다.'[207]라고 하였다. 이 경문에 대하여 두예는 '중자의 궁을 완성한 뒤에 그 신주를 봉안하고서 제사를 지낸 것이다. 혜공(惠公)은 중자(仲子)의 손의 무늬 때문에 그를 맞이하여 부인으로 삼고자 하였으나, 제후의 신분은 두 명의 적부인을 둘 수 없기 때문에 그를 적부인으로 삼지 못하였다. 은공(隱公)은 아버지의 뜻을 이루어 주기 위하여 따로 중자(仲子)의 궁을 세운 것이다. 은공(隱公)이 익(羽)의 수(數)를 물었기 때문에 익(羽)의 수(數)를 기록한 것이다. 부인의 시호(諡號)가 없으므로 성(姓)을 궁(宮)의 이름으로 삼는다.'[208]라고 하였고, 이에 대한 『춘추좌전』, 은공 5년(B.C.718)의 기사는 다음과 같다.

9월 중자(仲子)의 궁을 낙성(落成)하고 만무(萬舞)를 추고자 하여 은공(隱公)이 중중(衆仲)에게 익수(羽數)를 물었다. 중중이

---

[207] 『春秋』, 隱公 5년 : 九月, 考仲子之宮, 初獻六羽.
[208] 『春秋』, 隱公 5년, 두예주 : 成仲子宮, 安其主而祭之. 惠公以仲子手文, 娶之, 欲以爲夫人, 諸侯無二嫡, 蓋隱成父之志, 爲別立宮也. 公問羽數, 故書羽. 婦人無諡, 因姓以名宮.

"천자는 팔일(八佾), 제후는 육일(六佾), 대부는 사일(四佾), 사(士)는 이일(二佾)을 사용합니다. 춤은 팔음을 절주(節奏)로 삼아 팔방의 풍기를 나타내는 것입니다. 그러므로 팔일이하를 써야 합니다."라고 대답하였다. 은공(隱公)은 중중의 말에 따라 이에 처음으로 육일무를 올렸으니, 노나라가 비로소 육일(六佾)을 사용한 것이다.[209]

이에 대하여 『공양전』에서는 '혜공(惠公)은 누구인가? 은공(隱公)의 아버지이다. 중자란 누구인가? 환공의 어머니이다.'[210]라고 하였고, 『곡량전』에서는 '중자(仲子)란 누구인가? 혜공(惠公)의 어머니이고 효공(孝公)의 첩이다. 예에는 남의 어머니에게 봉(賵)하는 것은 옳은 일이요 남의 첩에게 봉하는 것은 옳지 않다고 했다. 군자가 가히 사양하고 받는 것들이 일에 미치지 못한 것을 기록한 것이다.'[211]라고 하였다. 위 기사에 대하여 여동래는 "중자(仲子)의 사당을 낙성할 때에 이르러 비로소 중중(衆仲)에게 무열의 숫자에 대해 물었으니, 이 어찌 정말 몰라서 이겠는가? 이는 반드시 크게 불안해서 일 것이다. 성왕(成王)이 천자(天子)의 예악으로 주공(周公)을 제사하도록 한 뒤부터 은공(隱公)까지가 수 백 년이다. 성왕 같은 어진 이가 주어서 백금(伯禽) 같은 어진

---

[209] 『春秋左傳』, 隱公 5년 : 九月, 考仲子之宮, 將萬焉, 公問羽數於衆仲. 對曰 "天子用八, 諸侯用六, 大夫四, 士二. 夫舞, 所以節八音而行八風, 故自八以下. 公從之, 於是初獻六羽, 始用六佾也.
[210] 『春秋公羊傳』, 隱公 5년 : 惠公者何? 隱之考也. 仲子者何? 桓之母也.
[211] 『春秋穀梁傳』, 隱公 5년 : 仲子者何? 惠公之母, 孝公之妾也. 禮賵人之母則可, 賵人之妾則不可. 君子以其可辭受之, 其志不及事也.

이가 받아 온 세상에서 아무도 그것이 잘못임을 몰랐다. 그 뒤에 이를 근거로 하여 여러 노나라 공(公)의 사당에서 썼는데도 온 나라가 그 잘못임을 몰랐다. 은공(隱公)은 수 백 년 뒤에 나서 홀로 수 백 년 전의 잘못에 대해 의심을 품고 근심하고 불안하게 여겨 질문을 할 수 있었으니, 그 타고난 자질이 역시 뛰어났다고 본다. 중중(衆仲)은 선왕(先王)의 바른 예를 알려 주어 육일무를 올리게 하여 중자(仲子)의 사당에서 다시 볼 수 있게 만들었으니, 분명히 보조자의 역할을 잘못했다고 말할 수는 없다."212는 입장이다. 은공이 예를 바로 잡았고 중중(衆仲)이 그것에 보조하였다고 본 것이다.

당시 노나라의 왕위는 효공(孝公), 혜공(惠公), 은공(隱公), 환공(桓公) 순으로 이어진다. 『공양전』에서는 혜공을 은공의 형이 아니라 아버지라고 하였다. 중자(仲子)를 『좌전』에서는 환공(桓公)의 어머니라고 기록했고, 『공양전』에서는 혜공은 은공의 아버지이며 중자는 환공의 어머니라고 기록했고, 『곡량전』에는 중자를 혜공의 어머니이며 효공의 첩이라고 하니, 그 족보가 분명치 않다.

위 전(傳)의 기사에 대하여 두예는 '노나라는 오직 문왕(文王)과 주공(周公)의 종묘에만 팔일(八佾)을 사용할 수 있는데, 다른 임금의 종묘에도 그대로 인습하여 참람스럽게 팔일(八佾)을 사용하였다. 은공이 특별히 이 부인의 묘를 세우고서 중중(衆仲)에게

---

212 『東萊博義』, 隱公 5년 : 至於考仲子之宮, 始問羽數, 於衆仲, 豈眞不知耶? 是必有大不安也, 自成王以天子之禮樂祀周公, 至隱公蓋數百年矣. 以成王之賢而賜之, 以伯禽之賢而受之, 擧世莫知其非也. 其後因而用之群公之廟, 擧國亦莫知其非也. 隱公生於數百載之後, 獨能疑數載之非, 蹙然不安, 發於問焉, 其天資亦高矣. 衆仲告之以先王之正禮, 使六羽之獻, 復見於仲子之廟, 不可謂無補也.

자세히 물었기에 중중이 큰 전례(典禮)를 밝혔다. 그러므로 전(傳)에 비로소 육일(六佾)을 사용하였다고 한 것이다. 그 뒤에 계씨(季氏)가 자기 집 뜰에서 팔일무를 추었으니, 이로 미루어 보면 오직 중자(仲子)의 묘에만 육일을 사용했다는 것을 알 수 있다.'213고 하였으니 팔일(八佾)을 쓰지 않고 육일(六佾)을 쓴 것이 옳았다고 주장한다.

그러나 주신은 좌구명이 초(初)자의 처음이라는 의미를 해석하였다. 대개 성왕(成王)이 천자의 예악(禮樂)으로써 주공(周公)에게 제사지낸 것으로부터 노나라의 종묘가 그것으로 인하여 예악을 사용하였다. 지금에 이르러 은공(隱公)이 중자(仲子)의 궁에 제사지내는 일에 중중(衆仲)의 말을 따라서 육일(六羽)를 행하여 올리니『춘추』에 초(初)라고 쓴 것이다. 그 후 계씨(季氏)가 그의 뜰에서 팔일무(八佾舞)를 추어 보이니 오직 중자가 묘에 육일을 쓴 연고 때문이라고 하였다.214 은공(隱公)이 중자(仲子)를 제후의 반열에 올려놓은 것이다. 중자는 엄밀하게 말하면 적부인이 아니었으나 은공은 중자가 환공(桓公)의 어머니이므로 적부인의 자리에 올려놓고 육일무(六佾舞)를 추는 것을 허락하였다. 적절한 예법을 쓰려고 하였으나 결국은 예법에 어긋났고 이어서 계씨가 무도한 예법을 쓰게 되는 기초가 되었다.

---

213 『春秋左傳』, 隱公 5년, 두예주 : 魯唯文王周公廟得用八, 而他公遂因仍借而用之. 今隱公特立此婦人之廟, 詳問衆仲, 衆仲因明大典. 故傳亦因言始用六佾. 其後季氏舞八佾於庭, 知唯在仲子廟用六.

214 『春秋左傳詳節句解』, 隱公 5년 癸亥 B.C.718 : 此左氏釋初字之義. 盖自成王以天子之禮樂祀周公, 魯之宗廟, 因而用之. 至是隱公考仲子之宮, 始從衆仲之言, 行六羽之獻, 故春秋書曰初也. 其後季氏舞八佾於庭以見, 唯仲子廟用六佾故也

세 번째 실증은 우보(羽父)가 은공(隱公)을 시해한 사건에 있다. 『춘추』 은공(隱公) 11년 기사(己巳) B.C.712 경문의 기록에 의하면 '겨울 11월 임진일(壬辰日)에 은공이 훙(薨)하였다.'[215]라고 하였고, 이에 대하여 『춘추좌전』의 기사는 다음과 같다.

우보(羽父)가 은공에게 환공(桓公)을 죽이라고 청하면서 (자신이) 장차 태재가 되기를 원했다. 은공이 말하기를 "그가(환공) 어리기 때문에 내가 대신 섭정한 것이다. 이미 사람을 시켜 토구(菟裘)에 집을 짓게 하였으니, 나는 장차 그 곳에서 노년을 보낼 것이다."라고 하였다. 그러자 우보(羽父)는 겁이 나서 도리어 환공에게 은공을 참소하여 죽이기를 청하였다. 은공이 공자로 있을 때에 정인(鄭人)과 호양(狐壤)에서 전쟁하다가 정나라의 포로가 되니 정인(鄭人)이 그를 윤씨(尹氏)의 집에 수금(囚禁)하였다. 은공이 윤씨(尹氏)에게 뇌물을 주고서 윤씨가 주제(主祭)하는 종무신(鍾巫神)에게 기도하고는 드디어 윤씨와 함께 노나라로 돌아와서 노나라에 종무신(鍾巫神)의 신주를 세웠다.[216]

우보(羽父)는 정권욕이 있는 신하였다. 그래서 은공에게 그 아우인 환공을 살해하면 어떻겠느냐고 의론하면서 그 대가로 태

---

[215] 『春秋』, 은공 11년 : 冬十有一月壬辰, 公薨.
[216] 『春秋左傳』, 은공 11년 : 羽父請殺桓公, 將以求大宰. 公曰 "爲其少故也, 吾將授之矣. 使營菟裘, 吾將老焉." 羽父懼, 反譖公于桓公而請弑之. 公之爲公子也, 與鄭人戰于狐壤, 止焉, 鄭人囚諸尹氏, 賂尹氏而, 禱於其主鐘巫, 遂與尹氏歸, 而立其主.

재(太宰)의 벼슬을 받고 싶어 하였다. 그러나 아우인 환공에게 임금 자리를 물려주려고 했던 은공은 환공의 나이가 아직 어리기 때문에 물려주지 않고 있으나 앞으로 그에게 자리를 물려 줄 것이며, 자신은 장차 은퇴할 것이라고 속마음을 드러내 보였다. 이에 겁이 난 우보는 다시 환공에게 찾아가서 은공을 시해하면 어떻겠느냐고 의론하였다. 그리고는 은공을 시해하기에 이른다. 이에 대하여 여동래는 '은공(隱公)이 시해를 당한 것은 정의로운 일을 하였기 때문이 아니라, 정의를 실천함이 극진하지 못하였기 때문이다.'[217]라고 하였다. 물론 이것은 임금이 권력에 대한 욕구를 드러내니 우보가 그 것을 눈치 챈 것이다. 임금이 중정(中正)한 자리에서 지혜를 갖지 못한 것과 함께 우보의 권력욕이 불의의 결과를 가져왔다. 우보의 은공시해사건은 임금도 임금답지 못하고 신하는 간사하였기 때문에 발생하였다고 본다.

네 번째 실증은 환공(桓公) 2년(B.C.710) 경문에 '여름 4월에 송나라에서 고대정(郜大鼎)을 취해 와서 무신(戊申)일에 태묘에 들여놓았다.'[218]고 하는 것에 있다. 송나라가 노환공(魯桓公)에게 정을 뇌물로 주었다. 태묘(太廟)는 주공의 종묘이다. 처음에는 송나라의 반란을 평정시키고자 하였으나 마침내 뇌물을 받았기 때문에 구체적으로 기록한 것이다. 무신은 5월 10일이다.[219] 이에 대한 『춘추좌전』 환공(桓公) 2년의 기사는 다음과 같다.

---

217 『東萊博義』, 은공 11년 : 隱公之弑非坐爲義也, 乃坐爲義不盡耳.
218 『春秋』, 桓公2年 : 夏四月, 取郜大鼎于宋, 戊申, 納于大廟.
219 『春秋』, 桓公2年, 두예주 : 宋以鼎賂公. 太廟周公廟也. 始欲平宋之亂, 終於受賂, 故備書之. 戊申, 五月十日.

여름 4월 송나라에서 고대정(郜大鼎)을 가져와서 무신일에 태묘에 들여놓았으니 예가 아니다. 장애백(臧哀伯)이 간하기를 "임금은 도덕을 선양하고 사악을 방지하여 백관을 감시하더라도 오히려 백관이 잘못될까 두렵습니다. 그러므로 아름다운 덕을 밝게 드러내어 자손들에게 모범을 보이는 것입니다."라고 하였다.[220]

여기에서 장손달(臧孫達)은 애백(哀伯)이다. 그는 노나라의 후대에 영화가 있을 것이라고 말하였다. 환공(桓公)이 비록 멸덕(滅德)하고 자리에 앉았으나 애백(哀伯)은 임금에게 덕을 밝히라고 간한 것이다. 애백은 굳건히 그 신하의 충심을 잃지 않았다. 이것은 노나라에 후대가 있게 된 이유이다.[221] 장손달(臧孫達)은 왕을 시해하고 대부를 시해한 역적이 피 묻은 손으로 세운 정권을 인정하면 안 된다고 하였다. 또 큰솥을 태묘에 바치는 것은 그것을 인정하는 것이기 때문에 불가하다고 간하였지만 환공(桓公)은 장애백의 말을 듣지 않았다. 장애백 같은 충신이 있기 때문에 노나라가 존재하는 것이다. 그러나 당시 이 사건은 예에도 의에도 맞지 않는 일이었다. 춘추시대에 도덕이 문란한 지경에서 다른 나라에 비하여 노나라에 주례가 남아있었기에 공자가 그 것을 배웠다고는 하지만 춘추좌전의 기사로 보았을 때 노나라에도 이미 실질적인 예의와 도덕은 무너져 있었다고 본다.

---

220 『春秋左傳』, 桓公 2年 : 夏四月, 取郜大鼎于宋, 戊申, 納于大廟, 非禮也. 臧哀伯諫曰 "君子者, 將昭德, 塞違, 以臨照百官, 猶懼或失之. 故昭令德以示子孫."

221 『春秋左傳詳節句解』, 桓公 2年 : 臧孫達即哀伯, 言必有後於魯也, 桓公雖滅德立違, 而哀伯而昭德諫之. 拳拳不忘其忠如此. 宜其有後於魯也.

2) 정나라의 존왕이식(尊王意識)과 보국의리(保國義理)

춘추초기에 일시적으로 강성했던 정나라가 춘추중기에 들어서면서 신속하게 퇴락한 원인은 이성(異姓)경대부가 권한을 함부로 남용하여 통치 집단 내부의 모순과 격렬한 투쟁을 조성하였기 때문이다. 이에 국가는 장기간 혼란에 빠졌고 경제는 낙후되었다. 국제적으로는 제(齊), 초(楚), 진(晉)이 서로 이어서 흥기하였고 국제정세의 새로운 변화는 정나라의 발전에 불리하게 돌아갔다. 정나라는 중원의 중심에 있었으므로 지리적 위치와 자연조건이 대외적인 발전을 제한하였다. 서주 때에 정나라는 본래 비교적 늦게 제후로 봉해진 나라이다. 그 후 평왕(平王)이 동천할 때 정나라도 따라서 동천하였다. 춘추시대에 진입하여 정나라의 공족세력은 비교적 약화되었다. 장장공(鄭莊公)때에 공숙단(共叔段)의 강횡(强橫)이 있었으나 용의주도한 정장공의 섬세한 포치와 안배에 의하여 공숙단의 세력은 매우 빨리 진압되었다. 이후에 많은 시간이 흘러 정나라 공족세력이 미약해져서 이성경대부(異姓卿大夫)가 실권을 장악했으니 이것이 춘추초기 정나라 정치의 드러난 특색이다. 정장공(鄭莊公)을 이어서 소공홀(昭公忽)은 안팎으로 지지자가 없어서 통치가 매우 쉽지 않았다. 이때 그 이복동생 돌(突)이 외갓집인 송나라의 지지와 도움을 받았다. 정나라의 권신인 채중(祭仲)이 송나라의 위협을 받은 후, 홀을 폐하고 돌을 세우니 소공홀(昭公忽)이 출국하였다. 여공돌(厲公突)이 비록 유능한 임금이었으나 대권이 채중(祭仲)에게 있었기 때문에 돌(突)은 재능을 베풀 방법이 없었으며 마땅한 정사를 발휘할 수는 없었다.[222] 이때가 정나라에 있어서 가장 큰 혼란기였다.

(1) 정나라의 존주의식(尊周意識)

춘추초기에 정장공은 존주(尊周)를 잘하였다. 평왕의 동천을 가장 먼저 후원한 것이 정나라이다. 앞에서 언급한 '석문지회(石門之會)'로도 정나라의 존주의식(尊周意識)은 알 수 있지만 여기에서는 정나라가 존주하지 못한 부분을 들어서 정나라의 존주는 무조건적이지 않았다는 관점에서 보고자 한다. 이에 대한 『춘추좌전』은공(隱公 3년:B.C.720)의 기사는 다음과 같다.

> 장무공(鄭武公)과 정장공(鄭莊公)이 대를 이어 평왕(平王)의 경사가 되었다. 평왕이 장공에게 주었던 정권을 양분하여 괵공(虢公)에게 그 반을 주려고 하였다. 정백이 평왕(平王)을 원망하니, 평왕은 "그러할 뜻이 없다."라고 하였다. 그러므로 주(周)나라와 정(鄭)나라가 인질을 교환하여 왕자 호(狐)가 정나라의 인질이 되고, 정나라 공자홀(公子忽)이 주나라의 인질이 되었다. 평왕이 죽은 뒤에 주인(周人)이 괵공(虢公)에게 정권을 맡기려 하니, 4월에 정나라 채족(祭足)이 군대를 이끌고서 온(溫)에 침입하여 보리를 취하고, 가을에 또 성주(成周)에 침입하여 벼를 취하니, 주(周)나라와 정(鄭)나라가 서로 미워하였다.[223]

이에 대해 좌구명은 "믿음이 중심에서 나오지 않으면 인질이

---

222 王曉勇, 「論春秋中期鄭國由盛轉衰的原因」, 唐都學刊, 第23卷 第3期, 2007, 77쪽.

223 『春秋左傳』, 隱公 3年 : 武公莊公爲平王卿士. 王貳于虢, 鄭伯怨王. 王曰無之. 故周鄭交質, 王子狐爲質於鄭, 鄭公子忽爲質於周. 王崩, 周人將畀虢公政, 四月, 鄭祭足帥師取溫之麥, 秋, 又取成周之禾, 周鄭交惡.

소용없다. 광명한 마음으로 서로의 마음을 헤아려 일을 처리하며 예로써 서로 단속한다면 비록 인질이 없다 하더라도 누가 그 사이를 이간할 수 있겠는가… 하물며 군자가 두 나라 사이에 신의를 맺어 예로써 행한다면 또 인질이 무슨 소용이 있겠는가. 『시경』풍(風)에 〈채번(采蘩)〉·〈채빈(采蘋)〉이 있고 아(雅)에 〈해위(行葦)〉·〈형작(泂酌)〉이 있으니, 이는 모두 충신을 밝힌 시이다."[224] 라고 하여 이미 주나라와 정나라 사이에 인질이 교환된 것은 신의가 무너진 결과였다고 하였다. 한편, 주신은 "주(周)는 천자국이고 정(鄭)나라는 제후국이니, 좌씨(左氏)가 주와 정을 평칭한 것은 잘못이고, 또 두 나라가 신의를 맺는다고 해서도 안 되며, 주나라도 제후국과 인질을 교환해서도 안 된다."[225]라고 주나라는 절대적인 종주 중심국의 자리에 있다는 점을 주장하였다.

또 여동래는 "주나라는 천자이고 정나라은 제후이다. 좌구명이 평왕(平王)과 장공(莊公)의 일을 서술하면서 처음에는 주와 정이 인질을 교환했다고 하고, 나중에는 주와 정이 서로 미워했다고 하여, 주와 정을 병칭하여 존비를 구분함이 없었다. 정이 주에 반역한 것은 책망하지 않고 주가 정을 속인 것을 꾸짖었으니, 좌구명의 죄는 역시 크다고 하겠다. 그러나 내가 생각하건대 좌구명이 진실로 죄가 있지만, 주도 역시 죄가 없을 수 없다."[226]

---

[224] 『春秋左傳』, 隱公 3年 : 君子曰 "信不由中, 質無益也. 明恕而行, 要之以禮, 雖無有質, 誰能間之? … 而況君子結二國之信, 行之以禮, 又焉用質? 風有采蘩, 采蘋, 雅有行葦泂酌, 昭忠信也.

[225] 『春秋左傳詳節句解』, 隱公 3年 : 周天子, 鄭諸侯. 左氏不當並稱周鄭, 又不當曰結二國之信, 周亦不當與候國交質.

[226] 『東萊博義』, 隱公 3年 : 周天子也, 鄭諸候也. 左氏敍平王莊公之事, 始以爲周鄭交質, 終以爲周鄭交惡, 並稱周鄭無尊卑之辨, 不責鄭之叛周, 而責周之

고 하여 좌구명이 주나라와 정나라를 평칭한 것에 대하여 비판하였다. "비록 『춘추좌전』에 실려 있는 君子의 말이 사실 좌씨의 붓에서 나온 것 일지라도, 역시 당시 군자들의 의론에 뿌리를 두고 추론한 것일 것이다. 그런데 그들이 주나라와 정나라를 논하면서 두 나라를 함께 묶어 차이를 두지 않았으니, 이는 당시의 이른바 군자라고 하는 사람들이 모두 왕실이 존재한다는 것을 망각한 것이다. 오랑캐가 왕의 존재를 모르는 것은 걱정할 것이 없고, 제후가 왕이 있음을 모르는 것도 걱정할 것이 없지만, 군자라고 일컬어지는 사람조차 왕이 있음을 모르는 데 이르렀다면, 넓은 하늘 아래 왕실이 있음을 아는 자가 그 누구이겠는가? 이것이 공자가 근심한 까닭이요, 이것이 춘추가 지어진 까닭이요, 이것이 춘추가 평왕에서 시작된 까닭이다."[227]라고 춘추초기에 이미 주나라에서 예가 무너져 있었고 정나라에도 예가 무너져 있었다고 하면서 좌구명이 주나라와 정나라를 나란히 두고 평가한 내용에 대하여 불만족한 입장을 드러내었다.

중요한 것은 천자국과 제후국간의 의(義)이다. 천자는 천자답지 못하고 제후는 제후답지 못한 형상이다. 제후국인 정나라가 천자와 대등해지려고 한 것이 잘못이다. 이 인질 교환 사건은 상하의 질서가 무너지고 명분과 의리가 부서지는 계기가 되었다.

欺鄭, 左氏之罪亦大矣. 吾以爲左氏信有罪, 周亦不能無罪焉.

[227] 『東萊博議』, 隱公 3年 : 雖然左氏所載君子之言, 固出於左氏之筆, 然亦推本當時君子之論也. 其論周鄭, 槪謂之二國, 而靡所輕重, 是當時之所謂君子者, 擧不知有王室矣. 戎狄不知有王, 未足憂也, 諸候不知有王 未足憂也, 至於名爲君子者, 亦不知有王, 則普天下之下, 知有王室者其雖乎? 此孔子所以憂也, 此春秋所以作也, 此春秋所以始於平王也.

『춘추』환공(桓公) 6년(B.C.706)에 '가을 8월 임오(壬午)일에 열병식을 성대하게 거행하였다.'²²⁸라고 하였다. 이는 정나라의 과오를 드러낸 것이다. 이에 대한 『춘추좌전』의 기사는 다음과 같다.

북융이 제나라를 공격하자 제후가 정나라로 사신을 보내어 구원병을 요청하니, 정태자 홀이 군대를 거느리고 가서 제나라를 구원하였다. 6월에 북융(北戎)의 군대를 대패시키고서 북융의 장수 태양(大良)과 소양(小良)과 갑수(甲首) 3백을 베어 제나라에 바쳤다. 이때 제후의 대부가 제나라를 지키고 있었는데, 제인이 그들에게 음식을 호궤하면서 노나라로 하여금 음식을 주는 선후의 차례를 정하게 하였다. 노나라가 정나라의 차례를 맨 뒤로 정하니, 정태자 홀은 자기가 이번 전쟁에 공이 있다고 하여 크게 노하였다. 그러므로 뒤에 낭(郞)의 전쟁이 발생하였다.²²⁹

환공 10년에 낭(郞)에서 전쟁이 있었다. 이는 정나라가 노나라의 음식 호궤하는 순서를 정당하게 하지 않고 자신의 나라를 뒤로 돌린 것에 대한 불만 때문이었다. 정나라가 제와 위(衛)의 군대를 거느리고 노나라와 전쟁을 하였다. 이에 대하여 좌구명은 노나라가 전에 정나라의 전공을 뒤로 돌린 것은 왕이 내린 작

---

228 『春秋』, 桓公 6年 : 秋八月壬午, 大閱.
229 『春秋左傳』, 桓公 6年 : 北戎伐齊, 齊使乞師于鄭, 鄭大子忽帥師救齊. 六月, 大敗戎師, 獲其二帥大良, 小良, 甲首三百, 以獻於齊. 於是諸侯之大夫戍齊, 齊人饋之餼, 使魯爲其班, 後鄭, 鄭忽以其有功也, 怒. 故有郞之師.

위의 서열에 의한 행위였다며 노나라의 행위가 정당하다고 기록하고 있다. 정나라가 주나라를 존숭하지 않았을 뿐만이 아니라 제나라와 노나라도 존중하지 않았고, 작은 나라로써 공을 자랑하지 않는다는 의리를 몰랐다는 것을 알 수 있다. 그러나 춘추시대는 난세였으므로 정나라에도 이러한 과오가 있었으나, 더욱 큰 것은 이러한 과오보다는 공자가 『춘추』에 언급한 최초의 회맹인 '석문지회'로써 정나라의 존주의식은 높게 평가 할 수밖에 없다고 본다.

(2) 정자산(鄭子産)의 보국의리(保國義理)

정나라의 정치는 '외교문서를 만들 때에 비침이 초고를 만들고, 세숙(유길)이 따져 보고, 행인인 자우(공손휘)가 꾸미고 동리(東里)의 자산(子産)이 윤색을 하였다'[230]라고 공자가 말하였다. 정(鄭)나라가 초(楚)나라와 진(晉)나라의 사이에서 곤란한 지경에 있는 나라였으나 이와 같은 인물들이 있어서 나라를 잘 다스릴 수가 있었다. 소국을 다스리는 것은 대국을 다스리는 것보다 자원과 인재의 특수성으로 보았을 때 훨씬 난해하다. 춘추시기에 소국을 집정한 인물 중에서 가장 높은 평가를 받는 자는 역시 정자산이다.

① 사진(事晉)·사초(事楚)하는 외교

정나라는 지역적으로 중원에 자리하여 진(秦)나라와 초(楚)나라

---

230 『論語』「憲問」·子曰 爲命, 神諶初創之, 世叔討論之, 行人子羽修飾之, 東里子産潤色之.

와 진(晉)나라 등의 대국과 인접하였다. 그리고 이곳은 진(秦)·진(晉)·초(楚)가 중원으로 발전해 나가는 요충지였다. 정나라는 대국이 끊임없이 쟁패하는 한 가운데 있었고 이에 정나라는 여러 나라의 표적이 되었다. 정나라가 강대국의 핍박을 받은 역사적 원인중의 하나는 진문공(晉文公)이 일찍이 망명시절에 정나라 문공이 그에게 예우하지 않았고 이로 인하여 진(晉)나라는 정나라를 향하여 죄를 물으려 하였던 것이다. 패권 정치 속에서 정나라는 강대국의 힘에 대하여 예의와 의리에 의거하였으나 패권국가 들로부터 여전히 지배를 당하였다.231

양공(襄公) 8년(B.C.565) 경문에 '정인(鄭人)이 채(蔡)나라를 침공하여 채나라 공자 섭(燮)을 사로잡았다.'232라고 하였다. 이에 대하여 『춘추좌전』의 기사는 다음과 같다.

> 경인(庚寅)일에 정나라 자국(子國)과 자이(子耳)가 채(蔡)나라를 침공하여 채나라 사마(司馬) 공자 섭(燮)을 사로잡으니, 정인(鄭人)은 모두 기뻐하였으나, 유독 자산(子産)만은 덩달아 기뻐하지 않았다. 말하기를 "소국이 문덕은 없으면서 무공을 세웠으니, 이보다 큰 화가 없습니다. 초인(楚人)이 와서 죄를 물으면 복종하지 않을 수 있겠습니까? 초나라에 복종하면 반드시 진군(晉軍)이 쳐들어올 것입니다, 진(晉)나라와 초(楚)나라가 번갈아 우리 정나라를 칠 것이니, 이제부터 4-5년 동안

---

231 陳梅,「春秋中期晉楚爭霸中鄭魯應對霸主策略之比較」, 安徽文學 第3期, 2007.
232 『春秋』, 襄公 8年 : 鄭人侵蔡, 獲蔡公子燮.

은 평안할 수 없을 것입니다."라고 하니, 자국(子國)이 노하여 말하기를 "네가 무엇을 아느냐? 국가에는 대명(출병하는 대사)이 있고 또 정경이 있어 그 일을 주관하는데, 어린놈이 함부로 말하니, 장차 죽임을 당할 것이다."라고 하였다.[233]

정나라가 채(蔡)나라를 침공한 것은 진(晉)나라에 잘 보이기 위해서였다. 자이(子耳)는 자양(子良)의 아들이다. 자산(子産)은 자국(子國)의 아들이다. 자산은 무리들의 의견을 따라 덩달아 기뻐하지는 않았다.[234] 정자산은 식견이 보통사람과 달랐다. 소국은 무공을 앞세우기 전에 문덕을 숭상해야하며, 섭(燮)을 잡아온 지금당장의 축제분위기가 오래가지 않을 것을 안 것이다. 그러나 안다고 하여 미리 식견을 밖으로 내민 것을 아비인 자국이 걱정하였다.

이 사건에 대한 『공양전』의 의견은 "이것은 침략한 것이다. 공자 섭을 체포했다고 말을 한 것은 무엇인가? 침략하고 체포했다고 말을 한 것은 적당히 움켜잡은 것이었다."[235]라고 하였으니, 정나라가 채나라에게 무도했음을 밝히고 있다. 이에 대하여 주신은 '참람스럽게 미리 내다보는 소리를 하면 반드시 형륙을 당하게 된다. 그 후에 진(晉)나라와 초(楚)나라가 번갈아 정(鄭)나라

---

[233] 『春秋左傳』, 襄公 8年 : 庚寅, 鄭子國子耳侵蔡, 獲蔡司馬公子燮, 鄭人皆喜, 唯子産不順, 曰 "小國無文德, 而有武功, 禍莫大焉, 楚人來討, 能勿從乎? 從之, 晉師必至. 晉楚伐鄭, 自今鄭國不四, 五年弗得寧矣." 子國怒之曰 "爾何知? 國有大命, 而有正卿, 童子言焉, 將爲戮矣."

[234] 『春秋左傳』, 襄公 8年, 두예주 : 鄭侵蔡, 欲以求媚於晉, 子耳, 子良之子, 子産, 子國之子, 不順衆而喜.

[235] 『春秋公羊傳』, 襄公 8年 : 此侵也. 其言獲何, 侵而言獲者, 適得之也.

를 쳐들어왔으니, 모두 자산(子産)의 말과 같았다.'²³⁶라고 하였다. 바로 그 겨울에 초나라 자낭(子囊)이 정(鄭)으로 쳐들어 왔다. 이에 자전(子展)은 진(晉)을 섬기자고 하고 자사(子駟)는 초(楚)를 따르자고 하였다.

그 다음해 『춘추』양공(襄公) 9년(B.C.564)에 '초자(楚子)가 정(鄭)나라를 정벌하였다.'²³⁷고 하였다. 『공양전』도 경문의 내용을 그대로 전하고 있을 뿐이며, 이에 대한 『춘추좌전』의 기사는 다음과 같다.

> 양공 9년에 진인(晉人)은 정나라에 대해 뜻을 얻지 못하여 (정나라를 복종시키려는 목적을 이루지 못함) 제후의 군대를 거리고 가서 다시 정나라를 토벌하였다.²³⁸
> 초자(楚子)가 정나라를 토벌하였다. 정나라 자사(子駟)가 초나라와 화평하려고 하니, 자공(子孔)과 자교(子蟜)가 말하기를 "대국(진나라)과 결맹하고서 입에 바른 피도 채 마르지 않았는데 배반한다면 되겠는가?"라고 하였다. 자사(子駟)와 자전(子展)이 말하기를 "우리가 맹서한 글에 '강한 나라를 따르겠다.'라고 하였다. 지금 초군(楚軍)이 쳐들어왔는데도 진(晉)나라가 우리를 구원하지 않으니, 이는 초(楚)나라가 강국인 것이다. 맹서한 말(강한 나라를 따르겠다고 한 맹서)을 어찌 감

---

236 『春秋左傳詳節句解』, 襄公 8年 : 出而償言, 必將受其刑戮矣. 其後晉楚交兵伐鄭, 皆如子産之言.
237 『春秋』, 襄公 9年 : 楚子伐鄭.
238 『春秋左傳』, 襄公 9年 : 晉人不得志於鄭, 以諸侯復伐之.

히 저버리겠는가? 그리고 또 강요에 의한 맹약에는 성신(誠信)이 없으니 신이 강림하지 않는다. 신(神)이 강림하는 것은 오직 성신한 결맹뿐이니, 성신은 말의 부신(符信)이고 선(善)의 주체이다. 그러므로 신이 강림하는 것이다. 밝은 신은 강요에 의한 맹약을 깨끗하게 여기지 않으니, 그런 맹약은 어겨도 된다."라고 하고서, 드디어 초나라와 화평하였다. 공자파융(公子罷戎)이 정나라로 들어가서 결맹하고, 초자와 정백이 중분(中分)에서 맹서하였다.[239]

이듬해 양공(襄公) 10년에 초나라 자낭(子囊)이 정나라를 구원하였다. 정나라는 진(晉)과 초(楚)가 번갈아가면서 쳐들어오니 때로는 사진(事晉)하고 때로는 사초(事楚)해야만 하는 실정이었다. 이러한 상황에서 정자산은 대국과의 관계에서 특별한 외교 능력을 발휘한다. 이에 대한 『춘추좌전』 양공(襄公) 24년(B.C.549) 경에 없고 전만 있는 기사는 다음과 같다.

진나라 범선자(范宣子)가 정권을 담당하는 동안 제후에게 요구하는 공물이 과중하니, 정인(鄭人)이 이를 괴로워하였다. 2월에 정백(鄭伯:簡公)이 진(晉)나라에 갈 때에 자산(子産)이 한 통의 서신을 써서 정백을 수행하는 자서에게 주어서 선자(宣

---

[239] 『春秋左傳』, 襄公 9年 : 楚子伐鄭. 子駟將及楚平, 子孔子蟜曰 "與大國盟, 口血未乾而背之, 可乎?" 子駟子展曰 "吾盟固云, 唯强是從. 今楚師至, 晉不我救, 則楚疆矣, 盟誓之言, 豈敢背之? 且要盟無質, 神弗臨也. 所臨唯信, 信者, 言之瑞也, 善之主也. 是故臨之. 明神不蠲要盟, 背之, 可也. 乃及楚平. 公子罷戎入盟, 同盟于中分.

子)에게 전하게 하였는데, 그 서신에 쓰기를 "그대가 진(晉)나라를 다스리는 동안 사방의 제후가 그대의 미덕은 들을 수 없고 과중한 공물[幣]의 요구만을 들을 뿐이니, 나는 도저히 이해할 수 없습니다. 내가 듣건대 국가를 다스리는 군자[長]는 재물이 없는 것을 걱정하지 않고 아름다운 명성이 없는 것을 걱정한다고 하였습니다. 제후의 재물이 진나라 공실로 모이면 제후가 진나라를 이반할 것이고, 만약 그 재물을 그대의 이익으로 삼는다면 진인이 그대를 이반할 것입니다. 제후가 이반하면 진나라가 무너지고, 진인(晉人)이 이반하면 그대 집안이 무너질 것인데, 무엇 때문에 이처럼 재이(財利)에 빠져 사리를 살피지 못하십니까? 재물을 장차 어디에 쓰려는 것입니까? 아름다운 명성은 덕을 싣는 수레이고 덕은 국가의 기초입니다. 기초가 있어야 무너지지 않는 것이니, 기초를 다지는 일에 힘써야 하지 않겠습니까? (집정에게) 덕행이 있으면 백성이 안락하고 백성이 안락하면 국가가 장구히 보존될 것입니다. 『시경』에 '화락한 군자여, 국가의 기초이네.'라고 하였으니, 이는 아름다운 덕행이 있는 군자를 찬미한 것입니다. '상제께서 너를 굽어보고 계시니 너는 두 마음을 품지 말라.'고 하였으니, 이는 아름다운 명성이 있는 군자를 찬양한 것입니다. 내 마음을 미루어 남의 마음을 헤아려서 덕행을 선양하면 아름다운 명성이 덕을 싣고 전파되어서 원인(遠人)이 래조(來朝)하고 근인(近人)이 안심(安心)하는 것입니다. 그대는 차라리 사람들로 하여금 '선자(宣子)가 실로 우리를 살렸다.'고 평가하게 할지언정 '선자(宣子)가 우리의 재산을 착취하여 스스로 생존한다.'고 비난하게 하지 마십시오. 코끼리는 상아가 있음으로 인해 죽음을 당하니, 이는 상아(象牙)가 돈이 되기 때문입니다."라고 하였다. 선자(宣子)는 이 서신을 보고 기뻐하여 공물의 수량을 경감하였다.[240]

여기에서 시는 『시경』「대아」, 〈대명〉편이다. 무왕(武王)이 하늘의 감시를 받아 감히 두 마음을 품지 않았기 때문에 아름다운 명성을 이루었다는 말이다.[241] 두 번째 시는 『시경』「소아」, 〈남산유대〉편이다. 군자가 도를 즐기고 아름답게 여기는 것이 국가의 기초가 되기 때문에 아름다운 덕을 성취한다는 말이다.[242] 정자산은 시를 인용하면서 예의와 문채를 다하여 범선자를 설득시키는 외교기술을 발휘하였다.

정자산(鄭子産)의 사대정신(事大精神)은 대국을 존중하면서 동시에 약소국으로서의 자세가 비굴하지도 않았다. 『춘추좌전』, 양공(襄公) 22년(B.C.551) 경에 없고 전만 있는 기사는 다음과 같다.

---

[240] 『春秋左傳』, 襄公 24年 임자 B.C.549 : 范宣子爲政, 諸侯之幣重, 鄭人病之. 二月, 鄭伯如晉, 子產寓書於子西 以告宣子曰 "爲晉國, 四鄰諸侯不聞令德, 而聞重幣, 僑也惑之. 僑聞君子長國家者, 非無賄之患, 而無令名之難. 夫諸侯之賄聚於公室, 則諸侯貳, 若吾子賴之, 則晉國貳, 諸侯貳, 則晉國壞, 晉國貳. 則子之家壞, 何沒沒也? 將焉用賄? 夫令名, 德之輿也, 德, 國家之基也. 有基無壞, 無亦是務乎? 有德則樂, 樂則能久. 詩云樂只君子, 邦家之基. 有令德也夫, 上帝臨女, 無貳爾心, 有令名也夫. 恕思以明德, 則令名載而行之, 是以遠至邇安. 毋寧使人謂子, 子實生我 而謂子浚我以生乎. 象有齒以焚其身, 賄也." 宣子說, 乃輕幣.

[241] 『春秋左傳』, 襄公 24年 임자 B.C.549, 두예주 : 詩, 大雅, 言武王爲天所臨, 不敢懷貳心, 所以濟令名.

[242] 『春秋左傳』, 襄公 24年 임자 B.C.549, 두예주 : 詩, 小雅, 言君子樂美其道, 爲邦家之基, 所以濟令德.

여름에 진인(晉人)이 정군(鄭君)에게 진(晉)나라로 와서 조현(朝見)하라고 불렀다. 정인(鄭人)이 소정 공손교(少正 公孫僑)를 보내어 대답하기를 "진(晉)나라 선군 도공(先君 掉公) 9년에 과군(寡君)께서 즉위하였고, 즉위한지 8개월 만에 우리 선대부인 자사(子駟)가 과군(寡君)을 모시고 와서 집사(執事)에게 조현(朝見)하였으나, 집사가 과군께 예우하지 않으니 과군께서 두려워하셨습니다. 이번 걸음에 (예우 받지 못한 일로) 인해 우리나라 2년 6월에 초나라에 조현하니, 귀국은 이를 이유로 희(戲)의 전쟁을 일으켰습니다. 이때 초인(楚人)은 오히려 강대하였는데도 우리나라에 예를 행하니 우리는 집사를 따르고 싶어도 큰 허물이 될 것을 두려워하며, '(우리가 초(楚)나라를 배반하고 진(晉)나라에 복종한다면) 진(晉)나라는 아마도 우리를 예를 보유한 나라에게 불공(不共)한 나라로 여길 것이다.'라고 생각하였습니다. 그러므로 감히 초나라를 배반하지 않았던 것입니다. 우리나라 4년 3월에 선대부 자교(子蟜)가 또 과군을 모시고 초나라의 틈을 살피기 위해 가니, 이때 귀국은 (또 이를 이유로) 숙어(簫魚)의 전쟁을 일으키고서, 우리나라에 이르기를 '정나라는 진(晉)나라에 근접해 있으니 (두 나라의 관계를) 초목에 비유하면 (진나라가 초목이라면) 정나라는 초목이 발산하는 기미(氣味)인데 어찌 감히 일치하지 않을 수 있겠는가?'라고 하였습니다. 이때 초나라도 쇠약해 강하지 못하니 과군께서 우리나라에서 생산되는 물건 전부에 종묘의 예기(禮器)를 보태어 가지고 가서 귀국에 바치고서 맹약을 받아들이고는 드디어 군신을 거느리고 집사를 따라 세종(歲終)의 회합에 참여하였습니다. 그리고 귀국하여 초나라와 결탁한 자후(子侯)와 석우(石盂)를 토벌하였습니다. 결양(渶梁)의 회합이 있던 이듬해에 자교(子蟜)가 치사(致仕)하였으므로 공손하(公孫夏)가 과군을 모시고 귀국(貴國)의 군주께 조현하기 위해 와서 상제를 거행하는 자리에서 귀국의 군주께서 동하(東夏:제나라)를 정벌하려 한다는 말을 듣고 4월에 또 귀국에 조현하여 회합의 시기를 청취(聽取)하였습니다. 조현(朝見)하지 않는 동안에 빙문하지 않은 해가 없었고 참가하지 않은 전쟁이 없었으나 대국(진나라)의 정령(政令)이 일정한 기준이 없으므로 인해 우리나라는 피폐하고 의외의 우환이 거듭 발생하여 하루도 두려워하지 않은 날이 없었으나, 어찌 감히 우리의 직분을 잊었겠습니까? 만약 대국이 우리나라를 안정시켜 준다면 우리는 끊임없이 와서 조현(朝見)할 것이니 부르는 명을 내리실 필요가 어찌 있겠습니까? 만약 우리의 우환을 구휼하지 않고 말만을 앞세운다면 우리는 귀국의 명을 감내할 수 없어 귀국을 버리고 구수(仇讐)가 되지 않을 수 있겠습니까? 우리는 이렇게 될 것을 두려워하니 어찌 감히 임금님의 명을 잊겠습니까? 일체를 집사께 맡기는 바이니 집사는 성실한 마음으로 깊이 생각하소서."라고 하였다.243

---

243 『春秋左傳』, 襄公 22年 : 夏, 晉人徵朝于鄭. 鄭人使少正公孫僑對曰 "在晉先君悼公九年, 我寡君於是卽位, 卽位八月, 而我先大夫子駟, 從寡君以朝于執事, 執事不禮於寡君, 寡君懼. 因是行也, 我二年六月, 朝于楚 晉, 是以有戱之役. 楚人猶競, 而申禮於敝邑, 敝邑欲從執事, 而懼爲大尤曰晉其謂我不共有禮. 是以不敢攜貳於楚. 我四年三月, 先大夫蟜, 又從寡君以觀釁於楚, 晉於是乎有蕭魚之役, 謂我敝邑, 邇在晉國, 譬諸草木, 吾臭味也, 而何敢差池? 楚亦不競, 寡君盡其土實, 重之以宗器, 以受齊盟, 遂帥羣臣隨于執事, 以會歲終. 貳於楚者子侯石盂, 歸而討之. 渶梁之明年, 子蟜老矣, 公孫夏從寡君以朝于君, 見於嘗酎, 與執燔焉, 問一年, 聞君將靖東夏, 四月, 又朝以聽事期. 不朝之間, 無歲不聘, 無役不從, 以大國政令之無常, 國家罷病,

소정(少正)은 정나라의 경관(卿官)을 말한다. 여기에서 공손교(公孫僑)는 자산(子産)이다. 집사에게 조현하였다고 말한 것은 감히 진후를 지적할 수 없어서 겸사(謙辭)한 것이다.[244] 정나라는 정자산의 주체 하에서 국내문제를 잘 해결하고 동시에 발전과 생산에 적극적이었다. 이것을 기초로 하여 정나라는 대국에 대한 태도를 현명하게 하였다. 대국에 대하여 오직 명령을 따르지 만은 않았다. 이 때문에 비굴하지 않았으며 반항하는 태도도 아니었다. 작은 나라가 대국을 섬기는 것을 종지로 삼았으며 의리와 이익을 함께 추구하여 제후국 간의 평등한 지위를 쟁취하였다.[245]

자산은 진(晉)나라를 향하여 정나라의 처세는 자국의 도리를 다하고 있다는 점을 들어서 당당하게 관철시키고 있다. 또한 지금까지 진(晉)나라가 일관되게 정나라를 보호해 주지 않았기 때문에 정나라는 초나라와 결맹할 수밖에 없었다고 하였다. 진나라가 정나라에 대하여 일관되지 않았던 것도 그 잘못을 제후에게 돌리지 않았다. 단지 제후의 집사에게 그 잘못을 돌렸다는 점이 의에 맞는 처사였다.

不虞荐至, 無日不惕, 豈敢忘職? 大國若安定之, 其朝夕在庭, 何辱命焉? 若不恤其患, 而以爲口實, 其無乃不堪任命, 而翦爲仇讎? 敝邑是懼, 其敢忘君命? 委諸執事, 執事實重圖之."

[244] 『春秋左傳』, 襄公 22年, 두예주 : 少正, 鄭卿官, 公孫僑, 子産, 言朝執事, 謙不敢斥晉侯.

[245] 陳梅, 「春秋中期晉楚爭霸中鄭魯應對霸主策略之比較」, 安徽文學 第3期, 2007.

② 자산(子産)의 성문법(成文法) 제정과 법치(法治)

중국에서 최초의 성문법은 정나라 재상 자산(기원전 ?-552?)이 주조하여 공포한 형서(刑書)였다. 자산은 춘추말기에 활동하였는데 정나라 목공(穆公)의 후손으로 어린 시절부터 천문과 역법에 능하였으며 당대의 복잡하였던 국제정세에 통달하였다. 자산이 정나라의 재상이 되어 내정과 외치에 훌륭한 치적을 이루었고, 당시 제나라의 안영(晏嬰), 진(晉)나라의 숙향(叔向), 오나라의 계찰(季札) 등과 같이 춘추시대를 대표하는 인물이 되었다. 당시 이들 현인 재상들은 경(卿)보다 한 등급이 낮은 대부 집안에서 출생하였지만 자신들의 재주와 능력으로 대신의 지위까지 오르고 현인정치를 행하여 춘추 후반기를 찬란히 장식하였던 정치인들이었다. 그러나 이들 현인 정치인들이 대체로 보수적이고 소극적이었던 것에 비해 자산은 현실적이고 적극적이었으며 또 개혁적이었다.

자산은 기원전 554년에 경(卿)으로 임명되고 10년 후에 다시 정경(正卿)으로 임명되어 기원전 522년까지 정나라의 국정을 담당하였다. 이와 같이 국정을 담당한 자산은 우선 밖으로는 대국과의 대립과 알력을 묘한 외교술로써 조정하여 국제평화회의를 성공시키고 또 막중한 공납을 경감시키기도 하였다. 그러나 현명했던 자산은 약소한 정나라가 국명을 이어가기 위해서는 대국에 대한 지속적인 공납이 필수적이라는 사실을 깨달았다. 그러므로 공납 재원의 확보와 이를 위한 군주권 강화를 급선무로 여겨 마침내 과감한 개혁을 하였다.[246]

소공 6년 경문에 "삼월 정인(鄭人)이 형서(刑書)를 주조하였다."는 기록이 있다. 이 형서는 세 발 달린 청동제의 큰 솥에 형법의 조문을 새겨서 공포한 것인데 이것이 최초의 성문법이다. 그런데 현재 이 '형서'는 전해지지 않으므로 그 내용은 자세히 알 수 없다. 그러므로 자산이 이 '형서'를 제정하였던 이유와 목적을 정확히 알 수는 없으나 전후 사정을 종합하여 그 내용을 유추할 수 있다.

형서는 근본적으로 일반 백성들의 신분 보장과 이익을 옹호하고 있으므로 귀천의 사회가 붕괴될 것이라는 사실을 시사하고 있다. 또 "백성들이 윗사람과 다툴 꼬투리를 알게 되므로 예를 버릴 것이다."라는 내용은 이제 백성들이 법을 알고 법에 의지하게 되므로 종래에 윗사람을 공경하고 받드는 예를 버릴 것이라는 의미인데 이것은 이제 예치가 실종되고 법치가 대두함을 의미하고 있다.[247] 예법과 형법은 인간사에서 사회질서를 잡기 위하여 반드시 필요한 도구이다. 그러나 이 '예치(禮治)'와 '법치(法治)'는 때로 첨예하게 대립하며, 공자가 주장하는 '예치'와 자산이 하고자 한 '법치'에는 사회와 국가의 질서를 확립하고자 한다는 공통과제가 있으나 매우 큰 차이가 있다.

『춘추좌전』에 적극적으로 드러낸 인물 중에 자산은 구 귀족의 한사람으로서 양명한 정치가이다. 그는 사회발전의 추세에 적응하여 허다한 개혁을 진행했으니, 그 중에 영향이 큰 것이 상당수 있다. 기원전 535년 소공 6년 '주형서(鑄刑書)'는 정나라의 형법을 성문화하여 철로 만든 솥에 새겨 공포한 것으로 구귀족(舊貴族)의 권위에 대한 규제였다. 자산은 본래 계급적 입장을 떠

---

246 이춘식, 『춘추전국시대의 법치사상과 勢・術』, 아카넷, 2002, 63-65쪽.
247 이춘식, 『춘추전국시대의 법치사상과 勢・術』, 아카넷, 2002, 666-669쪽.

날 수 없었다. 구제도가 파괴되는 것에 대하여 애석해 하지 않을 수 없었다. 다만 세상을 구제하기 위하여 그는 개혁을 하지 않을 수 없었다.

그 후 진나라 숙향은 20년 후에 '주형서(鑄刑書)' 하였다. 이것은 공자 이래로 공자를 비판하는 최초의 소리였다.[248] 정나라는 자공(子孔)과 자피(子皮)의 뒤를 이어 자산(子産)이 정신을 가다듬어 나라를 잘 다스리기 시작하였다. 법제상에서는 형정(刑鼎)을 주조하였고, 귀족의 권력을 단속하였고, 사회적 풍기로 하여금 극대한 변화를 발생시켰고, 최종적으로 정나라는 당시 강대국의 태도의 변화를 이끌어 내었다. 자산은 이용(利用)을 좋아했고 진(晉)나라와 초나라의 사이에서 진나라와 초나라의 모순에 대응하는 외교를 잘하였다. 또 자산은 문장과 말을 잘하여서 외교에 실수가 없었고 누누이 승리하였다.[249] 공자는 덕치와 예치를 주장하였으나 사회가 복잡해짐에 따라서 민심이 어지럽게 변하였고 덕치와 예치가 통하는 수준을 넘어가니, 정자산은 공자의 덕치이념에는 반하지만 성문법을 만들어서 최초로 법치를 자행하였다. 이것은 자신이 귀족계급의 집권자로서 특수 집단인 귀족계급의 특권을 내려놓고 상하 계층의 평등권을 보장했다는데 그 의미가 크다.

---

[248] 龔留柱, 『春秋弦歌-《左傳》與中國文化』, 河南大學出版社, 2005, 228쪽.
[249] 陳梅, 「春秋中期晉楚爭霸中鄭魯應對霸主策略之比較」, 安徽文學 第3期, 2007.

③ 혜민(惠民)・의민정치(義民政治)

춘추시기에 귀신은 멀리하고 인간을 중시하는 사조가 흥기하였다. 춘추시기에는 서주(西周)에 창립된 문화를 이어서 천인관계(天人關係) 상에서 진일보(進一步)하여 인적 자아의식(自我意識)을 각성하기 시작하였고, 천명(天命)과 귀신(鬼神)에 관한 관념이 약화되었다. 『좌전』소공(昭公) 18년에 정나라 자산이 비조(裨竈)가 제사를 지내서 불의 재앙을 없애라는 말에 대하여 비평하여 말하기를 '천도는 멀고, 인도는 가까우니, 천도는 미칠 바가 아니니 어찌 알 수 있겠는가? 비조가 어찌 천도를 알 수 있겠는가?'라고 하였는데 이것은 천과 인이 상분(相分)한 관점이며 당연히 진보적인 관점이다.250 이에 대하여 소공(昭公) 18년 정축(丁丑) 경문에 "여름 오월 임오에 송(宋)・위(衛)・진(陳)・정(鄭)에 재앙이 있었다."251라고 하였다. 『공양전』은 "괴이한 것을 기록하였는가? 괴이한 일이라서 기록하였다. 외국의 괴이한 일은 기록하지 않는 법인데 이곳에 왜 이것을 기록했는가? 천하를 위하여 괴이한 일을 기록해 놓은 것이다."252라고 하였다.

『춘추』, 소공(昭公) 18년에 대한 『춘추좌전』의 기사는 다음과 같다.

---

250 龔留柱, 『春秋弦歌-《左傳》與中國文化』, 河南大學出版社, 2005, 188쪽.
251 『春秋』, 昭公 18年 : 夏五月壬午, 宋衛陳鄭災.
252 『春秋公羊傳』, 昭公 18年 : 何以書? 記異也. 外異不書, 此何以書? 爲天下記異也.

비조(裨竈)가 말하기를 "나의 말을 듣지 않으면 정나라는 또 장차 불이 날 것이다."라고 하니 정나라 사람이 옥술잔으로 제사지내기를 청하거늘 자산이 불가하다고 하였다. 자태숙이 말하기를 "보배로운 그릇은 인민을 보호하기 위하여 간직하는 것이다. 만약 화재가 있으면 나라가 거의 망하리니 나라가 망하는 것을 구하려고 하는 일인데 귀하는 무엇을 아끼는가?"라고 하였다. 자산(子産)이 말하기를 "천도는 고원하고 인도는 비근하니 미칠 바가 아니므로 어떻게 알겠는가? 비조가 어찌 천도를 알리오? 이 사람이 말이 많으니 어찌 간혹 적중하지 않으리오."라고 하고는 이어 주지 않았으나 또 다시 화재가 일어나지 않았다 … 화재가 일어난 다음날에 야사구(野司寇)로 하여금 각각 그 징발할 인력을 확보하게 하고, 교외에 사는 사람으로 하여금 축사(祝史)를 도와 국도(國都)의 북쪽에 제단을 만들게 하여 현명(玄冥) 회록(回祿)에게 불이 꺼지기를 기도하는 제사를 지내고, 사방의 성 위에서 불이 꺼지기를 기도하고, 화재로 소실한 가옥을 조사하여 그 세금을 감면하고, 그들에게 건축자재를 주고, 3일간 죽은 사람을 위하여 애도하며 곡하고, 국도에 시장을 열지 않고, 행인을 사신으로 보내 제후에게 화재 사실을 통고하였다. 송나라와 위나라도 모두 이와 같이 하였고 진(陳)나라는 화재에 방비하지 않았으며, 허(許)나라는 화재에 조문하지 않으니 군자가 이로써 진나라와 허나라가 먼저 망할 줄을 알았다.[253]

---

[253] 『春秋左傳』, 昭公 18年 : 神竈曰 "不用吾言, 鄭又將火." 鄭人請用之, 子産不可. 子大叔曰 "寶以保民也, 若有火, 國幾亡, 可以救亡, 子何愛焉?" 子産

현명(玄冥)은 수신(水神)이고 회록(回祿)은 화신(火神)이다. 용(鄘)은 성(城)이다. 성(城)은 흙을 쌓은 것이니 음기(陰氣)가 모인 곳이므로 제사를 지내서 불길로 인한 남은 재앙을 물리치려고 한 것이다.254 진(陳)나라와 허(許)나라는 불의하니 망한 것이다.255 이미 『좌전』소공 7년에 자산의 천지의 조화와 귀신관에 대한 가치관이 보이는 기사가 있다.

인생이 처음 화한 것이 혼(魂)이고 이미 생겨난 것이 백(魄)이고, 양(陽)을 혼(魂)이라고 한다. 물(物)은 정기(精氣)한 것이 많을수록 혼백이 강하니, 그러므로 정기가 맑음이 있어야 신명(神明)하다. 일반인이 막 죽어서, 그 혼백이 오직 남에게 빙의하여 음려(陰厲)하게 된다. 하물며 … (백유(伯有)는)삼세가 그 정권을 잡아 그 물을 쓰는 것이 강하니, 그 정기가 또한 대단하고, 그 족속이 또한 대단하니, 의지하는 바가 두텁다. 또 막 죽어서 귀신이 되었으니 그렇지 않겠는가?256

曰"天道遠, 人道邇, 非所及也, 何以知之? 竈焉知天道? 是亦多言矣, 豈不或信?"遂不與, 亦不復火, 鄭之未災也 … 明日, 使野司寇各保其徵, 郊人助祝史, 除於國北, 禳火于玄冥, 回祿, 祈于四鄘, 書焚室而寬其征, 與之材, 三日哭, 國不市, 使行人告於諸侯. 宋衛皆如是, 陳不救火, 許不弔災, 君子是以知陳 許之先亡也.

254 『春秋左傳』, 昭公 18年, 두예주: 玄冥水神, 回祿火神. 鄘城也. 城積土, 陰氣所聚故, 祈祭之以禳火之餘災, 不義所以亡.

255 『春秋左傳』, 昭公 18年, 두예주: 不義, 所以亡.

256 『春秋左傳』, 昭公 7년: 人生始化曰魄, 旣生魄, 陽曰魂, 用物精多則魂魄强, 是以有精爽至于神明, 匹夫匹婦强死, 其魂魄猶能憑依於人, 以爲淫厲, 況…(伯有)三世執其政柄, 其用物也, 弘矣, 其取精也多矣, 其族又大, 所憑厚矣, 而强死能爲鬼, 不亦宜乎.

자산은 명철한 정치가이다. 이러한 귀신관은 결코 괴이한 것이 아니다. 자산이 당시에 아직 천명의 역사적 조건을 파기하지는 못하였다. 자산(子産)은 자연재해에 대하여 비조(裨竈)와 자태숙(子大叔)처럼 맹목적인 맹종을 하지 않았다. 단지 밤잠을 새워서라도 사람으로서 할 수 있는 재해에 대한 대비를 철저하게 하는 것을 우선으로 여겼다. 그러나 자연재해와 귀신을 무시하는 자세는 아니었다는 점에서 현명하였다. 천도와 인도를 논함에 있어서 하늘이 무량한 덕을 가지고 있다고 하여 유사시와 무사시를 막론하고 천도를 우선시 하지 않았다. 나라와 백성을 위하여 정치하는 자들은 선후와 경중의 시의(時宜)를 알아야 하는데 자산이 그러하였다. 이러한 정자산에 대하여 공자는 높이 평가하였다.

어떤 사람이 자산에 대하여 물으니, 공자가 답하였다. "은혜로운 사람이다."[257]

정나라에 다시 불이 나지 않은 것은 자산이 나랏일을 담당함에 정치를 잘하였기 때문이다. 이는 덕으로써 변고를 소멸시킨 증험이다.[258] 정사를 베푸는 자는 다만 중요한 것을 잡고 큰 것을 힘써서 풍속에 따라서 백성에게 마땅하게 하면, 죽여도 원망하지 않고 이롭게 하여도 공으로 여기지 않아서, 편안히 앉아서

---

[257] 『論語』「憲問」: 或問子産, 子曰 惠人也.
[258] 『春秋胡氏傳』, 昭公 18年 : 鄭不復火者 子産當國 方有令政 此以德消變之驗矣

평화로운 세상을 이루고도 남음이 있을 것이다. 정사를 베푸는 자가 대체를 가지는 것이 중요하고 작은 은혜를 행하는 것이 중요하지 않음을 보인 것이니, 은혜로우면서도 정사를 베푸는 일을 알지 못한다는 것이 요지이다.[259]

공자는 자산을 다음과 같이 거듭 평가하였다.

군자의 도가 네 가지 있었으니, 몸소 행할 때에 공손하며, 윗사람을 섬길 때에 공경하며, 백성을 기를 때에 은혜로우며, 백성을 부릴 때에 의로웠다.[260]

자산이 임금을 섬기면서 안으로는 나라의 정사를 닦고 밖으로는 제후와 친목하여 처음부터 끝까지 공경하였다. 그 임금을 섬기는 일에 있어서 공경하였고 백성에게 은혜를 베풀었다. 『춘추좌전』에서는 신하의 의를 기록함에 있어서 정자산을 표본으로 삼고 있다. 약소국의 정치를 하는 것은 강대국의 정치에 비하여 대단히 애로점이 많은 법이다. 그럼에도 불구하고 정자산은 오직 정의(正義)를 가지고 강대국의 침벌로부터 자국의 존재가치를 인식시켰으니, 뛰어난 정치인이며 외교관이었다고 평가할 만하다. 『춘추좌전』에도 정치와 외교상으로 공자의 자산에 대한 비평은 보이지 않는다.

이장의 내용을 종합하면, 『춘추』의 대의는 중화사상(中華思

---

[259] 유교문화연구소 옮김, 『孟子』, 성균관대학교출판부, 2006, 529쪽.
[260] 『論語』「公冶長」: 子謂子産, 有君子之道, 四焉, 其行己也恭, 其事上也敬, 其養民也惠, 其使民也義.

想)이다. 이 중화는 『중용』의 중화(中和)가 현상세계에서 입체적으로 이루어지는 것을 말한다. 그러므로 현상세계에서 강대국과 약소국이 함께 생존하고 상하좌우가 조화를 이루어 중화세계(中華世界)를 이루는 것은 세계인의 과제이다. 춘추시기의 강대국은 제나라와 진(晉)나라와 초나라이다. 제나라는 춘추시기 전반에 패권국으로서 왕도에 가까운 패도를 하였다고 이미 언급하였다. 그러나 제나라에 대하여 본 장에서는 희공 5년에서 12년 사이에 제나라가 자국에 종사한 현(弦)과 황(黃)을 초나라의 침략으로부터 지켜주지 않은 점을 들어서 강대국이 강대국으로서의 정명(正名)을 하지 못했다고 지적하였다.

제나라를 이어서 패권을 행사한 나라는 진(晉)나라인데 진나라는 진문공 이후 계속하여 패권을 놓치지 않았다. 본 장에서는 진나라가 패권국이 된 이유를 국가의 체통에 두었다. 진나라는 윗사람의 도덕성을 높은 자리에 올려놓았다. 진문공의 외삼촌이며 신하인 구범(舅犯)은 진문공이 친친의 도를 다했다고 하였다. 이러한 정신은 구범이 죽은 후에 난무자(欒武子)가 구범의 정명론(正名論)을 높여서 나라에 기강을 세우는 일로 이어졌다. 이것이 진나라가 패권국이 될 수 있었던 이유이다. 기사적(記史的)인 측면에서 진(晉)나라의 패권이 오랫동안 유지되었으므로 특별히 강대국의 약점을 발견하기는 쉽지 않다. 그래서 필자는 진목후(晉穆侯)때 아들의 이름을 전쟁의 승패와 관련하여 지었다가 그 이름에 의하여 천서(天序)의 의(義)를 뒤집은 사건으로써 정명(正名)의 중요성을 강조하였다.

춘추시기 중반 이후는 진(晉)나라와 초(楚)나라가 패권을 다투는 형국이 되었다. 초나라가 패권국이 될 수 있었던 것은 『초서(楚書)』라는 인재등용원칙이 있었기 때문이다. 초나라는 지리적으로 풍광이 뛰어난 지역에 위치하였고, 이로 인하여 인재가 많이 배출되었다. 그러나 실제로는 초나라에서 다른 나라로 간 인물들이 많았으며, 강대국의 패권을 남용하였으며, 무엇보다도 왕호를 참칭했다는 면에서 초나라는 진정한 문화적인 중화를 인식하였다고 볼 수 없다.

한편, 춘추시기에 약소국이 강대국의 패권 앞에서 자국의 자존지도를 지키는 것은 어려운 일이었다. 그것은 현대에도 상황적인 면에서 마찬가지라고 생각한다. 수(隨)나라・우(虞)나라・괵(虢)나라・식(息)나라가 망한 이유는 정권을 갖은 자가 현자의 의견을 듣지 않은 이유, 사대하지 못한 이유, 자신의 힘을 과대평가한 이유 등이다.

강대국에는 인재가 있어서 나라의 기강을 세웠으니 강대할 수밖에 없는 것이고, 약소국은 인재가 있어도 군주가 현자의 간언을 따라주지 않으며 스스로 경거망동을 하기 때문에 약소할 수밖에 없다. 강자(强者)와 약자(弱子), 식자(識者)와 우자(愚者), 부자(富者)와 빈자(貧者)는 모두가 시대적 상황과 자연환경과 자신의 역량에서 비롯된다. 그러나 이것을 둘로 나누어 분류하는 것에 의미가 있는 것이 아니고 각자의 자리에서 자존지도를 지켜나가는 것이 중요하다. 여기에서 포용의 역할은 강자・식자・바자의 몫이고, 그 밖의 부류는 자존의식(自尊意識)으로 강자・식자・부자에 대한 존중이 필요할 뿐이다.

『춘추』는 노나라의 역사서이며 역사평가서이다. 『춘추좌전』도 노나라의 역사서이다. 그러므로 『춘추』와 『춘추좌전』에는 존노사상(尊魯思想)이 들어있다. 주공의 후예들의 나라인 노나라에 서주의 법장제도가 살아있다고 하나 실질적으로는 예와 의가 무너져 있었다는 것이다. 본 장에서는 노나라가 약소국인 주(邾)나라에 대하여 무방비했으며 당시에 초(楚)·진(晉)·제(齊)로부터 핍박을 받는 처지에서 사대할 수밖에 없었다는 점을 들어서 춘추후기에 노나라의 국력은 대단히 약화되었다고 보았다. 노나라가 주공의 나라이며 공자의 나라이며 좌구명의 나라이지만 더 이상 실질적인 중화의 중심이 될 만하지는 않았다. 공자의 '친친지정(親親之情)'에 의한 존노(尊魯)는 공자와 좌구명에게 중요한 것이었다고 본다.

그러나 정나라가 약소국으로서 진(晉)·초(楚)의 패권에 대처하는 능력은 특수하였다. 평왕이 동천할 때에 정나라가 종사하였기 때문에 춘추초기에 정나라의 위상은 비교적 높았으며, 정나라 장공까지 비교적 안정적이었으나 태자 홀(忽)의 시절에 국력이 약화되었다. 그러나 정나라는 질적으로 약하지 않았다. 앞에 언급한 바와 같이 평왕(平王)이 동천하는데 가장 먼저 참여하였고 패권국인 진(晉)나라와 초(楚)나라에 대응하는 능력은 최고였다. 그 가운데 정자산이 있었는데, 정자산은 혜민(惠民)·의민(義民)정치를 하였으며 성문법(成文法)을 제정하여 평등주의를 제창하였으며 국가에 반란이 일어났을 때에도 과감하고 민첩하게 대응하였다.

춘추시기에 강대국은 약소국과 화합하여 중화(中華)를 이루어 냈어야 했고 약소국은 마땅히 중화(中華)에 동참했어야 했다. 그러나 강대국과 약소국을 통틀어서 정나라의 정치만큼 돋보이는 정치는 없었으며, 정자산만한 정치가도 없었다. 공자의 중화사상의 핵심중 하나인 '친친지의(親親之義)'는 노나라에 집중되고,

작은 나라도 중화의 실현이라는 측면에서 위대할 수 있다는 것이다. 이때에 중화(中華)의 중심은 작은 정나라에 있었으며 임금이 아닌 신하의 도는 정자산에게 있었다고 본다. 이것이 작은 나라가 결코 작지만은 않으며 천자와 패제후만이 중화의 중심에 있는 것이 아니고, 본질적인 면에서 중심에 자리하는 것은 정명을 통한 중화를 실현한 나라나 인물이라는 것이다.

V. 권도실천(權道實踐)의 사례와 공자의 분석

대의(大義)는 개인이나 소수를 위한 소의(小義)에 상반되는 의미로 사회·국가·민족·인류를 위하여 큰 뜻을 품고 이를 자각하며 실천하는 것을 말한다. 이것을 실천한 사람을 대인(大人)·지사(志士)라고 일컫는다. 대의를 실현하는 것은 물론 상도를 실행하는 것으로부터 시작된다. 그러나 의(義)에는 시중(時中)의 의미가 있음으로 때로는 상도를 순순하게 실행하지 못하여 권도를 실현해야만 대의에 부합되는 경우가 있다. 이런 대표적인 경우가 '대의멸친(大義滅親)'이다. '대의멸친'의 의미는 대의를 위하여 멸친(滅親)을 감행함을 뜻한다. 여기서 '친'의 의미는 부모와 자식을 의미하며, 더 나아가 부모의 자식인 형제와 부모의 나라까지도 포함하는 의미이다. 『춘추』에는 국가와 민족을 위하는 대의라는 목적 아래에서 친족의 목숨이나 명예를 담보로 하여 오직 대의에 비중을 두어 권도를 행한 경우가 있다. 여기서 권도의 '권(權)'은 저울대를 의미하는데, 이 저울대는 물건을 사고 팔 때 치르는 값의 양을 따져서 응당한 물건의 양을 달아서 더 모자라거나 치우치지 않도록 대칭이 되게 하는 잣대이다. 이 잣대가 일상사에서는 가치의 경중을 찾아내는 방법이 된다. 그래서 '대의멸친'의 가치를 따져보는 것은 중요하다.

권(權)의 연원은 『맹자』「이루상」에 보이는데 권도는 가볍고 무거움을 저울질하여 적중한 것을 취함을 가리킨다. 형수를 구원할 때에 손으로 직접하여 구하는 것은 상도(常道)에 어긋난다. 그러나 혐의를 피하는 것은 가볍고 물에 빠지는 것을 구원하는 것이 중요하며, 나아가고 처할 때에는 도를 지키는 것이 중요하고 성공하는 것이 덜 중요하다.[261] 하늘과 땅이 항상(恒常)된 도로서 운행하는 것처럼 사람이 상도를 지키는 것은 하늘을 위로하고 땅에 의지하는 것만큼 중요하다. 그러나 때에 따라서 상도와 상도가 상충할 때에는 경중을 헤아려 중요한 것을 잡는 것이 권도(權道)이다.

권도를 설명함에 있어서 '대의멸친'은 상도와 상도가 상충하는 경우에 얻어진 결과물이다. 대의를 실현하는 것이 상도이고 친친하는 것도 상도이다. 그러나 대의를 따르면 친친이 무너지고, 친친을 따르면 대의가 무너지는 상황에서 대의를 실현하면서 친친의 도를 희생시킨 것을 '대의멸친'이라고 말한다. 여기에서 친친은 일차적으로 어버이와 친하다는 의미이지만 광의의 의미로서 자식에 대한 도의(道義)와 형제에 대한 도의(道義)를 포괄하기도 한다. 본 장에서는 이 대의와 친친 중에서 하나를 선택해야만 하는 경우를 문헌상의 기록으로 상고하여 보고 또 오늘날 현대인들이 대의의 표준을 확립하는데 보조하고자 한다.

본 장에서는 순임금의 친친중심적 권도, 주공의 권도와 공자

---

[261] 유교문화연구소 옮김, 『孟子』, 성균관대학교출판부, 2006, 502쪽.

의 친친중심적 권도, 송선공(宋宣公)·위선공(衛宣公)의 난권(亂權), 위(衛)나라 석작과 원훤의 참칭(僭稱)된 권도(權道), 채중(祭仲)의 권도에 대한 공양학파(公羊學派)와 좌전학파(左傳學派)의 평가, 진(晉)나라 숙향(叔向)의 대의멸친에 대한 공자의 평가를 다루었다. 여기에서 위(衛)나라 석작(石碏)과 원훤(元咺)의 의를 전문(傳文)의 발췌를 통하여 이들의 의가 소의(小義)인지 대의(大義)인지 구분하였다. 또한 의의 치밀하고도 한층 높은 차원이라고 하는 권도를 요임금·순임금·주공·공자에 이르기까지 성현들의 권도(權道)와 춘추시대의 권도와는 어떠한 차이가 있는지를 살펴보았다. 그리고 이것의 차이를 거울삼아 오늘날 집권자와 부모들이 권도를 행하는데 표준잣대를 제시할 것이다.

1. 순임금과 주공을 통한 공자의 친친중심적 권도

1) 순(舜)임금의 친친중심적 권도

권도(權道)는 상도(常道)를 실현하는 하나의 방편이며 상도와 또 다른 상도가 상충하는 상황에서 가치의 경중을 헤아려 진실을 살려내는 방법이기도하다. 이 상도와 권도의 도통(道統)은 요(堯)·순(舜)·우(禹)·탕(湯)·문(文)·무(武)·주공(周公)·공자(孔子)에게로 이어진다. 그래서 문헌상에 나타나는 그들의 권도 실행을 고찰할 필요가 있다. 먼저 순임금의 행적을 살피자면, 순임금은 저풍(諸馮)에서 태어났고 부하(負夏)로 옮겼다가 명조(鳴條)

에서 생을 마친 동이인(東夷人)이다.²⁶² 순은 요와 더불어 왕도를 실천하였고, 요가 순에게 준 것은 나라의 의미보다는 중도(中道) 사상에 그 의미가 크다.

> 요(堯)임금이 말하였다. "아! 드대 순(舜)이여, 하늘의 운수가 너의 몸에 있으니, 진실로 그 중(中)을 잡아라."²⁶³

모든 만물에는 다 중도(中道)가 존재한다. 요임금이 순임금에게 위와 같이 말한 것은 마음을 치우치게 하지 말고 무릇 일을 처리하고 물건을 헤아릴 때에 진실로 그 중도(中道)를 잡아 지나치거나 미치지 못하는 것이 없도록 하여 백성을 다스리면 사해(四海)가 그 덕을 입어서 천명을 길이 보전할 수 있다고 한 것이다.²⁶⁴ 순임금은 중(中)을 잘 잡아 실천하여서 천하를 얻었는데, 공자는 이러한 순임금에 대하여 다음과 같이 평가하였다.

> 공자는 소(韶)를 평하여 말하였다. "지극히 아름답고 지극히 선하다."²⁶⁵
> 공자는 제나라에서 소(韶)를 듣고 세달 동안 고기 맛을 알지 못하고 말하기를, "음악이 이에 이를 줄 생각하지 못했다."²⁶⁶ 라고 하였다.

---

262 『孟子』「離婁下」: 孟子曰 "舜生於諸馮, 遷於負夏, 卒於鳴條, 東夷之人."
263 『論語』「堯曰」: 堯曰 "咨爾舜, 天之歷數在爾躬, 允執其中."
264 유교문화연구소 옮김, 『論語』, 성균관대학교출판부, 2005, 722쪽.
265 『論語』「八佾」: 子謂韶, 盡美矣, 又盡善也.
266 『論語』「述而」: 子在齊聞韶, 三月, 不知肉味, 曰不圖爲樂之至於斯也.

공자가 말하였다. "인위적으로 하지 않고 정치한 자는 순(舜)임금이로다! 어떻게 하였는가? 몸을 공손히 하고 바르게 남면(南面)을 하였을 뿐이다."²⁶⁷

순임금의 자손이 진(陳)나라에 봉해졌으므로 선대에 소(韶)라고 하는 음악을 썼는데, 그 후 진경중(陳敬仲)이 제(齊)나라로 달아났다. 그러므로 소(韶)가 제나라에 전해졌다. 공자가 제나라에 있다가 순임금의 음악인 소(韶)를 듣고 석 달 동안 배워 이것에 심취하였다. 이것은 그 음악의 뜻과 문채의 성함과 공덕이 높음에 대하여 공자가 그 때에 순임금을 직접 본 것처럼 감동한 것이다. 공자가 소(韶)와 마음이 합치되어 정신세계를 이해할 수 있었다.²⁶⁸ 순임금의 음악과 정치적인 자세가 이러함에도 순임금은 은악한 부모와 불손한 동생을 두었으므로 상도만을 지킬 수는 없었다. 이에 대의(大義)와 친친(親親)이라는 상도가 상충하게 되니, 이에 순임금은 권도를 행하였으며 그 내용은 다음과 같다.

맹자가 말하였다. "불효가 세 가지가 있으니, 후손이 없는 것이 가장 크다. 순임금이 부모에게 알리지 않고 장가든 것은 후손이 없을까봐 염려하였으니, 군자는 '아뢴 것과 같다.'라고 하였다."²⁶⁹

---

267 『論語』「衛靈公」: 子曰 "無爲而治者, 其舜也與! 夫何爲哉? 恭己正南面而已矣."
268 유교문화연구소 옮김, 『論語』, 성균관대학교출판부, 2005, 224쪽.
269 『孟子』「離婁上」: 孟子曰 "不孝有三, 無後爲大. 舜不告而娶, 爲無後也, 君

맹자(孟子)는 후손이 있게 하는 것을 효의 선위개념으로 다루었다. 순임금이 당시 부모에게 고하지 않고 요임금의 두 딸과 혼인을 하였는데, 그 마음은 부모에게 고하면 장가를 들지 못하여 자손이 없을 것을 두려워한 것이다. 부모에게 고하고 장가가는 것이 효도이지만, 부모에게 고하지 않고 장가들어서 그 선조의 제사를 끊어지지 않도록 하는 것도 친친의 방법이다. 군자가 말하기를 '권도(權道)가 바른 도에서 떠나지 않는다면, 순(舜)이 그 부모에게 고하지 않은 것도 고한 것과 같다.'라고 하였으니, 순(舜)은 참으로 부모를 섬기는 도를 다한 것이다.[270] 요임금이 순임금에게 양위한 것은 중도(中道)이다. 중도를 전수하는 인물로서 순임금이 자신의 혼인을 부모에게 알리지 않고 진행했다면 순임금의 현실적인 고뇌는 일반인과 달랐다고 볼 수 있다. 순임금은 이러한 시점에서 그 중(中)의 초점을 후손에게 맞추어서 진정한 효를 실천하였다. 또 소(韶)라는 음악의 수준으로 짐작할 수 있듯이 정치적이고 도덕적인 역량이 높았으며 요임금에게서 인물됨을 높이 평가받았기에 그 중(中)을 이어 받은 것이다.

2) 주공(周公)의 권도와 공자(孔子)의 친친중심적 권도

주공은 주(周)나라에서 문왕(文王)과 무왕(武王)을 이어서 성왕(成王)이 즉위하자 성왕이 어리기 때문에 삼촌의 자격으로서 섭정

　　子以爲猶告也."
270 유교문화연구소 옮김, 『孟子』, 성균관대학교출판부, 2006, 518쪽.

을 하였다. 주공은 섭정하면서 주나라의 예악과 제도를 정비하였고, 왕의 자리를 존중함과 동시에 정치를 잘하였으므로 공자가 그를 존경하였다. 그런데 그 주공이 자신의 아들인 노공에게 '군자는 친척을 버리지 않는다.'[271]고 하였다. 이는 옛날에 주나라에서 주공이 아들 백금을 노공(魯公)으로 봉하면서 훈계하여 말한 내용이다. 주나라는 원래 인후함으로 나라를 열었다.[272] 주공은 백금에게 노나라를 봉해주면서 친친의 덕목을 강조하였다. 그러나 주공의 형제들이 나라를 난국으로 만들려고 하였다. 이러한 상황에서 주공의 처세는 어렵게 되었는데『서경』「채중지명」에 그 내용이 잘 드러난다.

> 오직 주공이 총재의 지위에 있으면서 백관들을 바로 잡았는데, 여러 아우들이 유언비어를 퍼뜨렸다. 이에 상(商)에서 관숙(管叔)을 처형하고, 채숙(蔡叔)을 곽린에 가두어서 수레 일곱 대로써 따르게 하고, 곽숙을 서인으로 강등시켜 삼 년간 봉록을 주지 않았다. 채중(蔡仲)이 경건하게 덕을 펼치고 있었으므로, 주공(周公)이 경사로 삼았다. 채숙이 죽으니, 왕에게 명을 내리게 해서 그 채(蔡)라는 곳에 나라를 세우게 했다.[273]

---

[271]『論語』「微子」: 周公謂魯公曰 "君子不施其親."
[272] 유교문화연구소 옮김,『論語』, 성균관대학교출판부, 2005, 684쪽.
[273]『書經』「蔡仲之命」: 惟周公, 爲冢宰, 正百工, 群叔流言. 乃致辟管叔于商, 囚蔡叔于郭隣, 以車七乘, 降霍叔于庶人, 三年不齒. 蔡仲, 克庸祇德, 周公以爲卿士. 叔卒, 乃命諸王, 邦之蔡.

주공이 친친의 덕을 중요시 하는 인물이었지만 주공의 형제들이 나라의 흥망을 좌우하는 일을 저질렀기 때문에 주공은 친친의 덕목을 실행할 수 없었다. 이것을 순임금과 비교하여 본다면, 순임금의 동생인 상(象)이 순임금을 죽이려고 한 것은 순임금이 벼슬하지 않았을 때이므로 그 상해가 순임금 자신에서 그치므로 순임금은 그 동생을 우애하는 마음을 따를 수 있었다. 그러나 주공의 지위는 천하국가에 뻗어있었으니 비록 형제들을 우애하는 마음을 따르고 싶었으나 그럴 수 없었다.[274] 주나라는 상나라를 벌하고 상나라 주(紂)왕의 아들인 무경(武庚)으로 하여금 상나라의 제사를 받들게 하였다. 주나라의 무왕(武王)과 주공의 동생인 관숙(管叔)·채숙(蔡叔)·곽숙(霍叔)을 거기에 있게 하였다. 그런데 그들이 종친의 직분으로서 유언비어를 퍼뜨려서 사직을 전복시킬 지경이었다. 주공은 친친의 덕목을 중요하게 여기는 사람이었으나 자신의 형제들을 벌하는 지경에 이르렀다. 주공이 나이 어린 성왕을 대신하여 섭정한 것이 공심(公心)이었듯이 자신의 형제를 벌한 것도 나라를 위한 것이었다. 그러나 주공은 훗날 채숙의 아들인 채중(蔡仲)의 영명함을 알았고 그를 다시 채(蔡)땅을 다스리도록 성왕(成王)의 명(命)으로써 등용하게 하였으니, 이것이 주공의 '친친지도(親親之道)'이다. 주공이 나라가 위급해지는 상황에서 형제를 벌하였으나 채중으로 하여금 그 다음 대를 이어주었다는 면에서 편중되지 않게 '시중지권(時中之權)'을 썼다고 평가할 수 있다. 주공의 이러한 인물됨을 존숭한 것이

---

[274] 『書經』「蔡仲之命」, 蔡沈註 : 象欲殺舜, 舜在側微, 其害止於一身, 故舜得遂其友愛之心. 周公之位則, 繫于天下國家, 雖欲遂友愛於三叔, 不可得也.

공자이다. 순임금이 은악한 부모와 형제를 저버리지 않았으며 주공도 역시 대의를 모르는 형제와 조카를 중도에 맞게 대하였으며 공자도 이러한 입장에 다음과 같이 동의하였다.

> 섭공이 공자에게 말하기를 "우리 무리 중에 직궁자(直躬者)가 있으니 그 아버지가 양을 훔치거늘 아들이 고발하였다."라고 하였다. 공자가 말하기를 "우리 무리의 직(直)한 자는 이와는 다르다. 아비를 아들이 숨겨주며 아들을 아비가 숨겨주니 직(直)이 그 가운데에 있다."라고 하였다.[275]

이치에 순한 것을 직(直)이라고 한다. 아버지가 아들을 숨겨주지 않고 아들이 아버지를 숨겨주지 않는 것이 이치를 따른 것이겠는가? 고수가 살인을 하면 순임금이 몰래 업고 해변 가를 따라 도망하여 산다고 하였으니 당시에 부모를 사랑하는 마음이 그 직(直)과 부직(不直)을 초월하였다.[276] 직(直)은 모든 덕의 선위 개념이다. 그러나 의(義)를 실현하는 가장 본질적인 직(直)이 친친의 정을 초월하지는 못한다. 이 친친의 정이 확대되어 발휘되면 사회와 나라와 온 세상을 위하는 결과를 초래하기도 한다. 공자의 '친친지정(親親之情)'을 부연하여 설명하자면, 『논어』「술이」에 진사패(陳司敗)가 노나라 소공(昭公)의 행실에 의문을 품고 공자에게 소공이 예를 아는 사람이냐고 물었는데 공자는 노나라

---

[275] 『論語』「子路」: 葉公語孔子曰 "吾黨有直躬者, 其父攘羊, 而子證之." 孔子曰 "吾黨之直者, 異於是. 父爲子隱, 子爲父隱, 直在其中矣."
[276] 『論語』「子路」. 謝氏曰 "順理爲直. 父不爲子隱, 子不爲父隱, 於理順邪? 瞽瞍殺人舜竊負, 而逃遵海濱而處, 當是時, 愛親之心, 勝其於直不直."

소공의 비례(非禮)를 직접 언급하지 않았다. 사실 진사패는 소공이 동성인 오나라와 혼인하는 등의 비례를 행한 것을 알았고 공자는 진사패에게 이를 자신의 구설로 들추어 낼 수 없었다. 공자의 이러한 행위는 조국에 대한 사랑의 표현이며 친친의 도를 몸소 실천한 것이다.

2. 『춘추』의 '대의멸친(大義滅親)' 사례와 공자의 입장

1) 송선공(宋宣公)·위선공(衛宣公)의 난권(亂權)

요임금이 순임금에게 양위한 것과는 달리 춘추시대에 송나라의 양위는 이와 대비되는데, 우선 그 내용을 상고해 보겠다. 송선공(宋宣公)은 자신의 아들에게 양위하지 않고 동생인 목공에게 양위하였다. 그러자 목공은 다시 송선공의 아들인 상공(殤公)에게 양위하였다. 그러나 이것은 인물의 자질을 평가하여 양위한 것이 아니고 선공(宣公)과 목공(穆公)이 모두 자신의 아들에게 양위하지 않았다는 면에서만 요(堯)·순(舜)의 양위와 같다고 보아야 한다. 이에 대하여 여동래는 다음과 같이 말하였다.

> 나라를 가진 자가 아들에게 양위하는 것은 상도(常道)이고 중도(中道)이다. 송선공이 기필코 아우에게 양위하여 기특하고 고상하다고 여겼고, 한번 목공(穆公)에게 양위하여 그 아들을 몰아내고 다시 상공(殤公)에게 양위하여 그 몸을 죽게 하였다.

공양씨는 '군자는 크게 바르거늘 송나라의 화는 선공(宣公)이 한 것이다'라고 하니, 그 설에 또 더할 것이 없다.[277] 요·순과 같은 경지에 이르지 못한 사람이 그것을 흉내를 내려고 한다면, 이는 마치 유약한 사람이 오획(烏獲:진(秦)나라의 용사)이 드는 솥을 들려고 하고 어린애가 깊은 못에 들어가려는 것과 같은 것이다.[278]

송(宋)나라는 선공(宣公)의 잘못된 양위로 인하여 대를 이어서 계속 양위문제가 잘못되어 갔다. 요임금이 순임금에게 양위한 것은 유덕(有德)한 자가 유덕한 자에게 주는 군주의 권도(權道)였다. 그러나 송선공(宋宣公)은 결과가 달랐다. 그래서 권도의 실현은 누구에게나 허용되는 것이 아니다.

한편, 위나라에서는 『춘추좌전』, 환공(桓公) 16년에 위선공(衛宣公)이 서모인 이강(夷姜)과 간통하여 급자(急子)를 낳고 태자로 삼았다고 하였다. 급자의 부인을 제(齊)나라에서 맞이해 왔는데 위선공(衛宣公)이 그 미색에 반하여 그 여인을 취하여 수(壽)와 삭(朔)를 낳았다. 이 사람이 선강(宣姜)인데, 선강이 자신의 둘째 아들인 삭과 함께 급자를 죽이려고 도모하였다. 그래서 급자를 제나라로 보냈고, 급자가 제나라로 가는 도중에 암살을 시도하였다. 수(壽)가 이 일을 알고 급자에게 말하여서 가지 못하게 하

---

[277] 『東萊博義』, 隱公 3년 : 有國者傳之子, 常道也, 中道也. 宋宣公必傳於弟, 以爲奇爲高焉, 一傳穆公而使之逐其子, 再傳殤公而使之殺其身. 公羊氏, 以爲君子大居正, 宋之禍, 宣公爲之也, 其說旣無以加矣.
[278] 『東萊博義』, 隱公 3년 · 末至堯舜而竊效焉, 是懦夫而擧烏獲之鼎, 稚子而入沒人之淵也.

였다. 그러나 급자가 말을 듣지 않았기 때문에 수가 급자에게 술을 먹여놓고 자신이 급자를 대신하여 길을 떠났다가 살해당하였다. 후에 급자가 뒤쫓아 가서 자신이 급자라고 하니 도둑이 다시 급자를 살해하였다.

여기서 이강(夷姜)은 선공의 서모이다. 손위 사람과 간음하는 것을 '증(蒸)'이라고 한다. 『시경』 승주시서(乘舟詩序)에 위선공(衛宣公)의 두 아들이 서로 싸워 죽었다고 하는 것이 바로 이것이다. 급(急)과 수(壽) 두 아들을 두 공자(公子)에게 부탁하였는데 지금 선강(宣姜)과 혜공이 참람스럽게 적으로 여겨서 죽게 하였으니 그러므로 두 공자(公子)가 원망하였다.[279] 여기서 두 공자는 좌공자와 우공자이다. 이것은 선강(宣姜)과 삭(朔)이 주동하여 만든 극적인 일이다. 그 후 두 공자는 혜공(惠公)을 축출하고 출공(黜公)을 세웠다. 이에 대하여 여동래는 다음과 같이 말하였다.

화평한 기운은 상서를 부르고 어긋난 기운은 재이를 부르니, 두 기운이 서로 호응함은 마치 북채와 북과 같은 것이다.[280] 기장과 피, 늦벼와 이른 벼의 종자는 하늘로부터 받은 것이다. 그러나 이것을 뿌리고 이것을 심고 이것을 김매고 이것을 수확하는 것은 사람이다. 농사일을 건성으로 하여 망치고서 가만히 앉아서 창고가 가득 차기를 기다린다면 될 일인가? 두 사람이 하늘에서 받은 것은 위대한 순(舜)임금의 자질이다. 그러나 그들은 완악

---

[279] 『春秋左傳』, 隱公 3년, 두예주 : 夷姜宣公之庶母也. 上淫曰蒸. 詩乘舟詩序, 所謂衛宣公之二子, 爭相爲死者, 卽此也. 急壽二子, 付託於二公子, 今皆爲宣姜惠公, 讒賊而置之死也, 故怨之.
[280] 『東萊博義』, 桓公 16년 : 和氣致祥, 乖氣致異, 二氣之相應, 猶桴鼓也.

한 아비와 은악한 어미 사이에서 끝내 바름에 이르도록 해야 했는데, 비록 자잘한 개인의 절개를 지켰으되 명분 없이 죽어서 부모의 악함을 이루어 주었으니, 이는 다른 것이 아니다. 그들이 기르고 확충하여 크게 한 것이 순임금의 효와는 같지 않았기 때문이다.[281] 아버지 고수와 동생인 상(象)이 창고를 태우면서 사다리를 치운 학대와 잠자리를 시중들게 하려고 궁에 들어온 모욕은, 백세 뒤에 그 글을 읽는 사람들조차 오히려 순임금을 위해 분노할 일인데, 순임금의 은의(恩意)가 그치지 않았으니, 이는 덕으로써 행한 것이지 원한을 갚으려고 한 것이 아니다. 이는 아우로 상을 대접하고 상으로 상을 대접하지 않았기 때문이며, 천성으로서 상(순임금의 아우)을 보고 인욕으로서 상을 보지 않았기 때문이다.[282]

순임금은 요임금으로부터 나라를 양위 받았다. 순임금은 부모와 형제에 대하여 덕으로써 응대하였을 뿐만이 아니라 부모에게 살인죄가 있다면 이를 숨기겠다고 하였다. 이렇게 아비가 살인을 하면 천하를 버리고 그 아비를 업고 은둔한다고 하였으니 순임금의 가치관은 은악한 부모와 천하를 다스리는 일 중에서 은악한 부모의 가치가 무겁다고 여긴 것이다. 이것이 순임금을

---

[281] 『東萊博義』, 환공 16년 : 黍稷種稑之種, 受之於天也, 如是而播, 如是而植, 如是而耘, 如是而穫者, 人也. 鹵莽滅裂, 而座待倉箱之盈可乎? 二子之受於天者, 大舜之資也. 其處頑父嚚母之間, 終至格姦, 雖守區區之介, 死於無名, 成父母之惡者, 無他. 其所以充養而廣大之者, 不知舜耳.

[282] 『東萊博義』, 환공 16년 : 焚廩損階之虐, 治棲之宮之侮, 百世之後, 讀其書者, 猶爲舜切齒, 而舜之恩意, 源源不絶者 非以德報怨也. 以弟待象, 而不以象待象也, 以天觀象, 而不以人觀象也.

유덕한 인물로 볼 수 있는 근거이며 순임금의 권도실현(權道實現)이다. 송선공(宋宣公)이 동생에게 양위하여 다시 자신의 아들이 죽음에 이르게 한 권도와 위선공(衛宣公)이 태자인 급자(急子) 대신 폐첩인 선강(宣姜)의 아들을 태자로 삼으려고 하다가 아들들이 죽는 결과를 가져온 권도와는 다르다. 이와 같이 성현들과 송선공의 권도를 비교하여 보았을 때 그 다른 점은 현실에서 임금과 부모처럼 윗자리에 거처한 자의 권도실현에는 난해한 점이 있다고 본다.

2) 위(衛)나라 석작(石碏)과 원훤(元咺)의 참칭된 권도

(1) 위나라 석작의 권도

석작(石碏)은 위장공(衛莊公)을 모시는 신하이다. 위장공의 아들인 공자주우(公子州吁)가 석작의 아들인 석후(石厚)와 친하게 지내며 병사(兵事)를 좋아하였다. 뒤에 공자주우가 아비인 장공을 시해하고 정권을 안정시키려고 하였는데 그 때 석작은 공자주우와 석후를 진(陳)나라에 보내어 진나라 사람들과 연합하여 두 사람을 죽이는 사건이 벌어진다. 그 내용은 『춘추좌전』, 은공(隱公) 3년(B.C.720)의 경에는 없고 전만 있는 기사에 보이며, 이 기사는 은공 4년의 경문이 있기 전에 배경을 설명한 것이다.

> 위장공(衛莊公)이 제나라 동궁 득신(東宮 得臣)의 누이를 아내로 맞이하였으니 그가 장강(莊姜)이다. 미인이었으나 아들이 없으니, 위나라 사람이 그를 가엾게 여겨 석인시(碩人詩)를 지

었다. 위장공이 또 진(陳)나라에서 아내를 맞이하였으니 그가 여규(厲嬀)이다. 그가 효백(孝伯)을 낳았으나 효백이 일찍 죽었고 여규의 동생 대규(戴嬀)가 환공(桓公)을 낳으니, 장강(莊姜)은 환공을 자기의 아들로 삼았다. 공자주우는 폐인(嬖人)의 아들이다. 장공은 그를 총애하여 그가 병사를 좋아하는데도 금하지 않으니 장강이 그를 미워하였다.

석작(石碏)이 간하기를, "신이 듣건대 '사랑하는 자식은 의로운 방도로써 가르쳐서 사악한 길로 들지 않게 한다.'고 하였습니다. 교(驕)・사(奢)・음(淫)・일(泆)은 바로 사악함이 유래하는 원인이고, 이 네 가지를 초래하는 것은 총록(寵祿)이 지나치기 때문입니다. 주우(州吁)를 세우고자 하신다면 즉시 그를 태자로 정하십시오. 만약 그렇게 하실 수 없다면 (주우(州吁)는 지나친 총록을) 발판으로 하여 화란(禍亂)을 일으킬 것입니다. 대체로 총애를 받으면서도 교만하지 않고, 교만하면서도 자신을 낮추며, 억지로 자신을 낮추면서도 기분좋아하지 않으며, 기분이 좋아 으스대면서도 자중하는 자는 드뭅니다."[283]라고 하였다.

그 다음해인 『춘추』, 은공(隱公) 4년 임술(壬戌) B.C.719 경문에는 '무신(戊申)에 위(衛)나라 주우(州吁)가 그 임금 완(完)을 시해

---

[283] 『春秋左傳』, 隱公 3년 : 衛莊公娶于齊東宮得臣之妹, 曰莊姜. 美而無子, 衛人所爲賦碩人也. 又娶于陳, 曰厲嬀. 生孝伯, 早死, 其娣戴嬀, 生桓公, 莊姜以爲己子. 公子州吁, 嬖人之子也. 有寵而好兵, 公弗禁, 莊姜惡之. 石碏諫曰 "臣聞愛子敎之以義方, 弗納於邪. 驕奢淫泆, 所自邪也, 四者之來, 寵祿過也. 將立州吁, 乃定之矣. 若猶未也, 階之爲禍. 夫寵而不驕, 驕而能降, 降而不憾, 憾而能眕者鮮矣."

하였다.'284라고 하였고, 『춘추』9월에 '위인(衛人)이 주우(州吁)를 복(濮)에서 죽였다.'285라고 하였다. 『공양전』에 '위주우(衛州吁)'라고 주우의 앞에 위(衛)나라를 언급한 것은 '국사를 담당하려 했기 때문이다.'286라고 하였다. 이에 대한 『춘추좌전』, 은공(隱公) 4년 임술(壬戌) B.C.719의 내용은 다음과 같다.

주우(州吁)가 그 백성을 화합시키지 못하니, 석후(石厚)가 석작(石碏)에게 군위(君位)를 안정시킬 방법에 대해 물었다. 석작(石碏)가 "천왕께 조현하여 제후로 인증을 받는다면 군위를 안정시킬 수 있을 것이다."라고 하니, 석후(石厚)가 "어떻게 해야 천왕께 조현할 수 있겠습니까?"라고 물었다. 석작(石碏)가 말하기를 "진환공(陳桓公)이 바야흐로 천왕의 총애를 받고 있고, 진(陳)나라와 위(衛)나라의 사이가 화목하니, 만약 주우가 진환공(陳桓公)에게 조현하여 진(陳)을 시켜 대신 천왕(天王)에게 요청하게 한다면 반드시 천왕의 허락을 받을 수 있을 것이다."라고 하니, 석후는 (사자를) 보내어 고하기를 "우리 위(衛)나라는 지역이 협소하고 나는 이미 늙어서 아무 일도 할 수 없습니다. 이 두 사람은 실로 우리 임금을 시해한 자들이니, 저들이 진(陳)에 가거든 그 기회를 이용해 저들을 처치하소서."라고 하였다. 진인(陳人)이 석작의 말에 따라 그들을 체포하고서 위(衛)나라에서 사람을 보내어 처치하기를 청하

---

284 『春秋』, 隱公 4년 : 衛州吁弑其君完.
285 『春秋』, 隱公 4년 : 衛人殺州吁于濮.
286 『春秋公羊傳』, 隱公 4년 : 戌申衞爲以國氏, 當國也.

였다. 9월 위인(衛人)이 석재위(石宰醜)를 보내어 복(濮)에서 주우를 죽이고 석작(石碏)이 자기의 부하(宰)인 누양견(獳羊肩)을 보내어 석후를 진(陳)나라에서 죽였다. 이에 대해 군자는 다음과 같이 논평하였다. "석작은 충순한 신하이다. 주우를 미워하여 석후(석작의 아들)까지 죽였으니, '대의멸친'이란 이런 경우를 말한다."287

이 기사에 대하여 두예는 "아들이 임금을 시해한 역적을 따르는 것은 나라의 역적이니 나라의 대역을 제거하지 않을 수 없다. 그러므로 대의멸친이라고 말한다. 소의(小義)를 밝힌다면 아들을 자애해야 한다."288라고 하였고, 주신은 "석작(石碏)은 순직한 신하이다. 주우(州吁)가 임금을 시해한 것을 미워하고 아울러 석후(石厚)가 주우(州吁)와 더불어 노는 것을 미워하여서 모두 죽이니, 군신(君臣)의 의(義)는 알았으나 부자(父子)의 친(親)함은 없었다. 대의멸친(大義滅親)의 설(說)에는 합당하다."289라고 대의라는 면에서는 두예와 입장을 같이 하고 있으나 주신은 부자유친의 도리에 미흡한 점을 덧붙였다.

---

287 『春秋左傳』, 隱公 4년 : 州吁未能和其民, 厚問定君於石子. 石子曰 "王覲爲可?" 曰 "何以得覲?" 曰 "陳桓公方有寵於王, 陳衛方睦, 若朝陳使請, 必可得也." 厚從州吁如陳, 石碏使告于陳曰 "衛國褊小, 老父耄矣. 無能爲也. 此二人者, 實弒寡君, 敢卽圖之." 陳人執之, 而請涖於衛. 九月, 衛人使石宰醜涖殺州吁于濮, 石碏使其宰獳羊肩涖殺, 石厚于陳. 君子曰 "石碏純臣也. 惡州吁而厚與焉, 大義滅親, 其是之謂乎!"

288 『春秋左傳』, 隱公 4년, 두예주 : 子從弒君之賊, 國之大逆, 不可不除. 故曰大義滅親. 明小義則當兼子愛.

289 『春秋左傳詳節句解』, 隱公 4년 : 石碏純直之臣. 惡州吁之弒君, 幷惡石厚與州吁遊而皆殺之, 知有君臣之義而無父子之親, 合大義滅親之說.

석작(石碏)은 주우(州吁)를 살해하고 석후(石厚)도 살해하였다. 석작은 나라의 녹을 먹고 사는 신하의 직분으로서 사심 없이 자식까지도 죽였으니 '대의멸친'을 행하여 자신의 공적인 임무를 마땅하게 완수하였다. 그러나 이에 대한 논의는 신하로서의 의가 부자유친의 의를 앞서는지 부자유친의 의를 지키지 못한 점이 비판의 대상이 될 수도 있다는 논쟁을 일으키기에 충분하다. 다만 두예와 주신의 평가는 친친을 중시했다는 면에서 주목할 만하다. 사회와 국가와 인류를 위하는 것은 공익을 추구한다는 측면에서 보면 대의의 실현이다. 이 대의의 실현이 석작에게 있어서는 멸자(滅子)를 수반하였다. 의의 본질 속에는 친친이라고 하는 인정(仁情)이 핵심에 자리하므로 핵심을 부정하는 대의(大義)는 반쪽에 불과한 편벽된 의일 수밖에 없다고 본다.

(2) 위(衛)나라 원훤(元咺)의 권도

『춘추』, 희공(僖公) 28년경 위후(衛侯)는 초(楚)나라와 친밀하였다. 그런데 초나라와 진(晉)나라가 전투하여 초의 군사가 대패하니 위후(衛侯)가 두려워서 초나라로 도망하였다. 위후(衛侯)가 초나라로 도망하면서 원훤(元咺)으로 하여금 위후(衛侯)의 동생인 숙무(叔武)를 세워 섭정하게 할 것을 부탁하였다. 그러나 혹자가 원훤(元咺)이 위후(衛侯)를 대신하여 숙무(叔武)를 임금으로 모신다고 모략하였다. 위후(衛侯)가 그 말을 듣고 원훤(元咺)의 아들인 각(角)을 죽이게 된다. 그러나 원훤(元咺)은 위후가 이미 숙무의 섭정을 도우라는 애초의 명령을 따랐을 뿐이고 아들의 죽음에 개의치 않았다. 이것을 가지고 원훤의 '대의멸친(大義滅親)'이라고 한다. 그러나 진(晉)나라로 출분한 원훤(元咺)은 자국의 임금인 위후와의 소송을 개시하였고 결과적으로 승소하였으며, 다시 위(衛)나라로 돌아가 공자하(公子瑕)를 임금으로 세웠다. 그가 아들의 죽음을 감수해가면서 지키려고 했던 것은 위후에 대한 충성도 아니며, 위나라의 국익을 위한 충성도 아니었다는 것이 결과적으로 드러난 것이다. 그 후 희공(僖公) 30년에 위(衛)나라가 그 대부 원훤(元咺)과 공자하(公子瑕)를 죽이게 된다. 원훤의 '대의멸친'은 이처럼 허무한 결과를 초래하였다.

이 사건의 경전적(經傳的) 전말은 『춘추』, 희공(僖公) 28년(B.C.632)에 '28년 봄에 진후(晉侯)가 조(曹)를 침벌하고 진후(晉侯)가 위(衛)나라를 정벌한다.'[290]는 데에서 출발한다. 당시 위나라는 초나라와 친밀하였기 때문에 초나라가 위나라를 구원하고자 하였으나 초나라가 진나라에게 대패하였고 위후는 초나라로 망명한 후 다시 돌아오게 되었다. 그 후, 『춘추』, 희공(僖公) 28년에 '위(衛)나라 원훤(元咺)이 진(晉)나라로 출분하였다.'[291]는 결과를 가져온다. 이에 대한 『춘추좌전』의 기사는 다음과 같다.

혹자가 위후(衛侯)에게 원훤을 참소하기를 "원훤이 숙무(叔武)를 임금으로 세웠다."라고 하였다 이때 원훤의 아들인 각(角)이 공(公)을 수행하였는데 공이 사람을 시켜 그를 죽였다. 그러나 원훤은 위후(衛侯)의 명을 폐기하지 않고 이숙(夷叔:숙무이다)을 모시고 위(衛)나라로 들어가서 나라를 지켰다. 6월에 진인(晉人)이 위후(衛侯)를 복위시켰다. 영무자(甯武子)가 위인

---

290 『春秋』, 僖公 28년 : 二十有八年春, 晉侯侵曹, 晉侯伐衛.
291 『春秋』, 僖公 28년 : 衛元咺出奔晉.

(衛人)과 완복(宛濮)에서 맹약하여 말하기를 "하늘이 위(衛)나라에 화를 내려 군신이 화합하지 못하여 이러한 우환에 미친 것이다. 그러나 이제 하늘이 우리들이 중정한 마음을 갖도록 유도하여 모두 마음을 겸허하게 가지고 서로 따르도록 하였다. 거자(居者)가 없었으면 누가 사직을 지켰겠으며 행자(行者)가 없었으면 누가 임금의 우마를 보호하겠는가? 그런데도 거자(居者)와 행자(行者)가 서로 화목하지 못하였기 때문에 밝게 그대들의 대신 앞에서 맹약하여 하늘의 마음이 우리를 향하도록 유도해 주기를 비는 바이니, 오늘 결맹한 이후로는 임금을 따라 국외로 갔던 자들은 공로를 믿지 말고, 국내에 남아 있던 자들은 죄를 받을까 두려워하지 말라. 이 맹약을 어기고서 서로에게 화가 미치게 하는 자가 있다면 명신(明神)과 선군(先君)이 그 죄를 규정하고 그 사람을 죽일 것이다."라고 하였다. 국인들은 이 맹약을 들은 뒤에야 비로소 두 마음을 품지 않았다.[292]

위숙무(衛叔武)가 천토(踐土)에서 맹세하였으니, 위후(衛侯)가 귀국할 것을 알려주었다.[293] 영무자와 위인이 화합과 평화를 맹서하였으므로 진(晉)나라가 위후를 귀국시킨 것이다. 그 내용인

---

[292] 『春秋左傳』, 僖公 28년 : 或訴元咺於衛侯曰:"立叔武矣." 其子角從公, 公使殺之. 咺不廢命, 奉夷叔以入守. 六月, 晉人復衛侯. 甯武子與衛人盟于宛濮曰:"天禍衛國, 君臣不協, 以及此憂也. 今天誘其衷, 使皆降心以相從也. 不有居者, 誰守社稷? 不有行者, 誰扞牧圉? 不協之故, 用昭乞盟于爾大神以誘天衷, 自今日以往, 旣盟之後 行者無保其力, 居者無懼其罪. 有渝此盟, 以相及也, 明神先君, 是糾是殛." 國人聞此盟也, 而後不貳.
[293] 『春秋左傳詳節句解』, 僖公 28년 : 以衛叔武, 受盟於踐土,故聽其歸也.

『춘추좌전』, 희공(僖公) 28년(B.C.632)의 기사는 다음과 같다.

위후(衛侯)가 정한 기일에 앞서 위(衛)나라로 들어갔다. 영자(甯子)가 위후(衛侯)에 앞서 먼저 들어가니, 장상(長牂)이 성문을 지키고 있다가 영자(甯子)를 위군(衛君)의 산자(使者)라고 하여 그와 함께 수레를 타고 성안으로 들어갔다. 공자 천복(歂犬)과 화중(華仲)이 위후(衛侯)의 전구(前驅)가 되어 성안으로 들어왔다. 이때 숙무(叔武)는 머리를 감으려다가 임금이 온다는 말을 듣고는 기뻐서 풀은 머리를 움켜쥐고서 달려 나오니 전구(前驅)가 그를 쏘아 죽였다. 공(公)은 숙무(叔武)가 무죄함을 알았고 숙무의 다리에 엎드려 통곡하였다. 천복(歂犬)이 달려 나가니 공(公)이 사람을 시켜 천복를 죽이게 하였다. 운훤(元咺)은 진(晉)나라로 출분하였다.[294]

결국 원훤은 진나라로 출분하였다. 그리고 진나라에 가서 자신의 정당성을 주장하고자 자국의 임금인 위후를 대상으로 하여 국제소송을 한다. 춘추시대에 자국의 임금을 상대로 국제소송을 한다는 것은 참으로 획기적인 사건이며 결과적으로 승소했다는 것도 괄목할 만한 일이다. 이에 대하여 두예는 '원훤(元咺)은 위(衛)나라 대부(大夫)이다. 비록 위후가 초나라로 출분하였을 때 왕위를 대행한 숙무(叔武)를 위하여 소송하였으나 군신(君臣)의

---

[294] 『春秋左傳』, 僖公 28년 : 衛侯先期入, 甯子先, 長牂守門, 以爲使也, 與之乘而入. 公子歂犬華仲前驅. 叔武將沐聞君至喜, 捉髮走出, 前驅射而殺之. 公知其無罪也, 枕之股而哭之. 歂犬走出, 公使殺之. 元咺出奔晉.

예절을 잃었다. 그러므로 그를 훌륭하게 여긴 문사를 쓰지 않은 것이다.'295라고 하였다.

그 후 『춘추』, 희공(僖公) 28년(B.C.632)에 '위(衛)나라 원훤(元咺)이 진(晉)나라에서 위(衛)나라로 복귀하였다.'296라고 하였다. 이는 원훤(元咺)이 위후(衛侯)와의 소송을 이기고서 돌아온 것인데, 국역(國逆)의 예(例)를 따른 것은 위후(衛侯)가 백성에게 무도하였으므로 국인(國人)이 원훤(元咺)을 좋아했기 때문이다.297 그 후 위후(衛侯)는 초나라와 친하고자 하였고, 국인(國人)은 초나라와 친하기를 원하지 않았기 때문에 화합하지 못하였다.298 원훤에 대하여 두예는 '원훤이 살해당한 것을 기록하면서 그의 이름을 칭한 것은 임금을 제소하고 구직(求直:소송)하였고, 또 먼저 위나라로 돌아가서 공자하(公子瑕)를 임금으로 세웠으나, 하(瑕)는 국인(國人)이 인정하는 자가 아니었기 때문에 그를 나무라는 뜻에서 이름을 기록한 것이다.'299라고 평가하고 있다. 원훤은 아들의 죽음을 감수하면서도 당초에 위후가 숙무를 도와서 나라를 지키라는 상명(上命)을 굳게 지켰다. 그러나 결국 아들의 죽음을 감수하면서 까지 지키려고 했던 것은 자신의 정권욕과 영달이었음이 드러났다. 그가 조국과 위후를 위하여 자신의 아들을 죽이

---

295 『春秋』, 僖公 28년, 두예주 : 元咺衛大夫. 雖爲叔武訟訴, 失君臣之節, 故無賢文.
296 『春秋』, 僖公 28년 : 衛元咺自晉復歸于衛.
297 『春秋』, 僖公 28년, 두예주 : 元咺與衛侯訟, 得勝而歸, 從國逆例者, 明衛侯無道於民, 國人與元咺.
298 『春秋左傳』, 僖公 28년, 두예주 : 衛侯欲與楚, 國人不欲, 故不和也.
299 『春秋左傳』, 僖公 28년, 두예주 : 咺見殺稱名者, 訟君求直, 又先歸立公子瑕, 非國人所與 罪之也.

면서 까지 지키려한 것이 비장했다는 점에 비하여 본국의 임금인 위후와 소송을 하면서 추구하려고한 대의(大義)가 무엇인지 의심스럽다. 그 후 원훤(元咺)을 의인(義人)이라고 하는 곳은 어느 곳에도 보이지 않는다.

3) 채중(祭仲)의 권도에 대한 공양학파와 좌전학파의 평가

채중(祭仲)은 정나라의 막강한 실권을 행사한 재상이었다. 그는 정장공이 죽고 태자홀과 태자돌과 태자미가 번갈아 가며 정권을 잡고 혼란기를 겪을 때에 실력 있는 재상이었다. 채중(祭仲)의 행적을 살펴보면, 『춘추』, 환공(桓公) 11년(B.C.701)에 '9월 송인(宋人)이 정나라 채중(祭仲)을 잡았다.'[300] '돌(突)이 정(鄭)나라로 돌아갔다.'[301] '정홀(鄭忽)이 위(衛)나라로 도망하였다.'[302]라고 하였다. 여기서 돌(突)은 여공(厲公)을 말한다. 송나라가 들여보냈기 때문에 '귀(歸)'라고 한 것이다.[303] 여기에서 홀(忽)은 소공(昭公)이다. 정장공(鄭莊公)을 이미 장사 지냈는데도 홀(忽)을 백(伯)이라는 작명(爵名)으로 일컫지 않은 것은 정인(鄭人)이 그를 천시하여 이름을 기록해 통고하였기 때문이다.[304] 이것이 도망을 기록한 시초였다. 홀에게는 정을 붙이고 돌에게는 정을 붙이지 않은 것은 돌

---

[300] 『春秋』, 桓公 11年 : 九月, 宋人執鄭祭仲.
[301] 『春秋』, 桓公 11年 : 突歸于鄭.
[302] 『春秋』, 桓公 11年 : 鄭忽出奔衛.
[303] 『春秋』, 桓公 11年, 두예주 : 突厲公也. 爲宋所納, 故曰歸.
[304] 『春秋』, 桓公 11年, 두예주 · 忽昭公也. 莊公旣葬, 不稱爵者, 鄭人賤之, 以名赴.

을 찬역으로 여겼기 때문이다.305 위 경문(經文)에 대한 『춘추좌전』의 기사는 다음과 같다.

여름에 정장공(鄭莊公)이 졸(卒)하였다. 당초에 채(祭)의 봉인(封人) 중족(仲足)이 장공(莊公)에게 총애를 받아 장공(莊公)이 그를 경으로 삼았다. 채중(祭仲)이 장공을 위해 등만(鄧曼)을 부인으로 맞이하게 하였는데 등만이 소공을 낳았다. 그러므로 장공이 죽은 뒤에 채중(祭仲)이 소공을 임금으로 세운 것이다. 송나라 옹씨(雍氏)도 딸 옹길(雍姞)을 정장공(鄭莊公)에게 시집보내어 여공(厲公)을 낳았다. 옹씨(雍氏)는 사람들의 존경을 받고 송장공(宋莊公)도 그를 총애하였기 때문에 채중(祭仲)을 송(宋)나라로 유인하여 잡고서 '돌(突)'을 임금으로 세우지 않으면 죽이겠다.'라고 위협하고, 또 여공(厲公)까지 억류하고 뇌물을 요구하였다. 채중(祭仲)이 송인과 맹약하고서 여공을 데리고 돌아가서 임금으로 세우기로 하였다. 가을 9월 정해일에 소공이 위나라로 도망가니 기해일에 여공(厲公)이 즉위하였다."306

이에 대하여 두예는 '채중(祭仲)이 송나라로 간 것은 회합 때문도 아니고 빙문 때문도 아니었다. 다만 유인되어 사신으로 송

---

305 『春秋』, 桓公 11年, 임요수주: 此書奔之始. 忽繫鄭而突不繫鄭, 以突爲篡也.
306 『春秋左傳』, 桓公 11年: 夏鄭莊公卒. 初祭封人仲足有寵於莊公, 莊公使爲卿, 爲公娶鄧曼, 生昭公. 故祭仲立之. 宋雍氏女於鄭莊公, 雍姞生厲公. 雍氏宗, 有寵於宋莊公, 故誘祭仲而執之, 曰不立突將死, 亦執厲公而求賂焉. 祭仲與宋人盟, 以厲公歸而立之. 秋九月丁亥, 昭公奔衛, 己亥, 厲公立.

나라의 명(命)을 따른 것뿐이다.'[307]라고 하였다. 장공이 졸하자 태자 홀을 임금으로 세우려고 하였다. 그런데 송나라가 송나라 옹길(雍姞)이 낳은 아들인 돌(突)을 세우라고 협박하였다. 송나라의 협박에 채중(祭仲)이 응하였고 이로 인하여 돌이 여공(厲公)으로 등극하게 된다. 이러한 채중(祭仲)에 대하여 『공양전』에서는 다음과 같이 전하고 있다.

채중(祭仲)이 장차 유(留)땅을 살피려고 가는 길에 송(宋)나라 사람이 나타나 채중(祭仲)을 사로잡았다. 송(宋)나라 사람이 채중에게 이르기를 '우리를 위하여 태자홀(太子忽)을 축출하고 공자돌을 세워라.'라고 했다. 채중이 그들의 말을 따르지 않으면 군주가 반드시 죽게 되고 나라도 반드시 망하게 된다. 그들의 말을 따르면 군주도 죽지 않고 국가도 망하지 않고 보존된다. 잠깐만 멀리하여 늦춘다고 생각하면 된다. 우선 공자돌을 세웠다가 고의로 축출시키고 태자홀을 다시 돌아오게 한다면 이것은 그들의 요구를 들어주면서도 곤란을 겪지 않는 것이며 그런 뒤에 정나라도 보존되는 것이다. 옛 사람이 권도(權道)를 두었다고 한 것은 채중이 쓴 이러한 권도를 뜻한다. 권이란 무엇인가? 권이란 경에 반한 연후에 선(善)이 있는 것이다. 권(權)이 베풀어지는 것은 사람이 사망한 상태에서는 베풀어질 수가 없는 것이다. 권을 행하는 것에는 도가 있는데 폄손(貶損)함으로부터 권(權)을 행하여 남을 해치지 않

---

307 『春秋左傳』, 桓公 11年 ; 祭仲之如宋, 非會非聘 見誘而行人應命.

고 권을 행하는 것이다. 남을 죽이고 자신은 살고 남을 망하게 하고 자신은 존재하는 일은 군자가 하지 않을 것이다.[308]

『공양전』에서는 채중(祭仲)이 송나라의 공자홀(公子忽)을 내치고 공자돌(公子突)을 세워 달라는 협박을 받고 그 협박대로 한 것이 마치 송나라의 종묘사직을 구한 것이며 감히 성인이나 쓸 수 있다는 권도를 내세워 채중의 행위를 두둔하고 나섰으니 참으로 참담한 일이다. 송나라는 자신의 나라 옹씨(雍氏)가 낳은 공자돌을 세우려고 한 것인데 그러한 명분이 없는 주장에 협조하면서 지조를 지키지도 못하고 후일 공자 돌을 세워놓고 공자 홀을 축출하였으면서도 조정에 앉아서 세력을 행사했던 채중 같은 사람이 어찌 감히 권도를 쓸 수 있으며 그런 인물이 행한 행동에 어찌 의가 있을 수 있겠는가?

공자가 주나라 말기에 성인이 다시 일어나 순천(順天)하며 때를 아는 정치를 하지 못하자, 이에 『춘추』를 지어서 백세라도 바뀌지 않을 큰 법을 만들었다. 삼대(三代)의 왕도를 상고해서 어긋나지 않고 천도(天道)에 어그러지지 않고 귀신에게 물어도 의혹이 없고 백세(百世)토록 성인을 기다려도 미혹되지 않는 법을 만드셨다.[309] 공자가 『춘추』를 지은 것은 덕으로 본다면 왕자(王者)

---

[308] 『春秋公羊傳』, 桓公 11年 : 祭仲將往省于留, 塗出于宋, 宋人執之謂之曰, 爲我出忽而立突. 祭仲不從其言, 則君必死, 國必亡. 終其言則, 君可以生易死, 國可以存易亡. 少遼緩之則, 突可故出而忽可故反, 是不可得則病, 然後有鄭國. 古人之有權者, 祭仲之權是也. 權者何? 權者反於經, 然後有善者也. 權之所設, 舍死亡無所設. 行權有道, 自貶損以行權, 不害人以行權. 殺人以自生, 亡人以自存, 君子不爲也.

[309] 『근사록』, 권3 : 夫子當周之末, 以聖人不復作也, 順天應時之治, 不復有也, 於是作春秋, 爲百王不易之大法, 所謂考諸三王而不謬, 建諸天之而不悖, 質

이지만 작위로 본다면 단연코 월권을 행한 것이다. 그러나 후세에 시비의 잣대를 분명하게 하고자 하고 왕도가 무엇인지에 대한 분명한 입장표명을 위하여 『춘추』를 지은 것이다. 이것이 공자의 보세장민(保世長民)하는 권도이다. 그런데 채중(祭仲)의 행태를 권도라고 한다면 중정한 의(義)에 맞지 않아도 모두 권도라고 하는 망종에 빠질 것이다. 덧 붙여 채중(祭仲)의 자제에 대한 부모로서의 불의한 처세가 환공(桓公) 15년(B.C.697) 『춘추좌전』의 기사에 있는데 그 내용은 다음과 같다.

> 채중(祭仲)이 정권을 제멋대로 행사하니 정백(鄭伯:突)이 이를 근심하여 채중의 사위 옹규(雍糾)를 시켜 채중을 죽이게 하였다. 옹규는 교외에서 연회를 열어 접대한다는 구실로 채중을 초청하여 죽이려고 하였다. 옹규의 아내 옹희(雍姬)가 그 사실을 알고 그 어미에게 "아버지와 남편 중에 누가 더 친근합니까."라고 물으니, 그 어미가 대답하기를 "출가하기 전에는 누구나 너의 남편이 될 수 있으나 아버지는 하나뿐이니, 어찌 남편이 아버지와 비교될 수 있느냐."라고 하였다. 그러자 옹희는 드디어 채중에게 고하기를 "옹씨(雍氏)가 집을 놓아두고 교외에서 아버님을 접대하려 하니, 저는 그 일이 의심스러워 고합니다."라고 하였다. 이 말을 들은 채중은 옹규를 죽여 그 시체를 주씨(周氏) 연못가에 버려두었다. 여공(厲公)은 그 시체를 수레에 싣고 도망가며 말하기를 "일을 부인과 상의하였

諸鬼神而無疑, 百世以俟聖人而不惑者也.

으니 죽는 것이 당연하다."라고 하였다.[310]

채중은 정나라의 최고 실권자였다. 그런데 정백이 채중의 사위로 하여금 채중을 죽이게 하였다. 이러한 사건의 중간에서 채중의 여식은 아버지의 편에 있었고, 태중은 사위인 옹규를 죽였다. 이에 대하여 두예가 '여자는 출가하기 이전에는 아버지를 하늘처럼 받들고 출가하면 남편을 하늘처럼 받든다. 그러나 딸이 누구를 더 소중하게 여겨야 할지 의심하고 있었기 때문에 낳아준 분을 근본으로 삼아야 한다는 말로 딸의 의심을 풀어 준 것이다.'[311]라고 하였다.

그 후 정나라는 환공(桓公) 15년 갑신 B.C.697 경문을 통해 보면 '가을 9월에 정백 돌(突:여공)이 력(櫟)으로 들어갔다.'[312]라고 하였다. 또 환공 17년의 『좌전』에 의하면 소공이 즉위하였으나 고거미가 소공홀(昭公忽)이 자신을 미워하는 것을 알고 소공(昭公)을 살해하고 공자미(公子亹)를 임금으로 세웠다고 하였다. 이렇게 정나라의 세 공자가 번갈아가며 임금이 되는 일이 벌어졌다. 이런 상황의 중심에 채중이 있었음에도 불구하고 『공양전』은 채중의 행적을 권도라고 하면서 후하게 평가하고 있으니 평가에 오류가 있었다고 본다. 또한 채중은 자신의 자존을 위해서

---

310 『春秋左傳』, 桓公 15年 : 祭仲專, 鄭伯患之, 使其壻雍糾殺之. 將享諸郊, 雍姬知之, 謂其母曰:"父與夫孰親?" 其母曰:"人盡夫也, 父一而已, 胡可比也?" 遂告祭仲曰:"雍氏舍其室而將享子於郊, 吾惑之以告." 祭仲殺雍糾, 尸諸周氏之汪, 公載以出曰:"謀及婦人, 宜其死也."

311 『春秋左傳』, 桓公 15年, 두예주 : 婦人在室則天父, 出則天夫. 女以爲疑, 故母以所生爲本解之.

312 『春秋』, 桓公 15年 : 秋九月, 鄭伯突入于櫟.

라면 여식으로 하여금 그의 남편이며 본인의 사위를 배신하고 죽게 하였으니, 어느 부분에서도 권도(權道)를 행할 수 있는 인물로 보이지는 않는다.

4) 진(晉)나라 숙향(叔向)의 '대의멸친'에 대한 공자의 평가

'대의멸친(大義滅親)'은 예민한 철학적 과제이다. 대의를 실현하려면 친친(親親)하는 도(道)를 저버려야 하고, 친친의 도를 실현하자면 공공의 이익이나 의리의 순수한 정신에 위배되는 경우가 있다. 두 가지의 상도가 상충한다면 그 시점에서 인물의 지위와 시대적·시간적인 변별력이 반드시 요구된다. 본 단락에서는 진나라 숙향(叔向)의 '대의멸친'을 『춘추좌전』, 소공(昭公) 14년의 기사를 통하여 보겠다.

> 진(晉)나라 형후(邢侯:본래 초나라 신무공신의 아들)와 옹자(雍子:본래 초나라 사람)가 축전(鄐田)의 소유권을 다투었다. 오래도록 화해를 못하더니 진(晉)나라 재판관 사 경백(士景伯)이 초나라에 (그 사건을 처리하려고) 갔을 때 숙어(叔魚)가 경백(景伯)을 대신하여 재판관을 대리하고 있었다. 한선자(韓宣子)가 미결사건을 처리하라고 명령하니, 죄가 옹자(雍子)에게 있었으나 옹자가 그 딸을 숙어에게 첩으로 주었으니 숙어가 형후에게 죄가 있다고 판결하였고 형후가 분노하여 숙어와 옹자를 조정에서 죽였다. 선자(宣子)가 그 죄가 누구에게 있느냐고 숙향(叔向)에게 물으니 숙향(叔向)이 말하기를 "세 사람이 죄가 같으므로 산 사람에게는 처형하고, 죽은 사람에

게는 육시(戮死)를 함이 옳도다. 옹자는 스스로 그 죄를 알면서도 뇌물로써 재판관을 매수하였고, 숙어는 재판관의 직권을 팔았으며, 형후는 함부로 사람을 죽였으니 그 죄가 동일하다. 자기가 악하면서도 아름다움을 훔치는 것은 혼(昏)이고, 뇌물을 탐하여서 관직을 더럽히는 것은 묵(墨)이고, 사람을 거리낌이 없이 죽이는 것은 적(賊)이라고 한다.「하서」에 말하기를 '혼(昏)과 묵(墨)과 적(賊)은 죽인다.'고 하는 것이 고요의 형법이므로 그 법에 따르기를 청하노라."하였다. 이에 형후(邢侯)를 사형에 처하고 옹자와 숙어의 시체를 저자에 진열하여 전시하였다.313

여기에서 숙어는 숙향의 아우이다. 이 사건에 대하여 공자의 평가는 "숙향(叔向)은 옛날의 직(直)한 유풍을 지켜서 나라를 다스리고 형벌을 제정함에 친척에게도 은폐하지 않았다. 그 아우 숙어(叔魚)의 죄악을 세 번 문책함에 조금도 경감하지 않았으니 의(義)롭다고 할 만하다. 직(直)했다고 할 만하다."314라고 하였다. 이에 대하여『춘추좌전상절구해(春秋左傳詳節句解)』에서는 "숙향이 위(衛)나라를 관대하게 하고 노(魯)나라를 관대하게 했으며 형서를 바르게 하는 세 가지 이득을 얻었다. 숙향(叔向)이 그 아

---

313 『春秋左傳』, 昭公 14년 癸酉 : 晉邢侯與雍子爭鄐田. 久而無成, 士景伯如楚, 叔魚攝理. 韓宣子命斷舊獄, 罪在雍子, 雍子納其女於叔魚, 叔魚蔽罪邢侯, 邢侯怒, 殺叔魚與雍子於朝. 宣子問其罪於叔向, 叔向曰:"三人同罪, 施生戮死可也. 雍子自知其罪, 而賂以買直, 鮒也鬻獄, 邢侯專殺, 其罪一也. 己惡而掠美爲昏, 貪以敗官爲墨, 殺人不忌爲賊. 夏書曰:昏墨賊殺皋陶之刑也, 請從之." 乃施邢侯而尸雍子與叔魚於市.
314 『春秋左傳』, 昭公 14년 癸酉 : 仲尼曰 "叔向古之遺直也, 治國制刑, 不隱於親. 三數叔魚之惡, 不爲末減, 曰義也夫! 可謂直矣."

우의 악행을 세 번 헤아린 것은 의(義)를 해쳤는데 재차 공자가 오직 의롭다고 한 것은 의심스럽다. 대개 그 대의멸친(大義滅親)이라고 말할 수 있음을 밝힌 것이다."³¹⁵라고 하였다.

『춘추』는 의법(義法)에 의해서 그 심오한 내용을 판단할 수 있다.³¹⁶ 이 사건은 이미 죄가 형후(邢侯)와 옹자(雍子)와 숙어(叔魚)에게 모두 있다는 것은 삼척동자도 모두 판단할 수 있는 것이며 이 일은 이미 지난 일이고 미멸(未決)된 것을 정리하는 판결이었다. 이에 한선자(韓宣子)가 사건을 이미 숙어(叔魚)에게 담당하라고 명령하였으나 숙어(叔魚)가 옹자(雍子)의 딸을 첩으로 삼고 그 사건을 공정하게 처리하지 못하였다. 이에 대하여 생각해 보면 한선자(韓宣子)가 그 사건을 다시 숙향(叔向)에게 담당하게 하였으니, 한선자(韓宣子)가 사건을 맡긴 의도가 의심스럽고 더욱이 숙향(叔向)이 꼭 이 사건의 시비(是非)를 다시 밝히는 일을 담당했어야 했는지 모르겠다.

공자가 의라고 판단한 것은 아마도 숙향(叔向)의 직(直)한 점을 크게 여겨 의(義)라고 평가한 것으로 보인다. 공자는 의를 중요시하지만 그 의를 실천하는 데에는 '대의멸친(大義滅親)'을 인정하지 않는 입장이다. 그러므로 공자가 숙향을 '직(直)하고 의(義)

---

315 『春秋左傳詳節句解』, 昭公 14년 癸酉 : 加寬衛寬魯正刑書之三利. 叔向三數其弟之惡, 疑於傷義, 故再言猶義也夫, 蓋以明其所謂大義滅親者也.

316 沈玉成・劉寧, 『春秋左傳學史稿』, 江蘇古籍出版社, 1992, 38쪽 : 역사 이래 經學家와 史學家가 『春秋』를 말하면서 "義法"을 떠나서 말하지는 않았다. 또 이는 내용을 포함하니 이것이 '法'이고 '法'은 '書法'이다. 이 '서법'은 '書例'라고도 한다. 서예는 기사의 體例가 모두 엄격한 방법과 규칙이 있으니, 각종 "書例"는 모두 포폄의 태도를 가진다. 이 두 가지는 또 통일되어 나누어 질수 없다. 공자는 성인이다. 『春秋』는 이미 공자가 修한것이나 문사는 간략하고 한 구절 한 글자가 모두 깊고 오묘한 내용을 포함하고 있다. 그 微言大義를 연구하는 것은 곧 대대수의 학자가 『春秋』를 연구하는 유일한 종지와 종극의 목표이다.

하다'고 한 것은 숙향의 행동이 직의(直義)에는 마땅하지만 '대의 멸친(大義滅親)'의 마땅치 않은 면을 글 속에 감추었으니, 이것이 『춘추』의 서법 중에서 '완이성장(婉而成章)'에 해당됨을 알 수 있다. 공자가 '완이성장'의 서법을 쓴 것은 궁극적으로 도덕심을 고양시키려고 하는 의도 즉, 역사평가방법 중의 하나인 감계주의(鑑戒主義)가 내포되어 있는 것이다. 공자가 대의멸친을 인정하지 않은 것은 『논어』「술이」에서 노나라 소공의 비례(非禮)를 직접 언급하지 않은 것과 『논어』「자로」에서 직궁자(直躬者)가 자신의 아비가 양을 훔치는 것을 보고 고발한 것에 대하여 공자가 우리 무리 중에는 그런 사람은 없다고 직궁자(直躬者)를 부정한 것으로도 증명할 수 있다.

Ⅴ장을 종합하자면, '대의멸친'은 대의와 친친이라는 상도가 충돌하는 가운데 대의를 위하여 멸친을 감행한 것이다. 대의는 자신을 위하고 소단위를 위한 계책이 아니라 국가와 인류를 위한 목적에서 출발한다. 이 대의를 실현하기 위하여 가장 인간적인 관계인 부모와 형제 및 인척의 명예와 목숨을 걸어야 하는 것은 진퇴양난의 고뇌를 수반한다. 이러한 상황은 요·순·주공·공자에게도 있었고 춘추시기의 인물인 송선공·위선공·위석작·위원훤·진숙향에게도 있었다. 그러나 유학의 종통(宗統)인 요·순·주공·공자의 권도와 이미 언급한 춘추시기의 인물들의 권도에는 의도와 목적이 다르고 결과도 달랐다.

먼저 순임금의 대의멸친에 대한 입장을 언급하자면, 순임금은 요임금으로부터 나라를 양위 받은 최고의 통치자였으나 개인적으로는 은악한 부모와 불순한 동생을 두고 있었다. 그러함에도 순임금은 부모와 형제에 대하여 덕으로써 응대하였을 뿐만이 아니라, 아버지에게 살인죄가 있다면 이를 숨기겠다고 하였다. 이렇게 아버지가 살인을 하면 천하를 버리고 그 아버지를 업고 은둔한다고 하였으니, 순임금은 은악한 부모와 천하의 사이에서 은악한 부모의 가치가 무겁다고 여긴 것이다. 이것이 순임금을 대덕(大德)을 소유한 인물로 볼 수 있는 근거이며 순임금의 권도실현(權道實現)이다.

또 주공의 대의멸친관을 보면, 국정의 전권을 맡은 주공은 국가와 형제간의 우애 사이에서 경중을 헤아려야만 하였다. 주공의 형제인 관숙(管叔)·채숙(蔡叔)·곽숙(霍叔)이 상(商)나라 주(紂)임금의 아들인 무경(武庚)과 함께 유언비어를 퍼뜨려서 사직을 전복시킬 지경이었다. 주공은 친친(親親)의 중요성을 아들인 백금에게 강조하였다. 그런데 형제들이 나라를 어지럽히니 나라의 안정을 위하여 형제들을 벌하는 지경에 이르렀다. 주공(周公)이 나이 어린 성왕(成王)을 대신하여 섭정한 것이 공심(公心)이었듯이 자신의 형제를 벌한 것도 국정을 맡은 집권자로서의 권도에 의한 결단이었다. 주공은 훗날 채숙의 아들인 채중(蔡仲)의 영명함을 알았고 그를 다시 채(蔡)땅을 다스리도록 성왕(成王)의 명(命)으로써 등용하였다. 주공이 나라가 위급해지는 상황에서 형제를 벌하였으나 조카인 채중(蔡仲)으로 하여금 그 다음 대를 이어주었다는 면에서 편중되지 않게 '시중지권(時中之權)'을 썼다고 평가할 수 있다.

한편, 춘추시기의 인물들은 이와는 달랐다. 먼저 위나라 석작(石碏)은 공자 주우가 아버지인 위장공을 시해하는 일에 연루된 아들을(石厚) 살해하였다. 석작은 나라의 녹을 먹고 사는 신하의 직분으로서 결국 사심 없이 자식까지도 죽였으니 '대의멸친'

이라고 평하기에는 마땅하다. 그러나 이에 대한 논의는 신하로써의 의(義)가 부자유친의 의(義)를 앞서는 것인가 하는 면에서 고려해야 한다. 또 결과적으로 석후를 죽인 것이 위나라의 정치와 위나라의 풍속에 영향을 주지는 못했다는 점을 주시해야한다.

위나라 원훤은 위후로 하여금 숙무를 도와서 나라를 지키라고 하는 상명(上命)을 받았기에 아들의 죽음을 감소하면서까지 그 명을 지키려고 하였다. 그러나 그 후에 그가 지키려고 한 것이 자신의 정권욕과 영달에 목적이 있었다는 점이 드러났다.

진나라에서는 진숙향(晉叔向)이 전에 동생인 숙어(叔魚)가 소송을 담당하면서 비리를 저지른 사건을 한선자(韓宣子)의 명에 의하여 담당하게 되었다. 이에 동생의 죄 조차도 공정하게 처리하여 부관참시 하였는데『춘추좌전』, 소공(昭公) 14년에 좌구명은 이를 공자가 의롭게 평가했다고 기록하였다. 이에 필자는 공자가 숙향을 의롭다고 한 것이 사실이라면 이는 단지 직의(直義)일 뿐 본질적으로 대의에 합당하지 않다는 주장을 하고자 한다. 이것은 앞에서 순임금의 권도와 주공의 권도가 친친(親親)의 의(義)를 내포하고 있었다는 점으로 공자의 본뜻을 유추하여 보아야 한다. 또 춘추시대의 인물인 송선공·위선공·위석작·위원훤·진숙향에게는 대의라는 명분만이 있을 뿐 친친(親親)의 의(義)가 무너져 있었다.

그래서 필자는 공자의 숙향에 대한 평가는 춘추필법인 '완이성장(婉而成章)'을 대입하여 보는 것이 옳다고 본다. 공자가 소공의 비의(非義)를 알면서도 외국의 진사패가 소공의 불의를 지적하는 것에 대하여 동조하여 비판할 수 없었다는 점과, 『논어』「

자로」에서 '직궁자(直躬者)'가 자신의 아비가 양을 훔치는 것을 보고 고발한 것에 대하여 공자가 우리 무리 중에는 그런 사람은 없다고 한 것은 공자의 대의에는 반드시 친친(親親)의 정(情)이 포함되어 있다는 증거이다. 그러므로 공자는 춘추시대의 '대의멸친'한 위정자들을 완전하게 대의를 실현했다고 평가한 것은 아니며 아마도 공자는 친친하지 못한 대의를 완전체로 보지 않았다고 본다.

이러한 공자의 입장은 오늘날에도 작게는 가족관계에 있어서 윤리적으로 그 어떤 재물과 권세의 유혹도 친친의 정에서 출발하는 도에서 이탈된 것이라면 완전한 가치를 지니지 못한다는 것이다. 그리고 이것은 나아가 친친의 정이 일개 가족관계에서 뿐만이 아니라 아버지의 나라인 조국에 대해서도 애국의 정을 저버리는 것이라면 어떠한 이득도 완전한 가치를 형성하지는 못한다는 의미를 갖는다는 것이다.

VI. 춘추시대 제가(諸家)의 생활방식과 춘추대의

주(周)나라 평왕(平王)이 천도한 이후 주왕실의 통치력은 점점 약해졌다. 반대로 제후들의 힘은 점차 강대해졌다. 주왕실(周王室)은 강대해지는 제후들에 의해 힘을 쓰지 못했고 종법질서(宗法秩序)는 무너졌다. 무력(武力)이 많은 부분을 대변하는 시대였다. 그래서 춘추시대를 패자(覇者)들의 시대라고도 한다. 춘추시대는 제후들 간의 패권 쟁탈의 시대였으며 왕실의 권위는 땅에 떨어졌다. 그러나 제후들은 이민족의 침입을 몰아내고 왕실을 받들어야 한다는 명분을 내세웠다. 이때에 힘 있는 제후들 중에 어느 제후라도 마음만 먹으면 왕실을 멸망시키는 것은 쉬운 일이었으나 아무도 나서지는 않았다. 득보다 실이 크기 때문이었다. 우선 다른 제후들로부터 대역(大逆)의 누명을 쓰게 된다는 것이 가장 큰 이유였다.

'춘추오패(春秋五覇)'는 춘추시대의 다섯 패제후를 말한다. 이를 꼽는 시각이 때로는 일치하지 않지만 일반적으로 제환공(齊桓公), 진문공(晉文公), 송양공(宋襄公), 진목공(秦穆公), 초장왕(楚莊王)을 말하며, 때로는 송양공(宋襄公)과 진목공(秦穆公) 대신에 오(吳)나라 합려(闔閭)와 월(越)나라 구천(句踐)을 들기도 하는데,[317] 본

장에서는 '춘추오패(春秋五霸)' 중에서 제(齊)나라의 환공(桓公)과 진(晉)나라의 문공(文公)의 정명론만을 다루기로 한다. 그 밖의 송(宋)나라의 양공(襄公), 진(秦)나라의 목공(穆公), 초(楚)나라의 장왕(莊王) 등은 제후의 신분으로서 과오가 분명하게 드러나기 때문에 이 장에서는 생략하기로 한다. 그리고 노장공(魯莊公)과 정장공(鄭莊公)과 영고숙(潁考叔)에 대한 인물비판을 할 것이며 좌구명의 존노의식(尊魯意識)과 공자의 존노사상과 인문주의 등을 다룰 것이다.

제환공과 진문공은 각각 제나라와 진나라의 임금으로서 그 당시에 이들이 패자(霸者)이기는 하였으나 천자국의 천자는 아니었다. 그래서 이 제후들에게는 천자와 천자국에 대한 존숭의 의무가 있었다. 그러므로 그들의 정치에 대하여 존주(尊周)하였는지 또는 왕도를 행하였는지 패도를 행하였는지 하는 왕패(王霸)의 구분을 해야 한다. 필자는 이러한 구분방식으로 정명론을 피력하고자 한다. 한편 이들이 강대국의 제후로서 약소국에 대한 존중의 미덕이 있었는지 하는 면도 구분하여 보고 정명의 여부를 피력할 것이다. 이것은 『논어』「헌문」에서 공자가 제환공은 '정이불휼(正而不譎)'하고 진문공은 '휼이부정(譎而不正)'하다고 평가한 평가의 소이연을 『춘추』와 『춘추좌전』의 기사로써 그 연원을 밝히는 의미가 있다.

왕업을 이루는 자가 있다 하더라도 반드시 30년이 지난 뒤에야 인(仁)한 세상이 된다.[318] 왕이 백성을 보전하여 왕도(王道)를

---

317 박인수, 『춘추전국의 패자와 책사들』, 출판사 석필, 2001, 26-29쪽 참조.
318 『論語』「子路」: 子曰 "有王者, 必世而後仁."

행하면 막을 사람이 없으며[319] 정치는 백성을 교화한다는 기능을 가지고 있다. 그러나 그 효능이 바로 나타나기도 하지만 왕도로 인하여 변화하는 풍속은 30년 뒤에 겨우 미친다는 것이다. 더욱이 왕도(王道)와 패도(覇道) 중에서 왕도(王道)를 실행한다면 그 왕도정치로 인하여 미치는 영향력은 매우 크다. 맹자(孟子)는 "힘으로써 인의 행위를 빌린 자는 패자이니, 패자는 반드시 큰 나라를 소유하려고 한다. 덕으로써 인을 행한 자는 왕자(王者)이니 왕자(王者)는 큰 나라를 필요로 하지 않는다. 탕왕은 70리를 가지고 왕도를 실행하였고, 문왕은 100리를 가지고 왕도를 실행하였다."[320]고 하였다.

왕도와 패도는 그 실상을 분별하기가 쉽지 않다. 패도(覇道)는 토지와 군사의 힘으로써 세상을 구원하고 백성을 편안하게 해준다는 명분하에 거짓으로 인을 칭탁해서 사사롭게 쓰는 것을 말한다. 패도(覇道)를 하는 자는 반드시 큰 나라를 가져야만 사람을 제어하고 그 사업을 이룰 수 있다고 믿는다. 만일 큰 나라가 없으면 힘이 적어서 인을 구현할 수 없다고 여긴다. 반면에 왕도는 위정자가 수신을 통하여 몸과 마음을 닦고, 덕으로써 백성을 구원하고 만물을 이롭게 하는 것, 즉 인을 행하는 것을 말한다.

패도에 대하여 맹자는 다음과 같이 말하였다.

---

[319] 『孟子』「梁惠王上」: 齊桓晉文之事, 可得聞乎…保民而王, 莫之能禦也.
[320] 『孟子』「公孫丑上」: 孟子曰 "以力假仁者覇, 覇必有大國. 以德行仁者王, 王不待大. 湯以七十里, 文王以百里."

오패는 삼왕의 죄인이다. 오늘날의 제후는 오패의 죄인이다. 지금의 대부는 지금의 제후의 죄인이다.[321]

여기서 삼왕(三王)은 하우(夏禹) · 은탕(殷湯) · 주문왕(周文王)을 말한다. 춘추시대에는 왕도가 행해지고 있지 않았다. 삼왕의 정치를 왕도로 규정한다면 오패의 정치는 천자의 명이 없이도 전쟁을 일삼았으므로 삼왕에 비해서 의(義)와 명분에 맞지 않은 정치를 하였으니 왕도(王道)라고 할 수 없다. 그리고 순자(荀子)는 왕제편(王制篇)에서 왕도와 패도에 대하여 다음과 같이 말하였다.

왕자(王者)는 천하 사람들을 획득하고, 패자는 천하의 동맹국을 획득하고, 강자는 천하의 토지를 획득한다. 천하 사람들을 획득한 자는 제후를 신하로 삼고, 천하의 동맹국을 획득한 자는 제후를 친구로 삼고, 천하의 토지를 획득한 자는 제후를 적으로 하게 된다. 제후를 신하로 삼은 자는 왕자가 되고, 제후를 친구로 삼은 자는 패자가 되고, 제후를 적으로 여긴 자는 위험하게 된다.[322]

왕자(王者)의 인(仁)은 천하에 높이 솟고, 의(義)도 천하에 높이 솟고, 또한 위엄도 천하에 높이 솟아 있다. 인이 천하에 솟아 있기 때문에 천하 사람들은 모두 그것을 보고 친근감을 느끼고,

---

[321] 『孟子』「告子下」: 孟子曰 "五覇者, 三王之罪人也. 今之諸侯, 五覇之罪人也. 今之大夫, 今之諸侯之罪人."

[322] 『荀子』「王制篇」: 王奪之人, 覇奪之與, 彊奪之地. 奪之人者臣諸侯, 奪之與者友諸侯, 奪之地者敵諸侯. 臣諸侯者王, 友諸侯者覇, 敵諸侯者危.

의가 천하에 솟아 있기 때문에 사람들은 모두 존경하고, 위엄이 천하에 솟아 있기 때문에 사람들은 모두 결코 적대시하려고 하지 않는다. 결국 적대하는 자가 없을 정도의 위엄으로 사람들을 순종시키는 정책을 보전해 가는 것이다. 그래서 싸우지 않고도 승리를 거두고, 공격하지 않고서도 영토를 획득하고, 무기를 사용하지 않고도 천하를 귀복(歸服)시킬 수 있게 된다. 이것이 왕도를 분별하는 기준이다. 오직 왕도를 실천하는 것은 각자에게 달려있을 뿐이다.[323] 왕도는 오래가고 그 영향력이 방대하다. 그러나 패도는 그 패권이 없어짐과 동시에 가치를 잃는다. 1세기를 사는 것이 인생인데 요(堯)·순(舜)의 중도사상에 의한 영향력은 만세에 빛나지만 걸(桀)·주(紂)는 1세기를 살고도 미풍양속을 어지럽힌 대표가 되었다는 것이 이것을 말한다. 역시 제환공과 진문공도 요(堯)·순(舜)에 비한 걸(桀)·주(紂)처럼 극적인 차이를 보이지는 않으나, 제후국을 강성화한 제후라는 공통점을 갖고 있으면서 두 사람에게서는 상당한 차이점을 찾을 수 있다. 여기서 왕도정치의 실행은 물론 천자의 몫이나 당시 제후들에게 있어서는 천자를 대신하여 물리적으로 천하를 다스리는 명분이 있었다.

---

[323] 鄭長澈 譯解,『荀子』, 惠園出版社, 1994, 191쪽.

1. 제환공(齊桓公)의 정치방식과 춘추대의

인재는 국가의 보물이며 재산이다. 인재의 유무는 직접적으로 국가의 흥망성쇠와 관계가 있다. 혼란한 춘추전국시기에 각 제후국은 정치·군사·경제·외교 등의 방면에 있어서 매우 경쟁적이었으며 그 중에 한 가지는 인재등용에 대한 경쟁이었다. 인재의 가치는 날이 갈수록 더욱 중요해졌다. 어떤 인재를 중시하고 어떤 인재를 선발할 것인가에 대하여 사상가들이 많은 가치 있는 의견을 내었다. 각 제후국이 패권지위를 갖기 위하여 집정자들은 현명한 선비들에게 관심을 가질 수밖에 없었다. 제환공이 포숙아의 천거로 관중을 등용한 것은 적을 포용한 행위였다. 제환공(齊桓公)은 신분이 미천한 관중을 상경(上卿)으로 임명하여 제나라를 40년 동안 다스려 패왕이 되었다.[324] 제환공의 인재등용법은 상당히 파격적이었다. 이는 야당과 여당, 아군과 적군을 가리지 않고 인재의 재능 여부에 의한 등용이었다는 면에서 큰 가치를 지닌다. 제후가 특출한 인물이어야 제후국이 부흥할 수 있다는 것은 사실이다. 그러나 제후는 보좌하는 신하가 우수하여야 자국을 유지 발전시켜 나갈 수 있다. 또 신하는 그 좌우에 이와 같은 구도를 계속 이어나가야 국가가 견고할 수 있다.

---

[324] 羅進,「簡論春秋戰國時期人才觀」, 湖南省社會主義學院學報 總第38期, 2007.

1) 제환공(齊桓公)의 현재등용(賢才登用)

춘추시대에는 '존왕양이(尊王攘夷)'라는 기치를 내걸고 천자를 대신하여 제후들이 호령하였다. 춘추시대의 패자는 신분세습을 전제로 한 봉건질서 내에서 '존왕양이'를 외쳤다. 왕자(王者)에 비하여 패자(覇者)는 후대에 왕자와 패자를 엄격히 분리하는 맹자의 '왕패준별론(王覇峻別論)'이 성행하면서 비하되기는 했으나 '왕자(王者)'에 버금하는 뛰어난 통치자를 의미했다. 춘추시대는 바로 이와 같은 패자들이 종횡으로 활약하던 시기이다. 약 3백 50년 동안 이 같은 패업을 이룬 사람으로는 대략 일곱 명 정도를 들 수 있다. 그러나 사서(史書)에서는 이들 중 다섯 명만을 골라 대개 '춘추오패(春秋五覇)'라고 하는데 가장 먼저 패업을 이룬 사람은 제환공이었다. 그는 관중이라는 불세출의 탁월한 인물의 도움으로 패제후가 되었다. 제환공의 '패천하(覇天下)'는 비록 주공이 이룩한 '왕천하(王天下)'의 수준에는 미치지 못하였으나 뛰어난 도덕성을 기반으로 하였고 질적인 면에서 '왕천하(王天下)'와 하등의 차이가 없었다. 오직 양적인 차이만 있을 뿐이었다.[325]

제환공의 탁월한 보조자는 단연코 관중이다. 제환공과 관중이 애초부터 임금과 신하의 인연이 있었던 것은 아니며 인연의 시작은 장공(莊公) 9년 병신(丙申) B.C.685 경문에 '9월 제인(齊人)이 자규를 잡아 죽였다.'[326]라고 하는 데에 있다. 이에 대한 『춘추좌전』, 장공(莊公) 9년(B.C.685)의 기사는 다음과 같다.

---

325 신동준역주, 『國語』, 인간사랑, 2005, 7쪽.
326 『春秋』, 莊公 9년 : 九月, 齊人取子糾殺之.

가을에 노(魯)나라 군대가 제(齊)나라 군대와 간시(乾時)에서 전투하다가 노(魯)나라 군대가 대패하였다. 노나라 장공(莊公)은 융로(戎路)를 잃고서 다른 수레를 타고 돌아왔다. 진자(秦子)와 양자(梁子)가 장공의 기를 가지고 사이길(下道)로 피해 제군을 유인하였으므로 두 사람은 모두 제나라의 포로가 되었다. 포숙이 군대를 거느리고 와서 말하기를 "자규(子糾)는 친족이니 노군(魯君)께서 그를 죽이고, 관중(管仲)과 호홀(召忽)은 원수이니 우리가 인수(引受)해서 속 시원히 원수를 갚겠다."라고 하였다. 그리고는 생두(生竇)에서 자규를 죽이니, 소홀은 자규를 위해 죽고 관중은 제나라의 포로가 되기를 요청하였다. 포숙이 그를 인수해 가다가 당부(堂阜)에 이르러 그의 결박을 풀어주었다. 포숙이 돌아가서 제환공(齊桓公)에게 고하기를 "관이오(管夷吾)는 치국의 재능이 고혜(高傒:제나라의 경 고경중) 보다 뛰어나니, 그를 승상으로 삼으소서."하니, 환공이 그의 말을 받아들였다.327

자규는 제환공의 서형이다. 윗글은 자규가 노나라에서 노장공의 원조를 받아 제환공과 제후가 되고자하여 전투를 하는 내용이다. 그 전투에서 제환공이 자규를 제거하고 자규의 부하인 관중을 포용한다. 결국 관중은 포숙아에 의하여 적장인 제환공

---

327 『春秋左傳』, 莊公 9년 : 秋, 師及齊師戰于乾時, 我師敗績. 公喪戎路, 傳乘而歸. 秦子梁子以公旗辟又下道, 是以皆止. 鮑叔帥師來言曰 "子糾親也, 請君討之, 管召讎也, 請受而甘心焉." 乃殺子糾于生竇, 召忽死之, 管仲請囚. 鮑叔受之, 及堂阜而稅之. 歸而以告曰 "管夷吾治於高傒, 使相可也." 公從之.

을 모시게 되었고, 포숙아의 기대에 어긋나지 않게 제환공을 패제후로 만들었다. 이러한 관계에 대하여 맹자는 "환공(桓公)은 관중(管仲)에게 배운 뒤에 그를 신하로 삼았기 때문에 고생하지 않고 패자가 되었다."[328]라고 하였다. 제환공이 춘추시대 초기에 패제후(覇諸侯)가 되어서 존왕(尊王)을 하였으나 관중이 죽고 난 뒤 제나라는 또 다시 크게 부활하지 못하였다.

2) 제환공의 자소(慈小)정치와 존왕(尊王)정치

대국은 약소국의 문화를 인정하고 인도하는 것을 근본으로 삼아야 하는데 이것을 자소(慈小)정치라고 한다. 제환공이 패제후(覇諸侯)로서 형(邢)나라를 도왔는데 그 내용은 『춘추』, 민공(閔公) 원년(B.C.661)에 "원년 봄 주왕 정월에 제인(齊人)이 형(邢)나라를 구원하였다."[329]라고 하였고 이에 대하여 『춘추좌전』, 민공(閔公) 원년(元年)(B.C.661)의 기사는 다음과 같다.

> 적인(狄人)이 형(邢)나라를 침공하자 관경중(管敬仲)이 제후(齊侯)에게 말하기를, "융적(戎狄)은 시랑(豺狼:승냥이와 이리)과 같으니 만족할 줄 모르고, 제하(諸夏)는 서로 친근하니 버려서는 안 되며, 안일(安逸)은 독약과 같으니 연연해서는 안 됩니다. 『시경』에 '어찌 돌아갈 생각이 없겠는가? 이 간서(簡書)가

---

[328] 『孟子』「公孫丑下」: 桓公之於管仲, 學焉而後, 臣之故, 不勞而霸.
[329] 『春秋』, 閔公 元年 : 元年庚申春王正月, 齊人救邢.

두렵기 때문이다.'라고 하였습니다. 간서에 실린 내용은 악인
을 함께 미워하고 서로 구휼하자는 뜻이니, 형국을 구원하여
간서를 따르소서."라고 하였다. 제인이 형국(邢國)을 구원하
였다.330

『시경(詩經)』「소아(小雅)」,〈출거(出車)〉편에 위의 내용이 있
다. 나라에 위급한 일이 생기면 서로 돕는 것이 원칙이다. 6. 25
때 60여 개국의 우방국이 대한민국을 도운 일이 바로 이런 경우
이다. 그 결과 대한민국이 현재는 도움을 반환해주는 나라가 되
어 자연재해나 전쟁으로 인하여 상처받은 나라를 다시 원조할
수가 있게 되었다. 이러한 사실로 보았을 때 약소한 나라를 보조
하는 일은 그들의 문화를 지키고 자존할 수 있는 기회를 준다는
면에서 의미가 있다.

제환공은 관중의 도움으로 상생의 정치를 실천하였다. 또 존
왕(尊王)과 존노사상(尊魯思想)을 가지고 있었으며 자소정치(慈小政
治)를 이행하였다. 민공(閔公) 원년(元年)(B.C.661) 경문에 "겨울에
제나라 중손(仲孫)이 왔다."331고 하였고 이에 대한 『춘추좌전』,
민공(閔公) 원년(元年)의 기사는 다음과 같다.

겨울에 제나라 중손추(仲孫湫)가 노나라로 와서 난리를 살폈
다. 경에 '중손'이라고 자(字)를 기록한 것도 그를 아름답게 여

---

330 『春秋左傳』, 閔公 元年 : 狄人伐邢, 管敬仲言於齊侯曰 "戎狄豺狼, 不可厭
也, 諸夏親暱, 不可棄也, 宴安酖毒, 不可懷也. 詩云, 豈不懷歸, 畏此簡書.,
簡書, 同惡相恤之謂也, 請救邢以從簡書." 齊人救邢.
331 『春秋』, 閔公 元年 : 冬齊仲孫來.

긴 것이다. 중손이 제나라로 돌아가서 말하기를 "경보(敬父)를 제거하지 않으면 노나라의 난리가 끊이지 않을 것입니다."라고 하였다. 제환공이 "어찌하면 그를 제거할 수 있겠는가?"라고 묻자, 중손이 "끊임없이 화난을 일으키면 장차 스스로 쓰러질 것이니, 임금님께서는 그때를 기다리소서."라고 대답하였다. 제환공이 "이 기회에 노나라를 취할 수 있겠는가?"라고 묻자, 중손이 대답하기를 "불가능합니다. 노나라는 그래도 주례를 지키고 있으니, 주례(周禮)는 나라를 존립시키는 근간 입니다. 신이 듣건대 '나라가 망할 때에는 (큰 나무와 마찬가지로) 근간이 먼저 쓰러진 뒤에 가지와 잎이 뒤따라 쓰러진다.'라고 하였습니다. 그런데 노나라는 주례를 버리지 않고 있으니, 아직 움직일 때가 아닙니다. 그러니 임금께서는 차라리 노나라에 난이 일어나기에 힘쓰며 친하게 여기십시오. 예가 있는 나라를 친하게 하여 거듭 견고하게 하고 분열된 나라를 틈타서 혼란함을 엎어 버리는 것이 패왕의 역량입니다."라고 하였다.[332]

노(魯)나라는 주례(周禮)를 잡고 있으니 친할 만하다는 것이다. 즉 이는 노나라에 예의가 있음을 친하게 여긴 것이다.[333] 관중이 제환공을 보좌하면서 예의를 존숭하는 노나라와 친밀한 관

---

[332] 『春秋左傳』, 閔公 元年 : 冬, 齊仲孫湫來省難, 書曰 仲孫亦嘉之也. 仲孫歸曰 "不去慶父, 魯難未已." 公曰 "若之何而去之?" 對曰 "難不已, 將自斃, 君其待之." 公曰 "魯可取乎?" 對曰 "不可. 猶秉周禮, 周禮所以本也. 臣聞之, 國將亡, 本必先顚, 而後枝葉從之. 魯不棄周禮, 未可動也. 君其務寧魯難而親之, 親有禮, 因重固, 間携貳, 覆昏亂, 霸王之器也."
[333] 『春秋左傳詳節句解』, 閔公 元年 : 魯秉周禮能親之, 則是親有禮也.

계를 맺을 것을 간하였다. 노나라를 이간하는 것은 불가능한 일이며 더 나아가 성인과 현인을 모해하는 것도 무모한 일이라는 의미이다. 이것은 비록 노나라에 대한 존중의 의미를 나타내지만 질적인 면에서 예와 의가 살아있는 나라에 대한 존중이며 이것이 제나라의 입장에서는 곧 존왕정치(尊王政治)가 된다.

존왕정치의 근거는 초나라와의 전쟁에서도 나타나는데, 초나라를 치기 전에 채나라를 침공하고 이어서 초나라까지 토벌한 내용을 보면 다음과 같다. 먼저 그 다음해 인『춘추좌전』, 희공(僖公) 3년(B.C.657)에 제나라가 채나라를 친 배경을 보면, 다음과 같다.

> 제후(齊侯)가 채희(蔡姬)와 유(囿)에서 뱃놀이를 할 때 채희가 제환공(齊桓公)이 탄 배를 흔드니, 환공은 겁에 질려 얼굴빛이 변하여 그러지 말라고 금지하였으나 (채희는) 듣지 않았다. 환공이 노하여 그녀를 채나라로 돌려보냈으나 부인의 관계를 단절하지는 않았는데, 채인(蔡人)은 그녀를 다른 곳으로 개가시켰다.[334]

그 후『춘추』, 희공(僖公) 4년(B.C.656)에 "4년 봄 주왕 정월에 공(公)이 제후(齊侯)·송공(宋公)·진후(陳侯)·위후(衛侯)·정백(鄭伯)·허남(許男)·조백(曹伯)과 연합하여 채나라를 침공하였다. 채군(蔡軍)이 흩어져 도망하자, 드디어 초나라를 토벌하여 경(陘)

---

[334]『春秋左傳』, 僖公 3년 : 齊侯與蔡姬乘舟于囿, 蕩公, 公懼變色, 禁之, 不可. 公怒歸之, 未之絶也, 蔡人嫁之.

에 주둔하였다."³³⁵라고 하였다. 제환공이 채희와 뱃놀이를 하다가 채희가 장난을 심하게 하니 채희를 채나라로 돌려보냈다. 그후 채나라 사람은 채후를 개가 시켰다. 이것이 발단이 되어서 제환공은 초나라를 정벌하기 전에 채나라를 치는 일을 감행하였다. 이에 대한 『춘추좌전』, 희공(僖公) 4년(B.C.656)의 기사는 다음과 같다.

4년 봄에 제후(齊侯)가 제후(諸侯)의 군대를 거느리고 가서 채(蔡)나라를 침공하니 채사(蔡師)가 흩어져 도망하였다. 드디어 초(楚)나라를 토벌하니 초자(楚子)가 제후(諸侯)의 군중(軍中)으로 사신을 보내어 다음과 같이 말하였다. "임금은 북해(北海)에 살고 과인은 남해(南海)에 사니, 이는 바람난 우마(牛馬)도 서로 미칠 수 없는 먼 거리입니다. 임금께서 우리의 땅에 오실 줄은 생각지 못하였는데 무엇 때문에 오셨소?"
관중(管仲)이 대답하였다. "옛날에 소강공(召康公)이 우리 선군 태공(先君 太公)에게 명하기를 '5후와 9백을 그대가 실로 토벌하여 왕실을 보좌하라.'고 하고서, 우리 선군에게 정벌할 수 있는 범위를 동으로는 바다까지 서로는 황하까지 남으로는 목릉(穆陵)까지 북으로는 무체(無棣)까지로 정해 주셨다. 그런데 초나라는 포모(包茅)를 바치지 않아서 천왕(天王)의 제사를 지내지 못하고 축주(縮酒)할 수가 없으니, 과인은 이것도 묻노라. 그리고 소왕이 남방을 순수하다가 돌아오지 못하셨

---

335 『春秋』, 僖公 4년 : 四年春王正月, 公會齊侯宋公陳侯衛侯鄭伯許男曹伯侵蔡, 蔡潰, 遂伐楚, 次于陘.

으니 과인은 이것도 묻노라." 그러자 초나라 사자가 "공물을 바치지 않은 것은 우리 임금의 죄이니, 감히 바치지 않겠는가 마는 소왕이 돌아가지 못한 것은 물가에 가서 물어 보라."라고 하였다. 제후의 군대가 전진하여 경(陘)에 주둔하였다.[336]

이 전쟁에 대하여 제환공에 대한 평가는 일관되지 않는다. 여동래는 제환공이 관중과 함께 초를 정벌하는 싸움에서 '초나라가 그 공물(貢物) 바치는 직분을 모르고 공손하지 않았기에 제나라가 초나라를 토벌하여 곧 그 병통을 거론하였다고 하였다. 초나라는 반드시 머리를 조아리고 죄를 알았으나, 제나라 군신이 과분한 계교를 써서 공물을 바치지 않은 죄가 부족하다고 여겼다. 그래서 예전에 소왕(昭王)이 익사하여 돌아오지 못한 일을 찾아내어 초나라의 죄를 키우고, 제환공과 관중이 초를 정벌하는 명분으로 삼아서 진실로 출병하였다고 지적하여 사사로운 의도로 채나라를 침략한 것을 숨기려 한 것이다.'[337]

여동래는 제나라가 초를 정벌한 명분이 맞지 않았다고 보았고 제환공은 패자로서 대인의 덕을 갖추지 못하였다고 하였다. 여동래는 공자가 제환공에 대하여 '정이불휼(正而不譎)'이라고 한

---

[336] 『春秋左傳』, 僖公 4년 : 四年春, 齊侯以諸侯之師侵蔡, 蔡潰, 遂伐楚, 楚子使與師言曰 "君處北海, 寡人處南海, 唯是風馬牛不相及也. 不虞君之涉吾地也, 何故?" 管仲對曰 "昔召康公命我先君大公曰, 五侯九伯, 女實征之, 以夾輔周室, 賜我先君履, 東至于海, 西至于河, 南至于穆陵, 北至于無棣. 爾貢包茅不入, 王祭不共, 無以縮酒, 寡人是徵. 昭王南征而不復, 寡人是問." 對曰 "貢之不入, 寡君之罪也, 敢不共給, 昭王之不復, 君其問諸水濱." 師進 次于陘.

[337] 『東萊博議』, 僖公 4년 : 不共貢職以討之, 則適投其病. 楚必稽首而知罪矣, 而君臣過計, 以不共貢職之罪爲不足, 遂遠求昭王不復之事, 欲張楚之罪, 齊桓公與管仲爲伐楚之役, 苟直指其大吾出師之名, 以蓋侵蔡之私.

평가에 대하여 긍정하지 않았다. 반면 주자(朱子)는 '환공(桓公)은 초나라를 벌할 때 의를 붙잡고 말을 함에 속임의 도를 말미암지 않았으니 오직 이러한 점은 잘한 것이다.'338라고 공자의 평가에 대하여 부연설명을 하였다. 이것이 여동래와 주자의 견해차이다.

제환공(齊桓公)의 행실은 거동이 광명하여 속이는 도를 쓰지 않은 점이 많다. 초나라가 항복하지 않자 천자에게 제수(祭需)를 바치지 않은 점을 따져서 천자(天子)를 높이는 의로써 책망하였고 초나라가 항복하자 소릉으로 군사를 물려서 초나라 사신을 예로써 대접하였으며, 규구에 모였을 때에 왕자의 큰 금법을 밝히고 수구(首丘)에서 맹세할 때에는 세자를 세우는 큰 법을 정하였으니, 이것이 바르고 속이지 않았다는 것이다.339 환공은 당시 패제후로서 아직은 힘이 미약한 초나라의 정치적 과오를 지적할 수 있는 위치에 있었다. 그래서 초나라가 포모(包茅)를 바치지 않아서 천왕께 제사를 지내지 못하게 한 것을 번척한 것은 패제후로서 명분이 있는 처사였다. 뿐만 아니라 앞에서 언급한 바와 같이 제환공은 약소국인 형(邢)나라에 대하여 자애로써 응대하였고, 노(魯)나라에 예가 살아 있다는 전제하에 노나라를 존중하는 형식에 의한 존왕의 정치를 하였다. 그래서 공자는 제환공을 '정이불휼(正而不譎)'이라고 평가하였다고 보는 것이 필자의 의견이기도 하다.

---

338 『論語』·「憲問」, 朱子注 : 桓公伐楚仗義, 執言不由詭道, 猶爲彼善於此.
339 유교문화연구소 옮김, 『論語』, 성균관대학교출판부, 2005, 501쪽.

3) 제환공(齊桓公)의 멸망

제환공이 춘추시대에 정치적인 오점이 적었다는 면에서는 높이 평가할 수 있다. 그러나 제나라가 쇠퇴하는 원인을 분석해 본다면 첫째, 제환공이 예(禮)를 익히지 못했다는 점이다. 둘째, 제환공이 패제후(覇諸侯)로서 규구의 회맹을 주도하는 모습이 장중함을 넘어서 사치하였다는 것이다. 이때 환공의 사치는 왕성한 세력의 극치를 드러냈다. 셋째, 민심이 이탈하는 기미를 읽어 반성하지 못했다는 것이고 넷째, 호색(好色)함에 있어서 남달랐다는 점이다.

첫 번째 제환공이 헌첩의 예를 익히지 못했다는 기사가 『춘추』, 장공(莊公) 31년(B.C.663)에 보인다. 경문에는 "6월 제후가 와서 산융(山戎) 토벌에서 얻은 첩(捷:전리품)을 바쳤다."340고 하였다. 이에 대한 『춘추좌전』, 장공(莊公) 31년의 기사에는 "31년 여름 6월에 제후(齊侯)가 노나라에 와서 산융 토벌에서 얻은 전리품을 바쳤으니, 예가 아니다. 제후가 사방의 이적을 토벌하여 전공이 있을 경우에 천왕에게 그 전리품을 바치면 천왕은 이 전리품으로 이적을 경계하지만, 중국의 제후끼리 전쟁했을 경우에는 그렇게 하지 않는다. 제후는 부노(俘虜)를 서로 주지 않는 것이다."341라고 하였으니 이것으로 보았을 때 제환공이 헌첩의 예를 모른 것으로 드러났다.

---

340 『春秋』, 莊公 31년 : 六月, 齊侯來獻戎捷.
341 『春秋左傳』, 莊公 31년 : 三十一年夏六月, 齊侯來獻戎捷, 非禮也. 凡諸侯有四夷之功, 則獻于王, 王以警于夷, 中國則否. 諸侯不相遺俘.

두 번째 오점은 규구의 회맹에서 드러났다. 『춘추좌전』, 희공 9년 기사를 보면 제환공(齊桓公)이 규구(葵丘)에서 여러 나라 제후들과 회합을 가졌는데, 천자(天子)가 재공(宰孔)을 보내서 환공에게 문왕과 무왕에게 제사지내고 그 제사음식을 내렸다. 제환공은 예의에 맞게 그 음식을 받았다. 그런데 재공이 주(周)로 돌아가다가 이 회맹에 참여하러 오는 진헌공(晉獻公)을 만나서 제환공이 수덕(修德)에 힘쓰지 않고 정벌에 힘쓰니, 제환공의 회맹에 참여할 필요가 없다고 말하였다. 이에 진헌공(晉獻公)은 회맹에 참여하지 않고 돌아갔다. 그러나 규구(葵丘)의 회맹에 대하여 맹자는 다음과 같이 언급하였다.

오패 가운데 환공이 강성하였다. 규구(葵丘)의 회맹에서 제후가 희생을 묶어 글을 싣고, 피를 찍어 입에 바르지 아니하고, 첫 번째 명하여 말하기를, "불효자를 버리며, 세운 아들을 바꾸지 말며, 첩으로 처를 삼지 말라"고 하였다. 두 번째 명하여 말하기를, "어진 이를 높이며 재주 있는 이를 길러서 덕이 있는 이를 표창하라"고 하였다. 세 번째 명하여 말하기를, "늙은 이를 공경하며 어린이를 사랑하며 손님과 나그네를 잊지 말라"고 하였다. 네 번째 명하여 말하기를, "선비는 대대로 벼슬하게 하지 말며, 벼슬 일을 겸직하지 말며, 선비를 취함에 반드시 합당하게하며, 대부를 마음대로 죽이지 말라"고 하였다. 다섯 번째 명하여 말하기를, "방비하는 것을 게을리 하지 말 것이며, 곡식의 이동을 막지 말 것이며, 봉(封)하고서 고하지 않는 일이 없도록 하라"고 하였다. 또 말하기를, "우리 같이 맹서하는 사람들은 이미 맹서한 뒤에 우호적으로 지낼 것이다."라고 하였다.[342]

'규구지회(葵丘之會)'의 회맹내용은 천서의 순리를 따르고 존현하며, 경노하고 어린이를 사랑하며, 관직의 균등한 배분과 높은 관리에 대한 존중의 의미가 있다. 또 정치 뿐 아니라 국방과 상업에 중점을 둔 내용이 있고 정직 등 도덕성을 강조한 내용도 있다. 그러나 여동래는 규구의 회맹에서 예식의 화려함을 다음과 같이 표현하였다.

규구의 회맹에 이르러서는 위엄이 제후들에게 더해지고 명성이 사해에 떨쳐, 천자가 제사 음식을 보내 그 왕의 사신이 하림하였다. 깃발들을 빙 둘러 세우고 단과 계단을 높이 세우며, 장막을 치고 횃불을 뜰 앞에 걸어 유사가 약속 시기를 따져 점검하며, 여러 제후들이 줄지어 머리를 숙이고 자기 자리로 가며, 관을 쓴 경대부들이 가지런하여 장중한 분위기에 숨소리도 나지 않았다 ……"343

이것은 제후들의 모습을 형용한 것이다. 규(圭)는 제후들의 신표로 쓰는 옥이며, 석(舃)은 가죽신이다. 제후는 붉은 가죽신을 신는다. 병규교석(駢圭交舃)은 여러 제후들이 신표를 모으고 발걸음을 서로 접촉하는 모습이다. 이것이 제환공의 퇴락하는

---

342 『孟子』「告子下」: 五覇, 桓公爲盛. 葵丘之會, 諸侯束牲, 載書而不歃血, 初命曰, 誅不孝, 無易樹子, 無以妾爲妻. 再命曰, 尊賢育才, 以彰有德. 三命曰, 敬老慈幼, 無忘賓旅. 四命曰, 士無世官, 官事無攝, 取士必得, 無專殺大夫. 五命曰無曲防, 無遏糴, 無有封而不告. 曰凡我同盟之人, 旣盟之後, 言歸于好.

343 『東萊博義』, 僖公 9년: 至於葵丘之會, 威加諸侯名震四海, 天子致胙, 王人下臨. 環以旌旗, 崇以壇階幕張燎擧, 有司戒期, 駢圭交舃抑首就位, 弁冕秩秩, 穆然無聲 ……

기미이다. 달이 차면 기운다는 법칙이 있는데 규구의 회맹이 이렇게 화려하고 장중하였으니 이는 제환공의 세력이 지나치게 왕성함을 증명하는 기사이다.

세 번째 제나라의 민심이 이탈하는 모습을 기사에서 보면, 『춘추』, 희공(僖公) 16년(B.C.644)에 "겨울 12월 희공이 제후(齊侯)·송공(宋公)·진후(陳侯)·위후(衛侯)·정백(鄭伯)·허남(許男)·형후(邢侯)·조백(曹伯)과 회(淮)에서 회합하였다."[344]고 하였다. 이에 대한 『춘추좌전』, 희공(僖公) 16년(B.C.644)의 기사는 다음과 같다.

> 12월에 회에서 회합하였으니, 이는 회(鄫)나라의 구원과 또 동방 경략(東方 經略)을 모의하기 위함이었다. 회(鄫)나라를 위해 성(城)을 쌓는데, 역부들이 노역의 괴로움을 견디지 못해 어떤 자가 밤중에 언덕에 올라가 "제나라에 난리가 났다."고 고함치니, 축성을 완료하지 않고 돌아갔다.[345]라고 하였다.

제환공이 제후들과 회합한 것이다. 환공이 북으로 산융을 벌하고 남으로 초를 벌하고 서쪽으로 규구에서 회합하더니 지금 또 동방을 경영하려고 한 것이다. 이 제나라에 난리가 났다고 요란스러운 일로 인하여 부역이 파괴되었고 명년에 제나라에는 과

---

[344] 『春秋』, 僖公 16년 : 冬十有二月, 公會齊侯宋公陳侯衛侯鄭伯許男邢侯曹伯于淮.

[345] 『春秋左傳』, 僖公 16년 : 十二月, 會于淮, 謀鄫, 且東略也. 城鄫, 役人病, 有夜登丘而呼, 曰齊有亂, 不果城而還.

연 환란이 있었다.³⁴⁶ 부역자들이 일부러 요란을 떨어서 성을 쌓지 않으려는 민심을 보인 것이다. 민심이 떠나는 모습이 기미로 드러난 것이다. 이것이 제(齊)나라가 망하는 징조가 된다.

네 번째, 제환공은 호색하여 제가를 못하고 결국은 나랏일을 그르치는 결과를 초래하였는데 그 기사는 희공(僖公) 17년(B.C.643)에 경(經)은 없고 전(傳)의 기록만 있다.

제환공의 부인이 셋이었는데, 왕희(王姬)·서영(徐嬴)·채희(蔡姬)는 모두 아들이 없었다. 제후는 호색하여 총애하는 여자가 많아, 부인처럼 총애하는 여자가 6명이었다. 장위희(長衛姬)는 무맹(武孟)을 낳고 소위희(少衛姬)는 혜공(惠公)을 낳고, 정희(鄭姬)는 효공(孝公)을 낳고, 갈영(葛嬴)은 소공(昭公)을 낳고, 밀희(密姬)는 의공(懿公)을 낳고, 송화자(宋華子)는 공자 옹(雍)을 낳았다. 환공은 관중과 함께 송양공에게 효공을 태자로 세우도록 부탁하였다. 옹무(雍巫)는 위공희(衛恭姬)의 총애를 받았는데, 사인초(寺人貂:초)를 통해 환공에게 맛있는 음식을 올리고 환공의 총애까지 받았다. 환공은 무맹(武孟)을 태자로 세울 것을 허락하였다. 관중이 죽자 다섯 공자는 모두 후사가 되기를 구하였다. 겨울 10월 을해일에 환공이 졸하니 역아(易牙)가 궁중으로 들어가서 시인 초(貂)와 함께 내총의 도움으로 뭇 관리들을 죽이고 공자 무휴를 임금으로 세우니, 효공(孝公)이 송나라로 도망하였다. 12월 을해일에 제후(諸侯)에게 부고하고 신사일 밤이 되어서야 빈(殯)하였다.³⁴⁷

---

346 『春秋左傳詳節句解』, 僖公 16년: 齊桓公會諸侯. 桓公北伐山戎, 南伐楚, 西會葵丘, 今又經略東方也. 因是, 罷役也, 明年, 齊果有亂, 故傳錄之.

제환공은 지나치게 호색하였다. 이것으로 인하여 결국 집안과 나라가 망하는 결과를 가져온 것이다. 다음해에 송양공이 제나라를 침벌하여 무휴(無虧)를 죽였으며 다시 효공을 왕위에 올려주었다. 제환공이 죽은 후에 제나라는 다시 그 권세를 흥기시키지는 못하였다. 제환공은 관중을 등용하여 쉽게 패제후가 되어 자소정치와 존왕정치를 잘하였다. 그래서 공자가 그를 '정이불휼'이라고 평가하였다. 그러나 세가 차면 기우는 것이 법칙이듯이, 제환공은 규구의 회맹에서 왕도정치라는 기치를 걸고 있었으나 행사장의 자리가 너무나도 사치하였고 이에 이미 민심이 이탈하기 시작하였다. 이것은 제환공이 호색을 무분별하게 하는 등 중정(中正)을 끝까지 지키지 못한 잘못에 의한 결과였다.

2. 진문공(晉文公)의 정치방식과 춘추대의

『춘추좌전』은 진문공이 정치적으로 혼란한 시기를 피해 출국하여 여러 나라를 주유하는 과정을 상세하게 표현하면서 진문공이 준비된 지도자임을 하나의 하자도 없이 기록하고 있다. 그러한 인물이기에 진문공은 좌우에서 보좌하는 신하가 많았다. 그래서

---

347 『春秋左傳』, 僖公 17년 : 齊侯之夫人三, 王姬徐嬴蔡姬, 皆無子. 齊侯好內, 多內寵, 內嬖如夫人者六人. 長衛姬生武孟, 少衛姬生惠公, 鄭姬生孝公, 葛嬴生昭公, 密姬生懿公, 宋華子生公子雍. 公與管仲屬孝公於宋襄公, 以爲大子. 雍巫有寵於衛恭姬, 因寺人貂以薦羞於公, 亦有寵. 公許之立武孟. 管仲卒, 五公子皆求立. 冬十月乙亥, 齊桓公卒, 易牙入與寺人貂因內寵以殺羣吏, 而立公子無虧, 孝公奔宋. 十二月乙亥赴, 辛巳夜殯.

진나라를 패제후국이 되게 할 수 있었고 『춘추좌전』에서는 이것을 당연한 인과관계로 기록하고 있다.

그러나 공자는 『논어』「헌문」에서 "진문공(晉文公)은 속이고 바르지 않다."[348]라고 하였다. 진문공이 행한 일은 행적이 불순하고 기만과 꾀로써 다른 나라와 다투는 경우가 많았다. 초나라가 송나라를 칠 때에 진나라는 조나라와 위나라를 쳐서 초나라가 이들을 구원할 군사를 보내게 하여 초나라가 스스로 송나라에서 물러 가도록하는 작전을 썼다. 이것도 속이고 바르지 않은 일중의 하나이다.[349] 그러나 진문공을 단순하게 평가할 수 있는 일이 아니므로 역사적 기사를 중심으로 그의 행적을 보고 공과를 심도 있게 고찰할 필요가 있다고 본다.

1) 중이(重耳)의 출국 배경과 진(晉)의 혼란기

진문공(晉文公)의 아버지 진헌공(晉獻公)이 여희(驪姬)를 총애하여 여희의 아들인 해제(奚齊)를 세우고 태자 중이(重耳)와 이오(夷吾)와 여러 공자들을 변방으로 내보내는데 그 내용은 『춘추좌전』, 장공(莊公) 28년(B.C.666) 경에 없고 전만 있는 기사(記史)에 보인다.

---

[348] 『論語』「憲問」: 子曰 "晉文公 譎而不正."
[349] 유교문화연구소 옮김, 『論語』, 성균관대학교출판부, 2005, 500쪽.

진헌공(晉獻公)이 가국(賈國)에서 아내를 맞이하였으나 아들을 낳지 못하였다. (진헌공은) 제강(齊姜)과 간음하여 진목공(秦穆公)에게 시집간 딸과 태자 신생(申生)을 낳았고, 또 戎에서 두 여자를 맞이하였는데, 그 중 대융 호희(大戎 狐姬)는 중이(重耳)를 낳았고, 소융자(小戎子)는 이오(夷吾)를 낳았다. 진나라가 여융(驪戎)을 토벌할 때 여융남(驪戎男)이 여희(驪姬)를 헌공에게 주었는데 여희(驪姬)는 해제(奚齊)를 낳고 려희의 동생은 탁자를 낳았다. 헌공이 여희를 총애하니, 여희는 제 자식을 태자로 세우고자 하여, 외폐양오(外嬖梁五)와 동관폐오(東關嬖五)에게 뇌물을 주고서 그들을 시켜 헌공에게 말하기를 "곡옥은 임금님의 종묘가 있는 곳이고, 포(蒲)와 굴(屈)읍은 임금님의 변방이니, 주관하는 사람이 없어서는 안 됩니다. 종묘가 있는 고을에 주관하는 사람이 없으면 백성들이 두려워하지 않고 백성이 그 정치를 업신여기게 되니 나라의 우환이 됩니다. 만약 태자에게 곡옥을 주관하게 하고, 중이와 이오에게 포와 굴을 주관하게 하신다면 백성들을 두렵게 하여 복종시키고 융적을 근심하게 할 뿐만 아니라, 임금님의 공적을 드러낼 수 있습니다."라고 (헌공에게 여희가) 말하게 하였다. 여희(驪姬)는 또 두 사람에게 함께 가서 헌공에게 "융적의 광대한 땅이 진나라의 도시가 될 수 있으니, 진나라가 강토를 개척하는 것이 마땅하지 않습니까."라고 말하게 하였다. 그러자 진후는 기뻐하였다. 여름에 태자를 곡옥으로, 중이(重耳)를 포성(蒲城)으로, 이오(夷吾)를 굴(屈)로, 여러 공자들을 모두 변방으로 보내어 거주하게 하고, 오직 여희와 그 동생의 아들만을 강(絳)에 남아 있게 하였다. 양오(梁五)와 동관폐오

(東關嬖五)가 마침내 여희와 함께 여러 공자들을 참소하여 해
제를 태자로 세우려고 하니, 진인(晉人)이 이를 '이오우(二五
耦)'라고 하였다.350

여희가 자신의 아들 해제(奚齊)를 태자로 세우려고 하였다.
이에 외폐양고(外嬖梁五)와 동관폐오(東關嬖五)를 동원하였는데 이
들은 진헌공의 정치를 어듭게 하였기 때문에 '이오우(二五耦)'라
고 하였다. 이때 여희는 '이오우'에게 뇌물을 주어 자신의 편으
로 만들었으며 헌공에게 간하여 신생(申生)과 중이(重耳)와 이오
(夷吾)를 변방으로 내보내고 자신의 친자인 해제(奚齊)를 세자의
자리에 올려놓으려고 하였다. 10년 뒤 여희는 태자들을 계속 모
략하였는데 그 내용은 『춘추좌전』, 희공(僖公) 4년(B.C.656) 경에
없고 전만 있는 기사에 보인다.

해제(奚齊)를 태자(太子)로 세우려고 할 때에 이미 중대부(中大
夫)와 계획을 정하고서 여희(驪姬)가 태자(신생)에게 말하였
다. "임금께서 꿈에 제강(齊姜)를 보셨다고 하니 태자는 속히
제사를 지내시오." 태자가 곡옥으로 가서 제사를 지내고서 헌

---

350 『春秋左傳』, 莊公 28년 : 晉獻公娶於賈, 無子. 烝於齊姜, 生秦穆夫人及大子
申生, 又娶二女於戎, 大戎狐姬生重耳, 小戎子生夷吾. 晉伐驪戎, 驪戎男女
以驪姬, 歸, 生奚齊, 其娣生卓子. 驪姬嬖, 欲立其子, 賂外嬖梁五與東關嬖
五, 使言於公曰"曲沃君之宗也, 蒲與二屈君之疆也, 不可以無主. 宗邑無主,
則民不威, 疆場無主, 則啓戎心, 戎之生心, 民慢其政, 國之患也. 若使大子
主曲沃, 而重耳夷吾主蒲與屈, 則可以威民而懼戎."且旌君伐, 使俱曰"狄之
廣莫於晉爲都, 晉之啓土, 不亦宜乎?" 晉侯說之. 夏, 使大子居曲沃, 重耳居
蒲城, 夷吾居屈, 羣公子皆鄙, 唯二姬之子在絳. 二五卒, 與驪姬譖羣公子而
立奚齊, 晉人謂之二,五耦

공에게 조를 올리니, 이때 헌공은 사냥을 나가고 없었다. 여희(驪姬)가 그 음식을 궁중에 두었다가 6일 만에 헌공이 돌아오자 그 조(음식)에 독을 타서 올렸다. 헌공이 그 술을 땅에 뿌리니 땅이 끓어오르고, 그 고기를 개에게 주니 개가 죽고, 그 고기와 술을 소신(小臣)에게 주니 소신도 죽었다. 여희(驪姬)가 눈물을 흘리며 말하기를 "이 음모는 태자에게서 나온 것입니다." 태자가 신성으로 도망가니 헌공은 태자의 스승 두원관(杜原款)을 죽였다. 어떤 사람이 태자에게 말하기를 "태자께서 변명하시면 임금께서 반드시 죄의 유무를 구별하실 것입니다."라고 하자, 태자가 말하였다. "임금께서는 여희가 없으면 편히 거처하지 못하시고 배불리 잡수시지도 못하신다. 내가 무죄함을 밝힌다면 려희는 반드시 죄를 받게 될 것이다. 임금께서는 늙으셨으니 여희를 잃으면 반드시 즐거워하지 않으실 것이고 이렇게 되는 것을 나도 즐거워하지 않는다."라고 하였다. 어떤 사람이 말하였다. "그렇다면 태자는 도망가십시오." 태자가 말하였다. "임금께서 실로 나에게 죄가 없음을 살피시지 못하시니, 이런 죄명을 쓰고서 도망간다면 누가 나를 받아주겠는가?"라고 하였다. 12월 무신일에 태자가 신성(新城)에서 스스로 목매어 죽었다. 여희가 드디어 "두 공자가 모두 이 음모를 알고 있었다."라고 (헌공에게) 참소하니, 중이(重耳)는 포성(蒲城)으로 도망가고, 이오(夷吾)는 굴읍(屈邑)으로 도망갔다.[351]

---

351 『春秋左傳』, 僖公 4년 : 及將立奚齊, 旣與中大夫成謀, 姬謂大子曰 "君夢齊姜, 必速祭之." 大子祭于曲沃, 歸胙于公, 公田. 姬寘諸宮六日, 公至, 毒而

완악한 부모의 슬하에서 지낸다는 것은 매우 고단한 일이다. 신생이 여희(驪姬)의 계략에 말려서 결국 자살한 것은 매우 잘못된 판단이다. 살아서 집안과 정사를 바로 잡았어야 옳았다고 본다. 당시에 중이(重耳)는 포성(蒲城)으로 도망가고, 이오(夷吾)는 굴읍(屈邑)으로 출분하여서 훗날을 도모하였기에 이들은 모두 임금이 되었다. 이 기사에 대하여 임요수는 "중대부는 리극(里克)이다. 헌공은 태자를 폐하고 싶었지만 리극을 꺼려 감히 폐하지 못하자, 리극은 내가 중립을 지켜야 화를 면할 수 있느냐고 하였으니, 이것이 계획을 함께한 것이다."[352]라고 리극을 비난하였다. 리극이 중립을 지키겠다고 한 것은 여희의 계략을 눈감아 주겠다는 것이었으므로 동조한 것으로 보아야 한다.

헌공이 당초에 신생을 사랑하였으나 시간이 흘러서 폐첩인 여희의 계략에 의하여 해제를 태자로 세우려고 하였기 때문에 여동래는 다음과 같이 헌공의 신생에 대한 사랑이 항상 불변하는 사랑이 아니라는 점을 다음과 같이 지적하였다.

> 진(晉)이 그 태자 신생을 죽였다. 누가 죽였는가? 사위가 죽였다. 신생을 죽게 한 것은 실은 여희의 참소 때문인데, 사위가 무슨 관계가 있는가? 사위가 그 틈을 열었고, 여희는 그 틈

獻之. 公祭之地, 地墳, 與犬, 犬斃, 與小臣, 小臣亦斃. 姬泣曰 賊由大子. 大子奔新城, 公殺其傅杜原款. 或謂大子, 子辭, 君必辯焉. 大子曰 "君非姬氏, 居不安, 食不飽. 我辭, 姬必有罪. 君老矣, 吾又不樂." 曰 "子其行乎?" 大子曰 "君實不察其罪, 被此名也以出, 人誰納我?" 十二月戊申, 縊于新城, 姬遂譖二公子曰, 皆知之, 重耳奔蒲, 夷吾奔屈.

352 『春秋左傳』, 僖公 4년, 임요수주: 中大夫里克也. 獻公欲廢大子, 憚里克未敢廢, 里克曰中立其免乎, 是成謀也.

을 탄 것이기 때문이다."353... "헌공이 처음에는 신생을 사사롭게 사랑하여 심지어는 환장(桓莊)의 일족(환숙과 장백으로 이때에 이들의 자손이 강대하여서 공실을 핍박할 지경이었다.)을 모두 죽여 신생을 핍박할 위험을 제거하기까지 하였으니, 그를 사랑함이 역시 지극하였던 것이다. 그러나 얼마 시간이 지나지 않아서 여희를 총애하여 갑자기 그 사랑이 해제에게 옮겨 갔으니, 그가 해제를 위해 신생을 죽인 것이 바로 신생을 위해 환장의 일족을 죽인 그것이다. 그러니 전에 신생을 사랑하던 마음은 과연 어디에 있는가? 신생에 대한 사랑이 해제에게 옮겨갈 수 있다면, 훗날 해제에 대한 사랑도 역시 다른 곳으로 옮겨 갈 수 있는 것이다.354

　　진헌공이 애초에 태자 신생을 위하여 환숙과 장백의 무리들이 부강해지고 자손이 강성해지자 공실을 핍박할 지경이었기 때문에 제거하였다. 이 사건은 사위(士蔿)의 이간에 의하여 진행되었다. 그리고 진헌공은 여희와의 사이에서 해제를 낳은 후, 지극히 사랑했던 태자 신생을 미워하였으니 집안 단속을 방만하게 운영한 것이다. 그 틈을 타서 여희는 태자 신생을 내치고 자신의 친아들인 해제를 태자로 삼으려고 하였다. 여희의 모략에 의해서 결국은 중이가 출분하게 되며 그 사건의 배후에는 사위가 있었다.

---

353 『東萊博議』, 僖公 4년 : 晉殺其太子申生, 孰殺之? 士蔿殺之也. 殺申生者, 實驪姬之譖, 士蔿何與焉? 士蔿開其隙, 驪姬乘其隙也.

354 『東萊博議』, 僖公 4년 : 獻公始私申生, 至於盡滅桓莊之族以除其偪, 愛之亦至矣. 曾未閱時, 嬖於驪姬, 遽移其愛於奚齊, 其爲奚齊而殺申生, 即爲申生而殺桓莊之族者也. 向之愛申生之心, 果何所在耶? 申生之愛旣可移於奚齊, 則異時奚齊之愛, 亦可移而之他矣.

다음은 사위의 모략에 관한 기사로 『춘추좌전』, 희공(僖公) 5년(B.C.655) 경에 없고 전만 있는 기사이다.

진후(晉侯)가 사자(使者)를 노나라에 보내와서 태자 신생(申生)을 죽인 일을 고하였다. 당초에 진후가 사위(士蔿)에게 두 공자를 위해 포(蒲)와 굴(屈)에 성을 쌓게 하였는데, 사위가 신중히 쌓지 않고 흙 속에 섶을 넣으니, 이오(夷吾)가 이를 고소하였다. 헌공(獻公)이 사람을 보내어 사위를 책망하니 사위가 머리를 조아리며 대답하였다. "신이 듣건대 상사가 없는데 슬퍼하면 근심스러운 일이 반드시 응대하고 전쟁이 없는데 성을 쌓으면 원수가 반드시 그곳을 보루로 삼는다고 하니, 구수의 보루를 무엇 때문에 신중히 쌓겠습니까. 관직이 있으면서 군명을 어기는 것은 불경(不敬)이고, 적의 보루를 견고하게 쌓는 것은 불충(不忠)이니 충성과 공경을 잃는다면 무엇으로 임금을 섬기겠습니까. 『시경』에 '덕으로 회유하면 국가가 안정되고 종자(宗子)가 견고(堅固)한 성(城)이 된다.'라고 하였으니, 임금님께서는 덕을 닦으시고 종자(宗子)의 위치를 견고히 하신다면 이만한 성이 다시 어디 있겠습니까. 3년 안에 군사를 쓰게 될 것이니 무엇 때문에 신중히 쌓겠습니까." 물러나와 다음과 같이 시를 읊었다. "여우 갖옷에 털이 난잡(亂雜)하여 한 나라에 공(公)이 셋이니 내 누구를 오로지 믿고 따를까?" 난이 일어나자 헌공은 시인 피를 보내어 포를 치게 하였다. 중이는 "군부의 명은 대항해서는 안 된다."고 하고서 대중에게 "대항하는 자는 나의 원수이다."라고 선포하고는 담을 넘어 도주하니 시인 피(侍人 披)가 도주하는 중이의 소맷자락을 잘랐다. 중이(重耳)는 드디어 적(翟)나라로 출분(出奔)하였다.[355]

사위는 진헌공에게 덕치만이 정권을 견고하게 할 수 있는 것이라고 근사하게 간하였으나 사위에게는 모사꾼의 재량만이 있을 뿐이었다. 모든 정사가 사위의 간사한 계획 속에서 도모되었던 것이다. 진나라가 혼란에 빠지자 중이는 적(翟)나라로 출분(出奔)하였고 진나라에는 혼란이 계속되었다.

2) 중이(重耳)의 망명생활과 입국

중이(진문공)가 외국으로 출국한 이후에 진나라는 공자들과 신하들의 음모로 공자의 난이 계속되었다. 희공(僖公) 9년(B.C.651) 경문에 "갑자일에 진후 궤저가 졸하였다."[356]라고 하였다. 이에 대한 『춘추좌전』, 희공 9년의 기사는 다음과 같다.

> 9월에 진헌공이 졸하자, 리극(里克)과 비정(丕鄭)이 문공(文公)을 받아들여 임금으로 삼고자 하였다. 그러므로 세 공자(해제·이오·탁자)의 무리들이 난리를 일으켰다.… 겨울 10월에 리극이 차(次:상침(喪寢))에서 해제(奚齊)를 죽였다. (공자가) 경에 "그 임금의 아들을 죽였다."라고 기록한 것은 아직

---

[355] 『春秋左傳』, 僖公 5년 : 晉侯使以殺大子申生之故來告. 初, 晉侯使士蔿爲二公子築蒲與屈, 不愼, 寘薪焉, 夷吾訴之. 公使讓之, 士蔿稽首而對曰 "臣聞之, 無喪而慼, 憂必讎焉, 無戎而城, 讎必保焉, 寇讎之保, 又何愼焉? 守官廢命, 不敬, 固讎之保, 不忠, 失忠與敬, 何以事?, 詩云, 懷德惟寧, 宗子惟城, 君其修德而固宗子, 何城如之? 三年將尋師焉, 焉用?" 退而賦曰 "狐裘尨茸, 一國三公, 吾誰適從?" 及難, 公使寺人披伐蒲, 重耳曰 "君父之命不校." 乃徇曰 "校者吾讎也." 踰垣而走, 披斬其袪, 遂出奔翟.

[356] 『春秋』, 僖公 9년 : 甲子, 晉侯佹諸卒.

장전(葬前)이기 때문이다. 순식(荀息)이 죽으려고 하자, 어떤 사람이 말하기를 "공자도(公子卓)을 세우고서 그를 보좌하는 것만 못하다."라고 하였다. 순식은 공자 탁을 임금으로 세우고서 헌공을 장사 지냈다. 11월에 리극이 조정에서 공자 탁을 죽이니 순식도 죽었다.357

그 후 이오가 제나라와 진(秦)나라의 원조를 받아서 진헌공(晉獻公)의 뒤를 이었다. 이 과정에서 진극예(晉郤芮)가 이오(夷吾)로 하여금 진목공(秦穆公)에게 뇌물을 주어 진(晉)나라에 들어갈 것을 요청하였고358 제습붕(齊隰朋)이 군사를 거느리고 진(秦)나라 군사와 함께 혜공(이오)을 들이려고 하였다.359

리극이 여희의 편에서 해제를 태자로 세우게끔 방관자적인 입장을 취하더니 결국은 해제를 죽였다. 그러나 다음해에 리극도 살해된다. 리극에게 남을 무도하게 죽인 자는 반드시 자신도 죽는다는 인과의 법칙이 성립되었다. 순식과 같은 충직한 신하를 죽인 것은 리극의 잘못이다. 게다가 해제와 탁자를 죽인 것도 잘못이다. 한 나라의 공자들이 정치에 불필요했다면 추방하는 것이 좋았을 것으로 본다. 이때 혜공이 진목공의 도움으로 인하여 임금이 되었는데 진목공(秦穆公)이 뇌물을 좋아했다는 대목은

---

357 『春秋左傳』, 僖公 9년 : 九月, 晉獻公卒, 里克, 丕鄭欲納文公. 故以三公子之徒作亂 … 冬十月, 里克殺奚齊于次. 書曰殺其君之子, 未葬也. 荀息將死之, 人曰不如立卓子而輔之. 荀息立公子卓以葬. 十一月, 里克殺公子卓于朝, 荀息死之.

358 『春秋左傳』, 僖公 9년 : 晉郤芮使夷吾, 重賂秦以求入.

359 『春秋左傳』, 僖公 9년 : 齊隰朋帥師會秦師, 納晉惠公.

진목공의 일생일대의 치부로 여겨지는 대목이기도 하다.

한편, 중이(重耳)의 망명생활은 적(狄)-위(衛)-제(齊)-조(曹)-송(宋)-정(鄭)-초(楚)-진(秦)나라로 이어지는데 『춘추좌전』, 희공(僖公) 23년(B.C.637)의 기사에 집중되어 있다. 진(晉)나라 공자 중이(公子 重耳)가 화란(禍難)을 만났을 때 진인(晉人)이 포성(蒲城)을 공격하니, 포성(蒲城) 사람들이 싸우려고 하자 중이(重耳)가 반대하며 '군부의 명에 의지해 살아갈 수 있는 祿을 받았고, 이로 인해 인민을 얻었는데 인민을 소유하였으므로 군부의 명에 저항한다면 이보다 큰 죄가 없으니, 나는 도망갈 것이다.'라고 하고서 드디어 적(狄)으로 도망갔다. 이때 그를 시종한 사람은 호언(狐偃)·조쇠(趙衰)·전힐(顚頡)·위무자(魏武子)·사공계자(司空季子)였다.[360]

적인(狄人)이 장구여(廧咎如)를 토벌하여 그의 두 딸 숙외와 계외를 포로로 잡아와서 중이에게 바치니, 중이는 계외(季隗)를 취하여 백숙(伯儵)와 숙유(叔劉)를 낳고, 숙외를 조쇠의 아내로 주어 순을 낳게 하였다. 중이가 제나라로 가려 할 때에 계외에게 이르기를, "나를 25년 동안 기다렸다가 돌아오지 않거든 시집가라."고 하였다. 계외가 "내 나이 지금 25세인데 다시 25년이 지난 뒤에 시집간다면 관에 들어갈 때가 될 것이니, 공자님(중이)을 기다리겠습니다."라고 하였다. 중이는 적(狄)에 머문 지 12년 만에 적을 떠났다.[361] 중이(重耳)는 출분하여 처음 적(狄)나라에서 계외

---

[360] 『春秋左傳』, 僖公 23년 : 晉公子重耳之及於難也, 晉人伐諸蒲城, 蒲城人欲戰, 重耳不可. 曰 "保君父之命而享其生祿, 於是乎得人, 有人而校, 罪莫大焉, 吾其奔也." 遂奔狄. 從者狐偃, 趙衰 顚頡 魏武子 司空季子.

[361] 『春秋左傳』, 僖公 23년 : 狄人伐廧咎如, 獲其二女, 叔隗季隗, 納諸公子, 公

(季隗)를 만나 12년간을 머물렀다. 그러나 계외와 25년을 기다리라는 후일을 기약하고 떠났다.

중이가 위(衛)나라를 지날 때 위문공(衛文公)이 예를 갖추지 않으니 오록(五鹿)에서 나와 야인에게 음식을 구걸하였다. 야인이 그에게 흙덩이를 주니 중이가 노하여 채찍으로 치려 하자 자범(子犯)이 "하늘이 주신 것입니다."라고 하니, 중이는 머리를 조아리고 그 흙덩이를 받아 수레에 실었다.362 위나라에서 야인이 준 흙덩이의 의미는 한편으로 보면 조롱이고 한편으로 보면 대의라고 볼 수 있다. 이런 상황에서 자범이 하늘의 뜻으로 받으라고 한 것은 흙이 바로 국토이며 나라라는 의미로 해석하여 귀하게 생각한 것이다.

중이가 제나라에 이르니 제환공이 딸을 중이에게 아내로 주었고 말 20승까지 주니, 공자는 제나라의 생활에 안주하였다. 그러자 그를 따르는 자들은 이래서는 안 된다고 여겨서 장차 떠날 것을 뽕나무 아래에서 모의하였는데, 누에를 치는 시녀가 그 나무 위에 있다가 그 모의한 내용을 듣고 돌아와서 그 일을 강씨에게 말하였다. 강씨는 그 시녀를 죽였고 중이에게 "공자께서는 천하를 경영할 원대한 뜻이 있는데 그 내용을 아는 사람을 내가 죽였습니다."라고 하니, 중이가 "그런 뜻이 없다." 하였다. 강씨가 "떠나십시오. 아내를 사모하고 안일을 탐하는 것은 실로 공명을

子取季隗, 生伯儵, 叔劉以叔隗妻趙衰, 生盾, 將適齊, 謂季隗曰 "待我二十五年, 不來而後嫁." 對曰 "我二十五年矣. 又如是而嫁, 則就木焉, 請待子." 處狄十二年而行.

362 『春秋左傳』, 僖公 23년 : 過衛, 衛文公不禮焉, 出於五鹿, 乞食於野人. 野人與之塊. 公子怒, 欲鞭之, 子犯曰 "天賜也." 稽首受而載之.

무너뜨리는 일입니다."라고 하였다. 공자가 듣지 않으니 강씨는 자범과 상의하여 중이에게 술을 권해 취하게 한 뒤에 수레에 싣고 제나라를 떠나게 하였다. 중이는 술이 깬 뒤에 크게 노하여 창을 들고 자범을 뒤쫓았다.³⁶³ 중이(重耳)가 갖춘 덕을 강씨(姜氏)가 알아보았고 강씨는 중이에게 사사로운 남편의 역할을 요구하지 않았으며 나라를 위해 대의를 실현하라고 보내주었으니, 부부지간의 사사로운 정이 나라를 위하는 공심보다 앞서지는 않았다는 것을 알 수 있다. 강씨는 대의를 위하여 사사로운 정을 접었던 것이다.

조(曹)나라에 이르니 조공공(曹共公)은 중이의 갈비가 통뼈라는 말을 듣고 그의 알몸을 보고자 하여서 그가 목욕할 때에 가까이 다가가서 구경하였다. 이때 희부기(僖負羈)의 아내가 희부기에게 '내가 晉公子를 따르는 자들을 보았는데 모두 나라의 재상이 되기에 충분한 인재들이니 만약 공자가 저들을 승상으로 삼는다면 중이는 반드시 진(晉)나라로 돌아갈 것이고, 진나라로 돌아간다면 반드시 제후의 패주가 될 것이고, 제후의 패주가 되어 무례한 나라를 정벌한다면 아마 조(曹)나라를 맨 먼저 정벌할 것입니다. 그러니 당신이 어찌 일찍이 스스로 두 마음을 품을 수 있느냐고 하였다. 아내의 말을 들은 희부기는 한 소반의 음식을 보내면서 밥 속에 구슬을 넣었다. 그러나 중이는 그 밥만을 받고 구슬은 돌려주었다.³⁶⁴ 희부기의 아내가 알 수 있는 것을 조공공

---

363 『春秋左傳』, 僖公 23년 : 及齊, 齊桓公妻之, 有馬二十乘, 公子安之. 從者以爲不可, 將行, 謀於桑下, 蠶妾在其上, 以告姜氏. 姜氏殺之, 而謂公子曰 "子有四方之志, 其聞之者, 吾殺之矣." 公子曰 "無之." 姜曰 "行也, 懷與安, 實敗名." 公子不可, 姜與子犯謀, 醉而遣之, 醒以戈逐子犯.

(曹共公)은 알지 못했고 오히려 경거망동을 하였다. 일개 필부에게도 수치스러운 일이라서 알몸을 보자고 하지 못하는 법인데 중이를 희롱한 조공공(曹共公)은 조나라에 대한 책임감이 있는 사람이 아니었다. 이후에 조나라가 망한 이유는 중이가 조나라를 원한 관계로 삼았기 때문은 결코 아니었고 이렇듯 조나라가 스스로 비루했기 때문이었다.

송(宋)나라에 이르니 송양공이 그에게 말 20승을 보내 주었다.365 다시 정나라에 이르니 정문공(鄭文公) 또한 예우하지 않았다. 숙첨(叔詹)이 간하여 말하기를 '신이 듣건대 하늘이 돕는 사람에게는 누구도 미칠 수 없다고 하였습니다. 진공자(晉公子)에게는 사람들이 미칠 수 없는 세 가지 특이한 점이 있으니, 하늘이 그를 임금으로 세우려는 것이 아닌지요. 그러니 군께서는 그를 예우하소서. 남녀가 동성이면 그 사이에서 태어난 자손은 번창하지 못하는 것이 상예(常禮)인데, 진공자는 희(姬)씨 소생인데도 지금에 이른 것이 그 첫 번째 특이한 점이고, 국외로 떠도는 환난(患難)을 만났는데도 하늘이 진(晉)나라를 안정시키지 않아 그 중이를 도운 격이 된 것이 두 번째 특이한 점이고, 세 사람의 따르는 자들은 그 재능이 남의 윗사람이 되기에 충분한 데도 그를 따르는 것이 세 번째 특이한 점입니다. 진(晉)나라와 정(鄭)나라는 동등한 무리이니 진나라의 자제가 우리나라를 지날 때 진실

---

364 『春秋左傳』, 僖公 23년 : 及曹, 曹共公聞其騈脅, 欲觀其浴, 薄而觀之. 僖負羈之妻曰 "吾觀晉公子之從者, 皆足以相國, 若以相, 夫子必反其國, 反其國, 必得志於諸侯, 得志於諸侯, 而誅無禮, 曹其首也. 子盍蚤自貳焉." 乃饋盤飧, 寘璧焉. 公子受飧反璧.

365 『春秋左傳』, 僖公 23년 : 及宋, 宋襄公, 贈之以馬二十乘.

로 예우(禮遇)하는 것이 마땅한데, 하물며 하늘이 돕는 사람을 예우하지 않겠습니까?'라고 하였다.

그러나 정문공(鄭文公)은 끝내 듣지 않았다.³⁶⁶ 신라가 망한 이유 중의 하나가 진골과 성골을 두어 동류끼리 결혼하는 풍습을 가진 것이었다. 진(晉)나라와 정(鄭)나라는 모두 희성국(姬姓國)이다. 지금도 윤리적 측면에서 뿐만이 아니라 후대를 위해서라도 동성결혼은 삼가야 할 사항이다. 숙첨은 중이가 동성사이에서 태어났음에도 불구하고 특별한 인물이었다는 점을 들어서 정문공에게 예우할 것을 간하였다. 그 후 진나라가 안정되지 않은 상황이 결국은 중이가 본국에 입국하게 되는 동기가 되기는 하지만 무엇보다도 중이 본인의 재능이 패제후다운 면모가 있었기 때문이었다. 그러므로 많은 인재들이 그의 주위에서 보좌하였고 이 점이 중이가 진문공이 된 이유이다. 한편, 이때에 숙첨이 중이를 예우하라고 간하였으나 조공공(曹共公)과 정문공(鄭文公)은 끝까지 중이를 예우하지 않았다.

초(楚)나라에 이르니 초자(楚子)가 주연(酒宴)을 베풀어 중이를 접대하며 '공자가 만약 진(晉)나라로 돌아가게 된다면 무엇으로써 불곡(不穀:나)에게 보답하겠소?'라고 말하니, 중이가 대답하기를 '자녀(子女)와 옥백(玉帛)이라면 임금께서 이미 소유하셨고, 우(羽)·모(毛)·치(齒)·혁(革)이라면 임금님의 땅에서 생산되니

---

366 『春秋左傳』, 僖公 23년 : 及鄭, 鄭文公亦不禮焉. 叔詹諫曰 "臣聞天之所啓, 人弗及也. 晉公子有三焉, 天其或者將建諸, 君其禮焉. 男女同姓, 其生不蕃, 晉公子, 姬出也, 而至於今 一也, 離外之患, 而天不靖晉國, 殆將啓之, 二也, 有三士, 足以上人, 而從之, 三也. 晉鄭同儕, 其過子弟固將禮焉, 況天之所啓乎?" 弗聽.

다. 우리 진(晉)나라에 흘러온 것들은 임금님께서 쓰시고 남은 것들이니, 무엇으로써 보답하겠소.'라고 하였다. 초성왕이 '그렇다면 무엇으로 보답하겠는가?'라고 하니, 중이가 대답하기를 '만약 임금님의 덕분에 진(晉)나라로 돌아가게 된다면 진(晉)나라와 초(楚)나라가 군대를 거느리고서 중원(中原)에서 만났을 때 임금님을 위해 삼사(三舍)를 물러나겠습니다. 그래도 전쟁을 중지하자는 임금님의 명을 들을 수 없으면 왼손에는 채찍과 활을 잡고 오른쪽에는 활집과 화살 통을 차고서 임금님과 한 판 겨루어 보겠습니다.'라고 하였다.

이에 초나라 영윤인 자옥(子玉)이 중이를 죽이라고 청하니 초자(楚子)는 '진공자(晉公子)는 뜻이 광대하면서도 검소하고 문화인이고 예(禮)가 있으며, 그 종자들은 엄숙하면서도 너그럽고, 충성스러워 힘을 다해 그 임금을 섬기는데, 현재의 진후(晉侯)는 친근한 사람이 없고 내외가 모두 그를 미워한다. 내가 듣건대 희성 제후 중에서 당숙의 후손이 가장 뒤에 쇠망할 것이라고 하니, 아마도 진공자(晉公子)가 장차 진나라의 임금이 될 것이기 때문이다. 하늘이 그를 일으키려 하는데 누가 그를 폐출할 수 있겠는가? 하늘의 뜻을 어기면 반드시 큰 재앙이 있을 것이다.'라고 하고서, 중이를 진나라로 보내 주었다.[367]

---

[367] 『春秋左傳』, 僖公 23년 : 及楚, 楚子饗之, 曰 "公子若反晉國, 則何以報不穀?" 對曰 "子女玉帛, 則君有之, 羽毛齒革則君地生焉, 其波及晉國者, 君之餘也, 其何以報君?" "曰雖然, 何以報我?" 對曰 "若以君之靈, 得反晉國, 晉楚治兵, 遇于中原, 其辟君三舍. 若不獲命, 其左執鞭弭, 右屬櫜鞬, 以與君周旋." 子玉請殺之, 楚子曰 " 晉公子廣而儉, 文而有禮, 其從者肅而寬, 忠而能力, 晉侯無親, 外內惡之. 吾聞姬姓唐叔之後, 其後衰者也, 其將由晉公子乎! 天將興之, 誰能廢之? 違天, 必有大咎." 乃送諸秦.

자옥(子玉)과 같은 초나라의 훌륭한 재상이 초나라의 장래를 위하여 중이를 죽이자고 하였으나 초성왕이 상당히 성숙한 태도로 중이의 면모를 높이 평가하였고 신의로써 중이를 대하였다. 그 후에 중이가 진문공이 되어서 삼사를 물리겠다는 약속 또한 이행하였으니 이는 춘추시대에 보기 드문 패제후 간의 신의의 이행이었다. 초성왕이 자옥의 말을 들었다면 역사의 판도는 달라졌을 것이다. 그러나 중이에게는 적국의 제후조차도 존중할 수밖에 없는 기운이 있었다고 보인다. 중이가 이렇듯 여러 나라를 방문한 것은 나중에 패제후가 되어서 천하를 다스릴 수 있는 인물이 된 학습의 과정이었고 중요한 여정이었다.

3) 진문공(晉文公)의 인격과 정치(正治)

정치(正治)와 부정치(不正治)는 진문공의 공과(功過)를 말한다. 한 나라에 임금이 된 자는 반드시 좌우에서 재능 있는 신하가 보좌해야만 정치(正治)를 할 수 있다. 진문공이 패제후가 된 것은 자범과 같은 충신이 있고 그를 따르는 자들이 많았기 때문이다. 진문공이 정치를 바르게 한 것이 『춘추좌전』, 희공(僖公) 27년(B.C. 633)의 기사에 보인다.

> 진후(晉侯)가 처음 귀국했을 때부터 백성들을 교도하였는데, 교도한지 2년 만에 문공이 이들을 사용해 전쟁하려 하니, 자범이 말하였다. "백성들이 아직 도의를 몰라 그 생활을 불안하게 여기고 있습니다." 이에 문공은 출병하여 양왕(襄王)의

위치를 안정시키고 환국하여 백성을 이롭게 하는 정치에 힘을 쓰니, 백성들이 생활을 편안히 여겼다. 문공이 다시 이들을 사용해 전쟁하려 하니 자범이 말하였다. "백성들이 아직 신의를 몰라 시행할 방법을 분명하게 알지 못합니다." 이에 문공은 원(原)을 쳐서 백성들에게 신의를 보이니, 물자를 교역하는 백성들이 많은 이익을 구하지 않고 약속한 말을 분명한 증거로 삼았다. 문공이 "이제 사용해도 되겠는가?"라고 하니 자범이 말하였다. "백성들이 아직 예를 몰라 공경하는 마음이 생기지 않습니다." 이에 문공은 군사훈련을 대대적으로 거행하여 예(禮)를 보이고, 집질(執秩)를 설치하여 관작의 등급을 바로잡으니, 백성들이 상사의 명을 따라 의심하지 않았다. 그런 뒤에 이들을 사용하여 곡(穀)에 주둔한 초나라의 병사를 축출하고 송나라의 포위를 풀었다. 그리고 한 번 전쟁하여 패업을 이루었으니 이는 문공이 백성을 교도(敎導)한 결과이다.[368]

위 문장의 집질(執秩)은 벼슬이름을 말한다. 진문공이 성복(城濮)의 전투에서 초나라를 패하고 무지한 백성들에게 문덕의 교화를 이루어 내어 패업을 달성한 것이다. 진문공이 처음 나라를 맡아서 정치를 함에 그 백성을 쓰는 일에 급급해 하지 않고 백성

---

[368] 『春秋左傳』, 僖公 27년 : 晉侯始入而敎其民, 二年, 欲用之, 子犯曰 "民未知義, 未安其居." 於是乎出定襄王, 入務利民, 民懷生矣. 將用之, 子犯曰 "民未知信, 未宣其用." 於是乎伐原以示之信, 民易資者, 不求豐焉, 明徵其辭. 公曰 "可矣乎?" 子犯曰 "民未知禮, 未生其共?" 於是乎大蒐以示之禮, 作執秩以正其官, 民聽不惑. 而後用之, 出穀戌, 釋宋圍, 一戰而霸, 文之敎也.

을 교화하는 일에 힘썼다는 것이 훌륭한 점이다. 그 교화의 내용은 백성들에게 예(禮)를 포함하여 의(義)를 가르친 것이다.

한편, 진문공의 사생활을 잠시 상고해 보고 인간성을 가늠해 본다면 그는 '개과천선(改過遷善)'하고 '불원복(不遠復)'하는 인물이었으며 진목공의 신임을 얻은 인물이었다. 진목공(秦伯)이 중이에게 여자 다섯을 보내 주었는데 회영(懷嬴)이 그 속에 끼어 있었다. 하루는 회영이 주전자에 물을 담아 들고 중이의 손에 부어 세수하게 하였는데, 세수를 마치고는 젖은 손의 물을 회영에게 뿌리니, 회영이 화를 내며 말하였다. "진(秦)나라와 진(晉)나라는 대등한 나라인데 어째서 나를 비천하게 대하십니까?" 중이는 겁이 나서 상의를 벗고 스스로 죄수(罪囚) 모양을 하고서 사죄하였다. 후일에 진목공(秦穆公)이 중이를 주연에 초대하였다. 자법(子犯)이 말하기를, "나는 말솜씨가 조쇠(趙衰)보다 못하니 조쇠를 데리고 가소서."라고 하였다. 연회 중에 공자가 〈하수(河水)〉를 읊으니 목공이 〈유월(六月)〉을 읊었다. 그러자 조쇠(趙衰)가 '중이는 배사하소서.'라고 하였다. 진문공이 뜰 아래로 내려가 절하고서 머리를 조아리니 목공이 한 계단을 내려가 사양하였다. 조쇠가 "진군께서 천자를 보좌하는 일을 들어(稱) 중이(重耳)에게 명하시니 중이가 감히 절하지 않을 수 있습니까?"[369]라고 말하였다. 대인은 개과천선함에 있어서 지체함이 없다. 이 사건은 후일에 진문공이 개과천선을 잘하였다고 평가되는 대목이다. 사소한 일이

---

[369] 『春秋左傳』, 僖公 23년 : 秦伯納女五人, 懷嬴與焉, 奉匜沃盥, 旣而揮之, 怒曰 "秦晉匹也, 何以卑我?" 公子懼, 降服而囚. 他日, 公享之. 子犯曰 "吾不如衰之文也, 請使衰從." 公子賦河水, 公賦六月. 趙衰曰 "重耳拜賜." 公子降拜稽首, 公降階一級而辭焉. 衰曰 "君稱所以佐天子者命重耳, 重耳敢不拜?"

라도 잘못되었음을 알면 즉시 사과하고 제자리로 돌아갈 수 있는 능력은 큰 인물의 소양인데 중이가 바로 그러하였다.

위의 진목공이 읊은 〈유월(六月)〉은 『시경』「소아」의 편명이다. 이 시는 윤길보가 주선왕(周宣王)을 도와 정벌한 일을 찬양한 시인데 공자가 진(晉)나라로 돌아가 임금이 되면 반드시 왕국을 바로잡을 것이라고 비유하여 읊은 시이다. 옛날에는 예회(禮會)에서 고시(古詩)를 이용해 자신의 뜻을 나타냈기 때문에 시를 읊어 단장(斷章)하였는데 온전한 시편의 이름을 칭한 것은 대체로 수장(首章)의 뜻을 취하였기 때문이다. 〈유월〉시의 수장에는 왕국(王國)을 바로 잡을 것을 말하였고 다음 장에는 천자(天子)를 도울 것을 말하였기 때문에 조쇠가 뭉뚱그려 말한 것이다. 진백(秦伯)이 다음해에 중이를 진나라의 임금으로 들여보냈다.370 두예는 진백이 중이를 임금으로 들여보냈다고 했다. 진목공이 희공 9년에 혜공(이오)을 진나라로 들여보냈다가 이번에는 중이를 세운 것이다.

위의 희영에 관한 기사가 희공 22년 기사에 보이는데, 진(晉)의 태자 자어(子圉)가 진(秦)에 인질로 잡혀있었다. 자어는 당시 아내였던 영씨(嬴氏)에게 함께 도망칠 것을 요청하였다. 그러자 영씨(嬴氏)는 자어에게 진나라 태자로서 우리나라에 잡혀와 치욕을 당하고 있으니, 돌아가고자 하는 것도 당연하나 자신의 나라

---

370 『春秋左傳』, 僖公 23년, 두예주 : 六月詩小雅, 道尹吉甫佐宣王征伐, 喩公子還晉, 必能匡王國. 古者禮會, 因古詩以見意, 故言賦詩斷章, 其全稱詩篇者, 多取首章之義. 詩首章言匡王國, 次章言佐天子, 故趙衰因通言之. 爲明年秦伯納之張本.

임금이 본인에게 자어를 모시게 한 것은 자어를 붙잡아두기 위해서라는 것을 알았다. 만일 자어를 따라서 진(晉)나라로 간다면 진(秦)을 배신하는 일이니 따라나서지 않았다. 그러나 이러한 사실을 발설하지도 않았다. 이에 자어 혼자 진(晉)나라를 도망쳐 돌아갔는데, 뒤에 영씨(嬴氏)는 다시 진문공(晉文公)이 된 공자 중이(重耳)의 아내가 되었다.

영씨는 바로 회영이다. 회영에 대하여 여동래는 "부모 자식은 한 몸이요, 부부도 한 몸이다. 저쪽에 피해를 당하면 이쪽에 상처를 입는 것이다. 의리로 따져서 자어를 온전히 돌보지 못하고서야 어찌 족히 자신의 몸인들 온전히 할 수 있겠느냐? 이것이 회영이 처음에는 구차하게 모면하고자 했다가, 끝에는 두 남편을 섬기는 치욕을 면하지 못한 까닭이다."[371]라고 하였다. 회영의 처신은 진목공을 배신하지도 않았고 자어의 뜻도 저버리지 않았다. 그러나 그 뒤에 온 결과는 진문공이 진(秦)나라의 후광으로 제후가 되었고, 자신은 다시 진문공(晉文公)의 처첩이 된 것이다. 분명한 것은 진문공은 계외(季隗)와 영씨(嬴氏) 등 처첩에게까지 신임을 받았으니 그의 가치(家治)하는 수준을 높이 인정 할 수밖에 없다.

한편 진문공은 여식에 대한 교육이 잘 되었으며 그 여식의 역량이 보통사람과 달랐다는 내용이 『춘추좌전』, 희공(僖公) 24년(B.C.636) 기사에 보인다.

---

[371] 『東萊博義』, 僖公 23년 : 父子一體也, 夫婦一體也. 害於彼則傷於此矣. 義不足以全子圉, 又何足以全其身哉? 此嬴氏所以始欲苟免, 而終不免於二嬖之辱也.

적인(狄人)이 계외(季隗)를 진(晉)나라로 보내면서 그 두 아들의 거취를 물었다. 문공이 딸을 조쇠에게 아내로 주어 원동(原同)·병괄(屛括)·루영(樓嬰)을 낳았다. 조희(趙姬)가 조쇠에게 순과 그 어미를 맞아오기를 청하니 자여가 거절하였다. 조희가 말하기를, "새로 사랑하는 사람을 얻었다고 하여 사람을 잊는다면 어떻게 사람을 부릴 수 있겠습니까? 반드시 맞이해 오십시오."라고 하면서 굳이 청하니 조쇠는 허락하였다. 순과 그 어미가 온 뒤에 조희는 순이 재주가 있다고 여겨 문공에게 굳이 청하여 순을 적자로 삼고서 자기의 세 아들을 그의 하위에 있게 하고, 숙외를 내자로 삼고서 자기는 그의 하위가 되었다.[372]

조희(趙姬)는 문공(文公)의 여식이다. 순(盾)은 적여(狄女) 숙외가 낳은 아들이다.[373] 문공의 딸 조희가 문공의 신하인 조쇠와 혼인을 하였다. 그런데 문공과 조쇠가 적나라에서 망명 생활 중에 적나라의 여인과 혼인한 사실이 있었고, 조쇠에게는 순이라는 아들이 있었다. 이제 세상이 바뀌고 상황이 바뀌어 문공과 조쇠가 진나라에서 권세를 잡은 상황에서 조희가 그 작은 나라에 있는 옛날의 부인을 받아들였고 그 아들을 적자로 인정한 것이다. 이것은 윗자리를 확보한 부인이 아래를 향하여 대처할 수 있

---

[372] 『春秋左傳』, 僖公 24년 : 狄人歸季隗于晉, 而請其二子. 文公妻趙衰, 生原同屛括樓嬰. 趙姬請逆盾與其母, 子餘辭. 姬曰:"得寵而忘舊 何以使人? 必逆之." 固請, 許之來. 以盾爲才, 固請于公, 以爲嫡子, 而使其三子下之, 以叔隗爲內子, 而己下之.
[373] 『春秋左傳』, 僖公 24년, 두예주 : 趙姬, 文公女也. 盾狄女叔隗之子.

는 역량에 한계가 있을 법인데 조희(趙姬)의 역량은 춘추시대에 다른 여인들과 비교하면 그 역량이 달랐다. 조희는 정치적인 입지가 분명하였다. 남편과 친부(親父)의 권세만으로도 자신의 지위는 확실히 정해진 것이었다. 그런데도 자신의 사욕을 멀리하고 부인의 순서를 분명하게 하였으며, 적자와 차자의 천서를 존중하였으니, 다른 여인들과의 비교는 물론이고 사대부들과 비교하여도 모자람이 없었다.

인물은 하늘이 내린다고 하는데 진문공도 역시 그러하였다. 이에 대한 『춘추좌전』, 희공(僖公) 28년(B.C.632)의 기사는 다음과 같다.

> 초자(楚子)가 신(申)땅으로 들어가 거주하면서 신숙(申叔)에게는 곡(穀)으로 떠나게 하고 자옥(子玉)에게는 송나라로 가게 하면서 말하였다. "진군(晉軍)을 추격하지 말라. 진후(晉侯)가 망명하여 국외에 19년 동안 있었고 끝내 진(晉)나라를 얻었으니, 세상의 험하고 어려운 일들을 빠짐없이 경험하였고, 백성들의 진실과 거짓을 모두 알고 있다. 그런데다가 하늘이 그에게 시간을 주어 또 그의 해악을 제거하였으니, 하늘이 세운 사람을 어찌 사람의 힘으로 폐할 수 있겠는가?"[374]라고 하였다.

---

[374] 『春秋左傳』, 僖公 28년 : 楚子入居于申, 使申叔去穀, 使子玉去宋, 曰 "無從晉師. 晉侯在外, 十九年矣, 而果得晉國, 險阻艱難, 備嘗之矣, 民之情僞, 盡知之矣. 天假之年, 而除其害, 天之所置, 其可廢乎?"

진후가 어렵고 험난한 일을 모두 경험하였고 진실과 거짓을 모두 아는 유덕자이니, 더불어 대적할 자가 없었다.[375] 진문공은 춘추시대에 하늘이 내린 자라는 것이다. 하늘이 그를 19년 동안 고난으로 단련시켜서 패제후로 키운 것이니 누가 그를 대적 할 수가 있겠는가? 초자(楚子)는 이미 이러한 실정을 알고 있었다. 그런데도 공자는 진문공을 '휼이부정(譎而不正)'이라고 평가하였다. 물론 공자는 그 이유를 자세하게 언급하지는 않았으므로 우리는 알 수가 없다. 그래서 필자는 이러한 점을 다음과 같이 정리하고자 한다.

4) 진(晉)나라의 주(周)에 대한 미조현(未朝見)

진문공을 '휼이부정(譎而不正)'이라고 평가한 공자의 평가에 두예도 뜻을 같이 하였다. 28년(B.C.632) 경문에 "천왕(天王)이 하양(河陽)에서 사냥하였다."[376]라고 하였고 이에 대한 『춘추좌전』의 기사는 다음과 같다.

> 이번 회합에 진후가 왕을 불러 제후를 거느리고 조현(朝見)하고, 또 왕에게 사냥하게 하였다. 이에 대해 중니(仲尼)는 "신하로서 임금을 부른 것은 교훈이 될 수 없다."라고 하였다.

---

[375] 『春秋左傳』, 僖公 28년, 임요수주 : 晉侯備嘗艱險, 盡知情僞爲有德, 不可與之敵也.
[376] 『春秋』, 僖公 28년 : 天王狩于河陽.

그러므로 경에 "천왕이 하양에서 사냥하였다."라고 기록하였으니, 이는 왕이 사냥할 땅이 아님을 말한 것이고, 또 진문공의 덕을 밝힌 것이다.[377]

좌구명은 진문공을 시종일관 유덕자로 평가하며 기사를 쓰고 있다. 정태현도 "자혐강대불감조주(自嫌强大不敢朝周)는 진나라가 강대함에 스스로 만족하여 감히 주(周)나라로 가서 조현(朝見)하지 않았다는 뜻이다. 이 소(疏)에 의하면 진문공의 본심은 제후를 대대적으로 모아 함께 천자를 섬기는 것을 신하의 명분과 도의로 삼고자 한 것이고, 실로 천자의 자리를 엿보려는 마음은 없었다. 그러나 이때 주나라 왕실이 이미 쇠퇴하여 천자의 힘이 미약하였으니, 갑자기 아홉 나라의 군대 수십만을 거느리고 경사로 가서 천자를 알현한다면 찬탈하려는 의도가 있을 것으로 오인될 우려가 있기 때문에 주나라로 가지 않고 왕이 오도록 불렀다는 뜻이다."[378]라고 진문공의 잘못이 없다는 입장이다.

그러나 두예와 주신은 진문공(晉文公)을 비난하였다. 두예는 "진후는 제후를 크게 회합하여 천자를 존경해 섬기는 것을 명분과 의리로 삼고자 하였으나, 진나라가 강대함에 스스로 만족하여 감히 주(周)나라로 가서 조현(朝見)하지 않았고, 왕이 나와서 사냥하도록 설득하여 모든 제후들이 신하의 예를 다하게 하였으니, 이것이 모두 휼이부정(譎而不正)한 일들이다."[379]라고 하였다.

---

377 『春秋左傳』, 僖公 28년 : 是會也, 晉侯召王, 以諸侯見, 且使王狩. 仲尼曰 "以臣召君, 不可以訓." 故書曰 "天王狩于河陽", 言非其地也, 且明德也.
378 정태현 역주, 『譯註春秋左氏傳2』, 전통문화연구회, 259쪽, 역자주.

그리고 주신은 '진(晉)은 제후국이고 주(周)는 천자국이니 이는 신하로서 임금을 부른 것이요, 천하에 교훈 삼아 보여줄 수 없는 일이다. 겨울사냥을 수(狩)라고 하니 대개 천자와 제후가 사냥을 하는 것은 자신의 나라를 벗어나지 않는 것이다. 지금 하양은 진(晉)나라의 소속이니 천왕이 사냥한 것은 그 자신의 땅을 벗어난 것이다. 그러므로 곧 진후가 왕을 부른 죄가 드러난 것이다.'[380] 라고 하였다.

진문공이 제후로서 천왕을 부르는 일은 비례(非禮)이다. 『춘추좌전』에서 진문공의 덕을 명덕이라고 한 것은 진문공의 덕이 아름다운 덕으로 쓰인 글은 아닌 것으로 보아야 한다. 『논어』에 진문공(晉文公)은 '휼이부정(譎而不正)'이라고 하였다. 공자는 진문공과 제환공을 대비시켜서 제환공(齊桓公)이 왕도에 가까운 정치를 했다고 평가하였다. 이 평가는 첫째 진문공이 초(楚)와의 전쟁에서 계교를 사용하였다는 점 때문이다. 둘째 입국하는 과정에서 조카인 회공(懷公)이 역량이 부족하여 정국을 혼란한 상황으로 만들었지만 그러한 정국의 틈을 이용하여 제나라와 진나라의 도움을 받아가면서 까지 입국하여 제후가 된 것이다. 이러한 상황에 대하여 성현들도 자세히 언급하지 않았으나 지금에 와서 상고해 보면 '휼이부정'하다고 평가를 받은 이유가 아마도 이 때문인 것으로 보인다. 이것은 주공이 어린 성왕을 보좌한 것과 비

---

379 『春秋左傳』, 僖公 28년, 두예주 : 晉侯大合諸侯, 而欲尊事天子以爲名義, 自嫌强大, 不敢朝周, 喩王出狩, 因得書, 群臣之禮, 皆譎而不正之事.

380 『春秋左傳詳節句解』, 僖公 28년 : 晉諸侯, 周天子, 是以臣召君也, 不可以示訓于天下, 冬獲曰狩, 蓋天子諸侯田獲, 不出封內. 今河陽屬晉而天王狩焉, 是失其地也. 然則晉侯召王之罪著矣.

교하여 보면 그 진위를 알 수 있다.

　　진문공은 진헌공의 아들로서 '신생지난(申生之亂)'에 출분하여 적(狄)-위(衛)-제(齊)-조(曹)-송(宋)-정(鄭)-초(楚)-진(秦)나라를 다니면서 망명생활을 하였다. 그 와중에도 진나라는 왕자들에 의하여 국정이 혼란하였다. 진문공의 망명생활 19년은 패제후가 되기 위한 학습의 여정이었다. 그는 패제후가 되어서 덕치를 하려고 노력하였다. 그러나 나라가 강성해지자 주나라에 대한 조현의 예를 하지 않았다. 그러므로 진문공(晉文公)에 대하여 '휼이부정(譎而不正)'하다는 공자의 평가는 '휼(譎)'과 '부정(不正)'에 각각 이유가 있다. '휼(譎)'은 진문공이 초와의 전쟁에서 계략적이었기 때문에 붙여졌다. 그리고 '부정(不正)'은 당시에 진문공 자신을 따르는 현자들이 많았고 국제적으로도 정치적인 기반을 다졌다고는 하지만 정국이 혼란한 틈을 타서 조카인 회공을 죽이고 정권을 잡았기 때문에 붙여진 것으로 보아야 한다.

　　임금은 임금다워야 하고 신하는 신하다워야 한다. 임금은 제후를 가리키며 그 제후가 왕도정치를 했는지 패도정치를 했는지 하는 문제는 본인에게 있어서 수신의 문제로 시작하여 평천하의 여부에 까지 영향을 미치기 때문에 중요하다. 더욱이 제후의 위치가 중요한 것은 위로는 주나라를 섬기고 아래로는 작은 나라와 조화를 이루며, 이것을 실천하기 위하여 신하와 백성을 잘 관리해야하는 위치에 있기 때문이다.

　　춘추시대의 제후 제환공(諸侯 齊桓公)과 제후 진문공(諸侯 晉文公)의 정명(正名)에 대한 공자의 평가는 상반되었다. 강대한 정도를 따진다면 제환공 보다는 진문공이 그 정치를 잘했다고 볼 수 있고, 그 강성함이 오래 지속되었다는 면에서도 역시 진문공의 공이 훨씬 크다고 본다. 그러나 공자는 강대한 힘에 초점을 두어서 제후들을 평가하지 않았다.

　제환공이 적의 신하인 관중을 중용한 점은 대단한 포용력을 갖춘 인물이라는 점을 증명하며, 그를 통하여 자소정치(慈小政治)와 존왕정치(尊王政治)를 하여서 상하의 조화를 이루어냈다는 점에서 높이 평가되었다. 반면에 진문공은 비록 계모에 의하여 환란을 겪고 망명생활을 하면서 정치의 역량을 키운 인물이며 진나라에 하늘이 내린 인물이라고 하나, 그 인물이 제후가 된 과정이 조카를 죽이고 나라를 얻었다는 면을 든다면 강대한 힘을 키운 공조차도 정명에 맞지 않았다는 것이 공자의 판단인 것이다.

　제후들이 득세하고 무력이 난무한 세상에서 공자는 진문공과 제환공을 대비하여 그 정명론을 간단하게 한마디로 제시하였다. 그래서 그 정명의 근거를 필자의 작은 지혜로 찾아본다는 것이 무리가 있었으나 작은 시도였다는 점에 의미를 두며, 이 제환공과 진문공의 명분론은 결과만을 중시하고 과정을 소외시키기도 하는 풍조 속에서 무조건적인 득세에 관심이 있는 현대인들에게 교육적으로 시사하는 바가 크다고 본다. 또한 이 두 제후에 대하여 공자는 정(正)과 부정(不正)을 강조하여 언급하였으나 그 속에 중(中)과 부중(不中)의 의미를 함께 포함한다는 것을 알 수 있다. 제후라는 자리는 천자와의 주종관계 상에서 볼 때 천자가 주인이라면 제후는 속인이다. 또 자국의 신하나 약소국과의 주종관계 상에서 본다면 제후가 주인이 되며 신하는 속인이 된다. 그러므로 제후의 정명(正名)은 곧 중정론(中正論)으로 보아도 무방하다. 이에 진문공보다 제환공이 중정(中正)에 근사하게 접근하였다고 보아야 하며, 반드시 제환공이 중정(中正)하였다는 것은 아니다. 그러므로 단지 '정이불휼(正而不譎)'과 '휼이부정(譎而不正)'은 불휼과 부정이 곧 정(正)과 휼(譎)을 대변하지 않으며, 이 두 제후를 비교한다면 다소 정하고 휼하였지만, 진문공에 비하여 제환공이 중정했다는 것이 아니고 중정(中正)에 가까웠다고 인식하는 것이 옳다고 본다.

3. 춘추제가(春秋諸家)의 정치방식과 춘추대의(春秋大義)

춘추시대는 주나라가 동천한 시기, 즉 기원전 770년부터 기원전 476년까지를 말한다. 이때는 하·상·주를 통틀어 정치와 도덕적으로 가장 문란한 시기였다. 그래서 많은 사상가들이 등장하며 그 중에 공자는 인간 중심적인 도덕을 중시한 인물이었다. 공자는 『춘추』를 통하여 역사에 나타나는 구체적 사건들에 대하여 시비(是非)와 정사(正邪)와 선악(善惡)을 분별하고, 도덕성을 바탕으로 하여 인간의 대의를 표명하였다. 그래서 『춘추』는 후기 유학자들의 의리 판단과 평가의 표준이 되기도 한다.[381] 공자는 인(仁)을 실현하고자 비판과 판단이라는 때로는 냉정하고 날카로운 잣대로써 춘추시대의 인물과 사건들에 대하여 단정(斷定)하였다. 이것이 후세에 와서 비판이라고 하는 비관적인 단어로 표현되지만 이것은 엄밀하게 말하면 공자의 평가관에 의한 단정이

---

[381] 오석원, 「유교의 역사의식」, 『한국 도학파의 의리사상』, 유교문화연구소, 2005, 64-85쪽.

라고 말할 수 있다.

공자는 비판이나 비평을 하고자하는 의도를 갖고 있지 않으며 단지 평가에 의한 단정이 후세에 시간과 공간의 한계성으로 인하여 변질되는 것을 우려했기에 냉정하고도 날카로운 잣대를 세운 것이다. 그러나 이러한 잣대에 의한 단정(斷定)이 너무나도 간이(簡易)하므로 현대인이 성인의 광대하고 심오한 의지를 찾아내는 데에는 한계가 있다. 이에 『춘추』의 인물과 사건에 대한 후인들의 다양한 비판견해(批判見解)를 상고하여 춘추시기의 시대정신을 도출하고자 한다. 본 장에서는 노장공(魯莊公)과 정장공(鄭莊公)과 영고숙(潁考叔)에 대한 비판견해로써 그 근원에 존주(尊周)·존노정신(尊魯精神)이 있음을 밝히고, 아울러 좌구명(左丘明)의 존노의식(尊魯意識)과 공자(孔子)의 존노사상(尊魯思想)을 보고 상이한 점을 점검하여 공자의 시대정신을 상고해 보고자한다.

『춘추』의 글은 고대부터 있던 것이 아니고 공자가 지은 것이다. 『춘추』는 맹자(孟子)가 잘 알았는데 이치에 밝고 의(義)가 정밀하지 아니하면 배우기가 어려우니 선유(先儒)들이 이에 미쳐서 알지 못하였고 그 설(說)에 오류가 많았다.[382] 『춘추』의 핵심이 '리명의정(理明義精)'이기에 사람을 평가할 때에도 사실적 원리에 맞아야 하며 도덕적 원리에도 밝아야 한다. '리명의정(理明義精)'의 리(理)는 이치를 말하고, 의(義)는 처사(處事)함에 정밀한 것을 말한다. 옳고 그름의 원리를 알고 그 원리의 소이연을 명확하게 파악해야만 명분 있는 행위를 감행 할 수 있다. 그러므로 이 장

---

382 『近思錄』, 권3 : 春秋之書, 在古無有, 乃仲尼所自作. 惟孟子能知之, 非理明義精, 殆未可學, 先儒, 未及此而治之 故其說多鑿.

에서는 『춘추』와 『춘추좌전』의 기사 중에 후대에 시비의 판단이 상이한 내용을 발췌하여 공자의 비판근거가 존주적(尊周的)·존노적(尊魯的) 측면에 있다는 것을 도출하고자한다.

1) 노장공에 대한 좌구명의 존노적(尊魯的) 평가와 주신(朱申)의 비판

『춘추』는 은공·환공·장공·민공… 순으로 노나라 제후의 역사를 기록하였다. 노장공은 환공의 아들이다. 이전에 노나라의 환공(桓公)과 문강(文姜)이 제나라에 갔을 때 장공의 어머니인 문강이 이복 오빠인 제양공(齊襄公)과 간통하는 사건이 있었다. 이에 환공이 문강을 문책하자 제양공은 공자 팽생(彭生)을 시켜 환공을 살해하였다. 이에 대해 노나라가 항의하자, 제양공(齊襄公)은 다시 팽생을 죽이게 된다. 이에 대하여 환공(桓公) 18년(B.C. 694) 경문에 "8년 봄 주왕(周王) 정월 환공(桓公)이 제후(齊侯)와 력(灤)에서 회합하였다. 회합을 마친 뒤에 환공(桓公)이 부인 강씨(姜氏)와 함께 마침내 제나라로 갔다."383라고 하였다. 이 사건에 대한 『춘추좌전』의 기사는 다음과 같다.

> 18년 봄에 환공이 외출을 계획하고서 드디어 강씨(姜氏)와 함께 제나라로 가려 하자, 신유(申繻)가 말하기를 "여자에게는 남편이 있고 남자에게는 아내가 있어서, 서로 모독하지 않는

---

383 『春秋』, 桓公 18年 : 十有八年春王正月, 公會齊侯于灤, 公與夫人姜氏遂如齊.

것을 예라고 하는데 이를 어기면 반드시 패망합니다."라고 하였다. 환공은 그의 말을 듣지 않고 제후와 력(濼)에서 회합하고서 드디어 문강과 함께 제나라로 갔다. 제후(齊侯)가 문강(文姜)과 간음하자 환공(桓公)이 문강을 꾸짖으니 문강(文姜)이 이를 제후에게 고해 바쳤다. 여름 4월 병자일에 제후는 연회를 열어 환공을 접대하고서 공자 팽생(彭生)을 시켜 환공을 수레에 태우게 하였는데, 환공이 수레 안에서 훙(薨)하였다. 노인(魯人)이 제나라에 고하기를 "우리 임금께서 제군(齊君)의 위엄을 두려워하여 감히 편안히 거처하지 못하고 제나라로 가서 옛 우호를 중수하셨는데, 회합의 예가 끝난 뒤 아직까지 돌아오지 않으셨으나 죄를 물을 곳마저 없으니, 제후(諸侯)들 사이에 좋지 않은 소문이 돌고 있습니다. 그러니 팽생을 죽여 이런 소문이 사그라지게 하소서."라고 하니 제인(齊人)이 팽생을 죽였다.[384]

그 다음해인 『춘추』, 장공(莊公) 원년(元年:B.C.693)에는 '원년(元年) 무자 봄 주왕 정월(周王 正月)이다.'[385]라고만 기록되어 있다. 이 기록에 대한 『춘추좌전』의 기사는 "원년 봄에 즉위를 칭하지 않은 것은 문강(文姜)이 국외에 나가 있었기 때문이다."[386]라고 하

---

[384] 『春秋左傳』, 桓公 18年 : 十八年春, 公將有行, 遂與姜氏如齊, 申繻曰 "女有家, 男有室, 無相瀆也, 謂之有禮, 逆此必敗." 公會齊侯于濼, 遂及文姜如齊. 齊侯通焉, 公謫之以告. 夏四月丙子, 享公, 使公子彭生乘公, 公薨于車. 魯人告于齊曰 "寡君畏君之威, 不敢寧居, 來修舊好, 禮成而不反, 無所歸咎惡於諸侯. 請以彭生除之." 齊人殺彭生.
[385] 『春秋』, 莊公 元年 : 元年, 戊子春, 王正月.
[386] 『春秋左傳』, 莊公 元年 : 元年, 春, 不稱卽位, 文姜出故也.

였다. 문강은 환공(桓公)과 함께 제나라에 갔다가 환공이 제나라에서 피살되었기 때문에 감히 환국하지 못하였다. 장공(莊公)은 아버지가 시해되고 어머니는 외국에 나가 있었기 때문에 차마 즉위식을 거행할 수 없었다. 문강이 돌아오지 않은 사실에 의거해 기록하였기 때문에 전(傳)에 '문강(文姜)이 외국에 나가 있기 때문이다.'라고 칭한 것이다. 문강은 이때에 장공의 뜻에 감동하여 돌아왔으나, 경(經)에 기록하지 않은 것은 종묘에 고하지 않았기 때문이다.[387]

그 후 『춘추』, 장공(莊公) 8년(B.C.686)에 "여름에 노나라 군대가 제나라 군대와 함께 성국(郕國)을 포위하였는데, 성국(郕國)이 제나라 군대에 항복하였다."[388]라고 하였다. 이 사건에 대한 『춘추좌전』의 기사는 다음과 같다.

> 여름에 노나라 군대가 제나라 군대와 함께 성국(郕國)을 포위했는데 성국이 제나라 군대에 항복하였다. 그러자 중경보(仲慶父)가 제군(齊軍)을 공격하자고 요청하니, 장공(莊公)이 말하기를 "안 된다. 내가 실로 부덕해서이니 제군(齊軍)에게 무슨 죄가 있겠는가? 죄는 나에게 있다. 하서(夏書)에서 고요(皐陶)는 힘써 덕을 펴서 덕이 두루 미쳤기 때문에 사람들이 복종하였다고 하였으니, 우선 힘써 덕을 닦아 때를 기다리자."라고 하였다. 가을에 환군(還軍)하였다. 군자(君子)는 이일로 노장공(魯莊公)을 훌륭하게 여겼다."[389]

---

[387] 『春秋左傳』, 莊公 元年,, 두예주 : 文姜與桓俱行, 而桓爲齊所殺, 故不敢還, 莊公父弒母出, 故不忍行卽位之禮. 據文姜未還, 故傳稱文姜出也. 姜於是感公意而還, 不書, 不告廟.
[388] 『春秋』, 莊公 8년 : 夏, 師及齊師圍郕, 郕降于齊師.

여기서 군자는 좌구명이다. 좌구명은 장공이 덕을 닦아서 때를 기다린 것을 훌륭하다고 하였다. 좌구명이 노장공을 훌륭하다고 평가한 것에 반하여 주신(朱申)은 "제양공(齊襄公)이 손아래 누이와 간음하여 노환공(魯桓公)을 장살(戕殺)하였으니, 노장공(魯莊公)에게는 한 하늘 아래 함께 살 수 없는 원수인데도 장공은 군부의 원수를 갚지 못하였고, 또 예(禮)로써 그 어머니의 불륜(不倫)을 방지하지도 못하였다. 그리고 또 원수와 함께 군사를 일으켜 성국(郕國)을 쳤으니 이것이 무슨 마음이란 말인가. 그런데 좌씨는 군자가 노장공을 훌륭하게 여겼다고 하였으니, 나는 이것이 무슨 말인지를 모르겠다."390고 노장공을 비판하였다.

한편, 여동래의 입장은 "제후(諸侯)의 부인은 부모가 돌아가면 대부(大夫)를 시켜 그 형제에게 문안하는 것이 예이다. 고모나 누이같이 시집간 여인이 친정에 오면 형제들은 동석하지 않는 것이 역시 예였다."391라고 남녀가 동석하지 않는 것이 예인데 노장공과 문강이 동석한 것에서부터 잘못되었음을 지적하였다.

그 후, 장공(莊公) 원년(元年) 무자(戊子) B.C.693 경문에 "3월에 부인이 제나라로 도망갔다."392라고 하였는데 여기서 부인은 문강이다. 이 사건에 대한 『춘추좌전』의 기사는 "3월에 부인이

---

389 『春秋左傳』, 莊公 8년 : 夏, 師及齊師圍郕, 郕降于齊師. 仲慶父請伐齊師, 公曰 "不可. 我實不德 齊師何罪, 罪我之由, 夏書曰 皐陶邁種德, 德乃降, 姑務修德, 以待時乎!" 秋, 師還. 君子是以善魯莊公.
390 『春秋左傳詳節句解』, 莊公 8년 : 齊襄淫乎其妹, 而戕殺魯桓公, 乃莊公不共戴天之讐也, 莊公旣不能爲君父復讐, 又不能以禮防閑其母. 且與讐人共輿師而伐郕, 獨何心哉? 左氏, 乃謂君子善魯莊公, 愚不知其何說也.
391 『東萊博義』, 莊公 8년 : 國君夫人父母沒, 則使大夫寧於兄弟, 禮也. 姑姊妹已嫁而反, 兄弟弗與同席, 亦禮也.
392 『春秋』, 莊公 元年 : 三月, 夫人孫于齊.

제나라로 도망갔다. 경(經)에 강씨(姜氏)라고 칭하지 않고 부인(夫人)이라고 칭한 것은 제나라와 관계를 단절하여 친속(親屬)으로 여기지 않은 것이니, 예(禮)에 맞는 처사였다."[393]라고 기록하였다.

    노장공에 대하여 좌구명은 훌륭하다고 평가하였고, 주신(朱申)은 부모의 원수를 몰라보고 한층 더 제나라와 손을 잡고 대사를 도모했다는 점을 들어서 친친의 의를 몰랐다고 평가하니 이러한 상이한 점이 있다. 역시 좌구명은 노장공에 대해서 직접적인 비판의 입장에서 기록할 수 없었다. 그러나 후인들의 좌구명에 대한 평가는 비판적이다. 주신과 여동래 등 송대 인물은 노나라와 노나라 제후에 대한 평가에 있어서 좌구명 보다는 당연히 자유로울 수 있었다. 여기서 좌구명의 존노적(尊魯的) 평가는 후대 인물로 하여금 또 다른 비판의 대상이 되고 있으나 이것은 자신의 조국에 대한 친친적(親親的) 입장에서 출발한 애국심의 발로였다는 점에서는 당연한 것이었다.

2) 정장공의 존주(尊周)와 신하인 영고숙의 한시적순효(限時的純孝)

영고숙(潁考叔)은 정나라 대부이다. 정장공이 어머니 무강(武姜)의 편애로 인하여 동생인 공숙단(共叔段)의 잘못을 잘못인줄 알면서 방관하였고 이로 인해서 공숙단을 극(克)하고 어머니 무강(武姜)

---

[393] 『春秋左傳』, 莊公 元年 : 三月, 夫人孫于齊. 不稱姜氏, 絶不爲親, 禮也.

을 보지 않는 지경에 이르렀다. 이에 영고숙이 정장공의 어머니 무강에 대한 불효를 현명한 지모로써 해결한 사건에 대하여 좌구명·여동래·두예·공양전의 평가는 차이를 보인다. 사건의 발단은 『춘추』, 은공(隱公) 원년(元年:B.C.712)에 있다. 그 경문에 "여름 5월에 정백이 단(段)을 언(鄢)에서 이겼다."[394]라고 하였다. 이에 대한 『춘추좌전』, 은공 원년의 기사는 다음과 같다.

> 당초에 정무공(鄭武公)이 신국(申國)에서 아내를 맞이하였으니 그가 무강(武姜)이다. 무강(武姜)이 장공(莊公)과 공숙단(共叔段)을 낳았는데 장공이 오생(寤生)하여 강씨(姜氏)를 놀라게 하였다. 그러므로 이름을 '오생(寤生)'이라고 하고서 그를 미워하였고, 공숙단(共叔段)을 사랑하여 그를 세우려고 자주 정무공(鄭武公)에게 청하였으나 정무공이 허락하지 않았다. 뒤에 장공(莊公)이 즉위함에 있어서 무강(武姜)이 공숙단을 위해 제읍(制邑)을 청하니, 장공이 말하기를 '제읍(制邑)은 지세가 험한 고을이어서 괵숙(虢叔)이 그 곳에서 죽었으니, 다른 고을을 청하신다면 명대로 따르겠습니다.'라고 하였다. 경성(京城)을 청하니 그를 그곳에 살게 하고는 그 곳을 '경성대숙(京城大叔)'이라고 하였다.[395]

---

394 『春秋』, 隱公 元年 : 夏五月, 鄭伯克段于鄢.

395 『春秋左傳』, 隱公 元年 : 初, 鄭武公娶于申, 曰武姜. 生莊公及共叔段, 莊公寤生, 驚姜氏. 故名曰寤生, 遂惡之, 愛共叔段, 欲立之, 亟請於武公, 公不許. 及莊公卽位, 爲之請制, 公曰 "制巖邑也, 虢叔死焉, 佗邑, 唯命." 請京, 使居之, 謂之京城大叔

이에 대하여 두예는 "경문에 정국(鄭國)이 토벌하였다고 칭하지 않고 정백(鄭伯)이라고 말한 것은 아우를 잘못 가르친 것을 나무란 뜻이다. 공숙단도 아우답지 못했기 때문에 아우라고 말하지 않아서, 정백(鄭伯)이 비록 동생 교육을 잘못하기는 하였으나 단(段)도 역시 흉역(凶逆)했음을 밝혔다."[396]라고 하였다. 그 후 이에 대하여 신하인 채중과 장공의 대화가 『춘추좌전』, 은공 원년(B.C.712)의 기사에 보인다.

채중(祭仲)이 말하기를 "국도 이외의 도성이 백치를 넘는 것은 국가의 화가 됩니다. 선왕(先王)의 제도에 대도(大都)의 성(城)은 국도의 3분의 1, 중도는 5분의 1, 소도는 9분의 1을 넘지 못하는 것인데, 지금 경성(京城)은 법도에 맞지 않으니 선왕의 제도가 아닙니다. 주군께서 장차 감당하지 못하게 될 것입니다."라고 하니, 장공(莊公)이 말하기를 "어머니 강씨가 이렇게 하기를 바라니 내 어찌 화를 피할 수 있겠는가?"라고 하였다. 그러자 채중(祭仲)이 대답하기를 "강씨야 어찌 만족이 있겠습니까? 그러니 일찍이 조처하여 뻗어나지 못하게 하는 것만 못합니다. 뻗어나가면 도모하기 어렵습니다. 뻗어나면 풀도 제거하기 어려운 것인데, 하물며 임금님의 총애하는 아우를 어떻게 하겠습니까?"라고 하니, 장공(莊公)이 말하기를 "불의한 짓을 많이 행하면 반드시 스스로 패망할 것이니, 그대는 우선 때를 기다리라."라고 하였다.[397]

---

396 『春秋左傳』, 隱公 元年, 두예주 : 不稱國討, 而言鄭伯, 譏失敎也. 段不弟, 故不言弟, 明鄭伯雖失敎, 而段亦凶逆.

공숙단이 경성에 백치가 넘게 성을 쌓으니 정장공은 나중에 감당하기 어렵게 된다는 것을 알았다. 채중은 공숙단이 세력을 키워나가면 장차 제어하기 어려우니 내버려 두면 안 된다고 장공에게 말했으나 장공(莊公)은 이미 단(段)이 패망의 길을 가는 것을 알고 있었고, 그것을 내버려 두었다. 이렇게 공숙단이 잘못되는 줄 알면서도 방치한 것이 장공의 허물이다. 이와 같은 입장에서 『춘추좌전』, 은공 원년(B.C.712)의 기사를 보면, "『춘추』에 정백이 언에서 단을 극하였다고 기록하였으니, 이는 단이 아우답지 못하였기 때문에 아우라고 말하지 않았고, 형제가 다툰 것이 마치 두 나라 임금이 교전한 것 같기 때문에 극(克)이라고 한 것이다. 정백이라고 칭한 것은 동생을 잘못 가르친 것을 나무라고, 아울러 정장공(鄭莊公)의 본심임을 말한 것이다. 출분(出奔)을 말하지 않은 것은 곤란함이 있기 때문이다."398라고 하였다.

한편, 정장공에 대하여 여동래는 "나는 처음에 장공(莊公)을 천하에서 지극히 험한 사람이요, 끝에 장공을 천하에서 가장 졸렬한 자라고 여긴다."399고 완전히 부정하는 평가를 하였으며, 이 사건에 대하여 『공양전』은 다음과 같이 전하고 있다.

---

397 『春秋左傳』, 隱公 元年 : 祭仲曰 "都城過百雉, 國之害也, 先王之制, 大都不過參國之一 中五之一, 小九之一, 今京不度, 非制也. 君將不堪." 公曰 "姜氏浴之, 焉辟害?" 對曰 "姜氏何厭之有? 不如早爲之所. 無使滋蔓 蔓難圖也, 蔓草猶不可除, 況君之寵弟乎?" 公曰 "多行不義, 必自斃, 子姑待之."

398 『春秋左傳』, 隱公 元年 : 書曰 鄭伯克段于鄢, 段不弟, 故不言弟, 如二君, 故曰克. 稱鄭伯, 譏失敎也, 謂之鄭志. 不言出奔, 難之也.

399 『東萊博義』, 隱公 元年 : 吾始以莊公爲天下之至險, 終以莊公爲天下之至拙.

극(克)이란 무엇인가? 죽였다는 것이다. 죽였는데 왜 극이라고 썼는가? 정나라 군주인 정백의 악을 크게 하기 위해서였다. 어찌하여 정나라 군주인 백작의 악을 크게 한 것인가? 어머니가 (공숙단을) 즉위시키고자 했으나 이미 살해되었으므로 함께 할 수 없기 때문이다.[400]

『공양전』에도 이 사건에 대하여 여동래와 같이 장공의 행위를 악으로 몰아 세웠다. 그러나 정장공이 꼭 졸렬한 인물만은 아니라는 점이 『춘추』, 은공 10년 (B.C.713)에 보이기 때문에 정장공을 악한 자라고 하나 같이 몰아세울 수는 없다.

『춘추』에 "6월 임술일에 은공이 송나라 군대를 관에서 패배시키고서 신미일에 곡읍(郜邑)을 취하고, 신사일에 팽읍을 취하였다."[401]는 기록이 있다. 이에 대한 『춘추좌전』, 은공 10년의 기사는 다음과 보면, 다음과 같다.

6월 무신(戊申)일에 은공이 노도(老桃)에서 제후(齊侯)·정백(鄭伯)과 회견하였다. 임술일에 은공이 송나라 군대를 관에서 배치시켰다. 경오일에 정나라 군대가 곡(郜)에 진입하여 신미일에 노나라에 주고, 경진일에 정나라 군대가 방(防)에 진입하여 신사일에 노나라에 주었다. 이에 대해 군자는 다음과 같이 논평하였다. "정장공(鄭莊公)이 이번 일을 처리함에 있어

---

400 『春秋公羊傳』, 隱公 元年 : 克之者何? 殺之也. 殺之則曷爲謂之克? 大鄭伯之惡也. 曷爲大鄭伯之惡? 母欲立之, 已殺之, 如勿與而已矣.
401 『春秋』, 隱公10년 : 六月, 壬戌, 公敗宋師于菅, 辛未, 取郜, 辛巳, 取防.

공정했다고 이를 수 있다. 천왕의 명으로 조현하지 않는 제후를 토벌하였으면서도 그 토지를 탐하지 않고 그 땅으로 왕작(王爵)을 위로하였으니, 정치의 대체를 얻었다고 하겠다."402
라고 하였다.

비록 정장공(鄭莊公)이 동생인 공숙단을 가르치지 못한 부분이 있으나 위의 인용문에 의하면 정장공은 공평무사하고 대의명분이 있는 이물이었다. 여기에서 노도(老桃)는 송(宋)나라 땅이다. 6월에는 무신일이 없다. 무신(戊申)은 5월 23일이니, 날짜가 잘못되었다. 정백(鄭伯)이 약속한 기일에 오지 않았으므로 은공(隱公)이 홀로 군사를 거느리고서 송(宋)나라 군대를 패배시킨 것이다. 그러므로 정백(鄭伯)은 홀로 군대를 거느리고 자주 진격하려 곡(郜)과 방(防)에 진입하였고, 진입하여서는 자기가 점유하지 않고 노나라에게 취하도록 하였다. 공(功)을 상작(上爵)에게 미루고 스스로 양보하여 취하지 않고 군실(軍實)을 차지하지 않았기 때문에 경에 "노나라가 취하였다."라고만 기록하여 정나라의 뜻을 이루어 주었으니, 이는 정백(鄭伯)의 처사를 훌륭하다고 여긴 것이다.403 정장공이 동생인 공숙단에게는 완악한 형이었으나 춘추초기에 정나라는 절도 있는 상하상분(上下相分)의 의(義)를 실행한 나라였고 그 중심에 정장공이 있었다. 그래서 두예와 좌구

---

402 『春秋左傳』, 隱公 10년 : 六月戊申, 公會齊侯鄭伯于老桃. 壬戌, 公敗宋師于菅. 庚午, 鄭師入郜, 申未, 歸于我, 庚辰, 鄭師入防, 辛巳, 歸于我. 君子謂鄭莊公於是乎可謂正矣. 以王命討不庭, 不貪其土, 以勞王爵 正之體也.

403 『春秋左傳』, 隱公 10년, 두예주 : 老桃, 宋地. 六月無戊申. 戊申, 五月二十三日, 口誤. 鄭伯後期, 而公獨敗宋師. 故鄭頻獨進兵以入郜防, 入而不有, 命魯取之. 推功上爵, 讓以自替, 不有其實, 故經但書魯取, 以成鄭志, 善之也.

명은 이 사건을 가지고 정장공을 높이 평가하였다.

  부분적으로 정장공이 아우와의 다툼에서 완악한 인물로 평가받은 것은 형과 아우의 관계에서는 형의 권한과 의무가 크기 때문에 형의 잘못이 크다고 한 것이다. 이것은 장공(莊公)이 형의 역할을 제대로 못한 점을 질책한 것이다. B.C 712년의 기사로 보면 형인 정장공을 졸렬하다고 평가할 수 있지만 정장공이 동생을 상대함에 속임수를 행하였다면 그 배경에는 무강(武姜)의 자식을 공평하게 자애하지 못한 행위가 감추어 있다는 점을 간과해서는 안 된다. 이것이 춘추의 필법중의 '지이회(志而晦)'의 용법이다. 춘추의 필법은 형과 아우가 다툼이 있을 때는 아우를 나무라는 것이고, 부모와 자제가 문제를 일으켰을 때 자제를 나무라는 것이다. 그러나 그 문장에 표현된 내용이 진리를 대표하지는 않는 것이다. 다시 정장공의 인물됨을『춘추좌전』, 은공 원년의 기사를 통해 상량해 보고, 동시에 영고숙의 순효라는 일반적 평가에 대한 견해를 상고해 보겠다.

    드디어 강씨(姜氏)를 성영(城潁)에 안치하고서 "황천에 가기 전에는 서로 만나지 않을 것이다."라고 맹세하고는 이내 후회하였다. 영곡(潁谷)의 봉인(封人)으로 있는 영고숙(潁考叔)이 이 소문을 듣고 장공(莊公)에게 헌상하는 기회를 이용해 뵙기를 청하니, 장공(莊公)이 영고숙에게 음식을 하사하였다. 영고숙이 음식을 먹으면서 고기는 먹지 않고 한 곳으로 모아 놓았다. 장공이 그 까닭을 물으니 대답하기를 "소인에게는 어머니가 계신데 소인이 올리는 음식은 모두 맛보았으나 임금의 국은 맛보지 못하였으니 이 고기를 어머니께 갖다 드리고자

합니다."라고 하였다. 그러자 장공은 "그대에게는 가져다드릴 어머니가 있는데 나만이 홀로 없구나!"라고 하였다. 영고숙이 "감히 여쭙건대 무슨 말씀이신지요?"라고 하니, 장공은 그 까닭을 이야기하고 또 후회하고 있다는 말까지 하였다. 그러자 영고숙이 대답하기를 "군(君)께서는 무엇을 걱정하십니까? 만약 물이 나는 데까지 땅을 파고 들어가 굴속에서 서로 만나신다면 누가 황천에서 만났다고 하지 않겠습니까?"라고 하니, 공이 그 말을 따랐다. 군자는 이에 대해 영고숙은 순효(純孝)라고 하였다.[404]

정백(鄭伯)과 단(段)은 순(舜)임금이 상(象)을 대한 것처럼 중도(中道)에 맞는 처신이 필요했다. 이것은 윗사람이 아주 높은 수준에서 처신 할 수 있을 때 가능하다. 한편, 영고숙은 부자유친의 방법을 알았다. 그의 지모는 무강의 잘못으로 인하여 만들어진 장공의 불효를 해결하였다. 영고숙은 친친의 중요성도 알았다. 그래서 장공의 불효를 효로 인도하였다. 그러나 영고숙은 자신을 위한 지모는 한 치가 모자라서 사적인 수레싸움으로 인하여 목숨을 잃는 과오를 만들었다.

그 사건은 『춘추좌전』, 은공 11년 기사에 보이는데 내용은 정나라가 허(許)나라를 정벌하기 위하여 태궁(大宮)에서 병기(兵

---

[404] 『春秋左傳』, 隱公, 元年 : 遂寘姜氏于城潁, 而誓之曰 "不及黃泉, 無相見也." 旣而悔之. 潁考叔爲潁谷封人, 聞之, 有獻於公, 公賜之食. 食舍肉, 公問之. 對曰 "小人有母, 皆嘗小人之食矣, 未嘗君之羹, 請以遺之." 公曰 "爾有母遺, 繄我獨無." 潁考叔曰:"敢問何謂也?" 公語之故, 且告之悔. 對曰 "君何患焉? 若闕地及泉, 隧而相見, 其誰曰不然?" 公從之. 君子曰 潁考叔純孝.

器)를 받을 때에 영고숙(穎考叔)과 공손알(公孫閼)이 수레를 차지하려고 사소하게 다투었다. 결국에는 영고숙이 그 수레를 차지하였다. 이 일로 인하여 후에 전쟁에서 영고숙이 허(許)나라의 성벽에 올랐을 때 공손알이 활을 쏘아 영고숙을 죽이는 일이 발생한다. 이에 대하여 은공 11년(B.C.712) 『춘추』에는 "여름에 은공이 정백과 시래(時來)에서 회견하였다."[405] "가을 7월 임오일에 은공(隱公)이 제후(齊侯)·정백(鄭伯)과 함께 허(許)로 쳐들어갔다."[406]라고 하였다. 이에 대한 『춘추좌전』, 은공 11년의 기사는 다음과 같다.

> 여름에 은공(隱公)이 정백과 래(郲)에서 회합하였으니, 이는 허국(許國)에 대한 토벌을 모의하기 위해서였다. 정백이 허국을 치려고 5월 갑진일에 대궁에서 군사들에게 병기를 나누어 줄 때에 공손알(公孫閼)과 영고숙(穎考叔)이 병거를 서로 차지하려고 다투어 영고숙이 수레의 끌채를 옆에 끼고 달아나니, 자도가 창을 빼들고 영고숙을 뒤쫓아 큰길까지 갔으나 따라잡지 못하자 자도(子都)가 크게 노(怒)하였다.[407]
>
> 가을 7월에 은공(隱公)이 제후(齊侯)와 정백(鄭伯)과 연합하여 허(許)를 토벌하였다. 경진일에 대군이 허성 밑에 붙었다. 영고숙이 정백의 기 무호(蝥弧)를 들고 먼저 성으로 올라가자 자

---

[405] 『春秋』, 隱公 11년: 夏, 公會鄭伯于時來.
[406] 『春秋』, 隱公 11년: 秋, 七月壬午, 公及齊侯鄭伯入許.
[407] 『春秋左傳』, 隱公 11년: 夏, 公會鄭伯于郲, 謀伐許也. 鄭伯將伐許, 五月甲辰, 授兵於大宮, 公孫閼與穎考叔爭車, 穎考叔挾輈以去, 子都拔棘以逐之, 及大逵, 弗及, 子都怒.

도(子都)가 밑에서 그를 향해 활을 쏘니 영고숙이 성에서 떨어져 죽었다.[408]

이에 대하여 여동래는 "영고숙은 정나라에서 효도로 이름이 나서 한 마디 말로 장공(莊公)이 어머니를 생각하는 마음을 인도했으니, 진실로 가상한 일이다.……진실로 영고숙이 부모를 섬기는 경건함을 미루어 종묘에 대한 경건함을 삼았다면 반드시 감히 태궁에서 수레를 다투지는 않았을 것이다."[409] 라고 하였다. 좌구명은 분명히 영고숙을 '순효(純孝)'라고 칭송하였다. 그러나 여동래는 영고숙이 '순효'라고 불리면서도 사사로움에 죽은 점을 들어서 장공의 불효를 효로 인도하는 의(義)를 한시적으로 행한 것에 반하여 자신을 관리하지 못했다고 지적하였다. 결과적으로 정장공은 영고숙에 의하여 친친의 효를 행하였다. 그리고 그의 정치철학은 B.C 713년의 경과 전문에 의하면 그 정치철학이 존주에 있었으니, 이것이 그에 대한 평가를 온전하게 할 수 있는 근거가 된다.

3) 좌구명의 존노(尊魯)의식과 공자의 존주를 겸비한 존노(尊魯)사상

『춘추』의 대일통사상(大一統思想)은 인성(仁性)을 바탕으로 한 왕

---

[408] 『春秋左傳』, 隱公 11년 : 秋七月, 公會齊侯, 鄭伯伐許. 庚辰, 傅于許. 潁考叔取鄭伯之旗蝥弧以先登, 子都自下射之, 顚.
[409] 『東萊博議』, 隱公 11년 : 潁考叔以孝聞於鄭, 一言而回莊公念母之心, 固加嘉矣, ……苟考叔推事親之敬, 爲宗廟之敬, 必不敢爭車於大宮矣.

도사상(王道思想)이다. 여기에는 존주사상(尊周思想)과 화이사상(華夷思想) 등이 모두 포함된다. 왕도(王道)란 패도(覇道)와 대립되는 용어이다. 왕도는 정의와 인도(仁道)의 정신으로 인정(仁政)을 실시한다. 이에 비하여 패도는 겉으로는 인정(仁政)을 가장하면서 실제로는 무력으로 통치하는 것을 말한다. 왕도를 실현시킬 수 있는 덕의 소유자를 왕자(王者)라고 하는데 이러한 왕자(王者)의 문물과 법도 및 왕도(王道)의 정신이 잘 계승되어 있는 나라가 당시 천자의 나라인 주(周)나라이다. 공자는 주나라를 매우 높였으며 주나라에서 왕도를 제도화한 주공을 지극히 존숭하였다. 즉 주나라에 대한 맹목적인 추종이 아니라 주나라의 높은 문화를 칭송한 것이다. 공자가 『춘추』를 지은 의리(義理)도 '존주사상(尊周思想)'에 있다.[410] 공자의 존주사상에 대한 내용은 두예서(杜預序)와 『춘추좌전정의(春秋左傳正義)』에서도 인정하고 있다.

공자께서 주(周)나라를 내치고 노(魯)나라를 왕으로 삼았다는 뜻을 어디에서 찾아 볼 수 있는가? 공자께서 "만약 나를 등용하는 자가 있다면 나는 이 동방에 동주(東周)의 도를 부흥시킬 것이다."라고 하였으니, 이것이 바로 공자가 주나라의 도를 부흥시키려는 뜻이었다.[411]

---

[410] 오석원, 「春秋의 화이사상과 민족의식」, 『한국 도학파의 의리사상』, 유교문화연구소, 2005, 44쪽.
[411] 「杜預序」: 安在其黜周而王魯乎? 子曰 "如有用我者, 吾其爲東周乎!" 此其義也.

노(魯)나라는 주정(周正)을 사용하였으니, 노(魯)나라는 주(周)나라를 섬긴 것이다. 공산불요(公山弗擾)가 공자를 부르니 공자가 가려고 하였는데 자로가 좋아하지 않았다. 공자(夫子)는 이러한 말을 하여 이해시켰다. 그 말의 뜻은 저 공산불요가 나를 부른 것이 어찌 공연한 일이겠는가? 반듯이 내게 현능(賢能)한 덕이 있기 때문이다. 이미 내게 현덕(賢德)이 있으니 혹시 장차 나의 말을 쓰려고 하는 것일 것이다. 만약 내말을 쓸 수 있는 자라면 나는 그 동쪽의 周나라를 만들 것이라고 하였다. 이는 장차 동방에 주도(周道)를 흥기시키고자 한 말이다. 이러한 뜻으로 보면 주나라를 추출하는 것이 아니라는 것을 알 수 있으니 그러므로 이것은 주나라의 의(義)를 부흥시키려 했다는 말이다.[412]

공자의 춘추대의가 존주사상(尊周思想)에 있다고 한다. 그러나 한편으로는 존노사상(尊魯思想)에 있다고도 하는데 이것은 모두가 맞는 주장이다. 공자는 분명히 하·상·주 삼대의 법을 존숭하였다. 이것이 존주사상이다. 한편, 주나라의 법도가 노나라에 살아 있다고 하며 노나라를 존중하였으니 이것이 존노사상이다. 아버지의 나라를 사랑하는 공자는 친친(親親)의 의(義)를 다한 것이다. 공자는 전체적이고 대의적인 측면의 의인 존주(尊周)의 핵심에 자존적 의미인 친친(親親)의 의(義)가 있음을 강조한다.

그 내용은 환공(桓公) 2년(B.C.710)에 송나라 화보독(華父督)이

---

[412] 『春秋左傳正義』, 33쪽 : 魯用周正, 則魯事周矣… 公山弗擾召孔子, 孔子欲往, 子路不說. 夫子設此言以解之. 其意言彼召我者, 而豈空然哉? 必謂我有賢能之德故也. 旣謂我有賢德, 或將能用我言, 如其能用我言者, 吾其爲東方之周乎! 言將欲興周道於東方也. 原其此意, 知非黜周, 故云此其興周之義也.

그의 임금인 상공과 공보를 시해했다는 기사로부터 시작된다. 여기서 공보는 공자의 6대조이다. 화보독은 상공(殤公)과 대부공보를 죽이고 정나라에 있던 장공(莊公)를 불러서 임금을 만들고 그의 승상이 되었다. 이 사건의 내용이 나오기 전인 『춘추좌전』, 환공(桓公) 원년(元年:B.C.711)에 "송나라 화보독이 공보의 아내를 길에서 보고는 눈으로 맞이하고 눈으로 보내면서 아름답고도 곱다고 감탄하였다."413라고 사건의 전제를 밝히고 있다.

이 일이 있고 난 뒤 환공 2년(B.C.710) 경문에 공자는 "2년 봄 주왕 정월 무신일에 송독이 그 임금 여이(與夷:상공(殤公))와 대부 공보(孔父)를 죽였다."414라고 기록하였다. 이 사건에 대하여 두예는 "화보독(華父督)이 시해하였다고 칭한 것은 죄가 독(督)에게 있기 때문이며, 공보(孔父)라고 이름을 칭한 것은 안으로 그 가정을 잘 다스리지 못하고, 밖으로는 백성들에게 원망을 사서, 자신도 죽고 화가 그 임금에게까지 미치게 하였기 때문이다."415라고 하였다. 두예는 공자가 『춘추』를 찬수하고 자신의 6대조 할아버지의 과오를 나타냈다고 자신 있게 설명한다. 그러나 공자는 역사와 인물에 대한 대의에 분명한 태도를 보이지만 자신의 6대조 할아버지의 잘못을 드러내려고 하는 의도가 있었다고 하는 것은 두예가 공자의 친친지도를 의심하여 설명한 것이라고 판단된다.

---

413 『春秋左傳』, 桓公 元年 경오 B.C.711 : 宋華父督見孔父之妻于路, 目逆而送之, 曰美而豔.
414 『春秋』, 桓公 2年 신미 B.C.710 : 二年春王正月戊申, 宋督弒其君與夷及其大夫孔父.
415 『春秋』, 桓公 2年, 두예주 : 稱督以弒, 罪在督也. 孔父稱名者, 內不能治其閨門, 外取怨於民, 身死而禍及其君.

한편 이 사건에 대하여 노나라 사관인 좌구명의 견해는 노나라 사람이 아닌 두예와는 현격한 차이를 보인다. 좌구명은 『춘추좌전』, 환공(桓公) 2년(B.C.710)에 다음과 같이 기록하고 있다.

2년 봄에 송독이 공씨(孔氏)를 공격하여 공보를 죽이고 그 아내를 취하였다. 송상공(宋殤公)이 크게 노하니, 송독은 자신에게 화가 미칠 것을 두려워하여 송상공을 시해하였다. 송독이 공보를 먼저 죽였는데도 경에 시군을 먼저 기록한 것에 대해 군자는 송독이 먼저 임금을 무시하는 마음이 있었기 때문에 뒤에 대신을 죽이는 못된 행동을 한 것이다. 그러므로 시군을 먼저 기록한 것이라고 하였다. 노환공(魯桓公)이 제후들과 직(稷)에서 회합하여 임금을 시해한 역적을 제거하여 송나라의 난리를 평정시키기를 상의하였으나, 뇌물 때문에 도리어 그를 도와 화씨정권을 세워 주었다.⁴¹⁶

이에 대하여 두예는 "경(經)에 송나라의 반란을 평정시키기를 상의하였다고 칭한 것은 노군(魯君)이 뇌물을 받고서 화씨 정권을 세워 준 행위가 매우 심한 탐종(貪縱)이므로 사관이 그것을 지적해 말하기 싫었기 때문에 당초에 제(齊)·진(陳)·정(鄭)과 회합했던 본의를 멀리에서 끌어다가 말한 것인 듯하다. 전(傳)에 뇌물 때문에 화씨 정권을 세웠다고 말하여, 경(經)에서 본래 송

---

416 『春秋左傳』, 桓公 2年: 二年春, 宋督攻孔氏, 殺孔父而取其妻. 公怒, 督懼, 遂弒殤公. 君子以督爲有無君之心而後動於惡. 故先書弒其君. 會于稷, 以成宋亂, 爲賂故, 立華氏也.

나라의 난리를 평정시키기를 상의하였다고 기록한 것은 환공을 위해 숨긴 것이니, 숨긴 바는 뇌물을 받고서 화씨 정권을 세워 준 데에 있다는 것을 밝혔다 …이른바 완이성장(婉而成章)이 바로 이것이다. 독이 죽기도 전에 족을 하사받았으니 독의 망령됨을 알 만하다."⁴¹⁷라고 하였다.

공자는 "송독이 그 임금 여이(殤公)와 대부 공보(孔父)를 죽였다."고 까지만 말하였다. 그리고 좌구명(左丘明)은 송독이 근사하게 보이는 여자 때문에 그의 임금과 공보를 죽인 원인을 밝혔고, 그 후에 노환공(魯桓公)이 뇌물 때문에 송독(宋督)을 도와서 의롭지 않은 일에 동조했음을 밝혔으니, 공자의 경(經)과는 다르다. 그러나 좌구명은 노환공(魯桓公)이 제후들과 직(稷)에서 회합하여 임금을 시해한 역적을 제거하여 송나라의 난리를 평정시키기를 상의하였다고 언급하고 뇌물 때문에 도리어 그를 도와 화씨정권을 세워 주었다는 결과를 밝혔다.

두예(杜預)는 송독이 무도한 짓을 하고도 족(族)을 하사받은 점을 들어서 송독(宋督)이 망령되다고 하였다. 그러나 좌구명이 노환공(魯桓公)에 대한 비판을 직접적으로 하지 않고 제(齊)·진(陳)·정(鄭)과 회합했던 사실에 근거하여 말한 것은 좌구명이 노나라의 사관으로서 맹목적인 존노사상에 입각하여 『춘추좌전』이 기록되었다는 점을 지적한 것이다.

위 사건을 이어서 『춘추』, 문공(文公) 15년(B.C.612)에 '3월

---

417 『春秋左傳』, 桓公 2年, 두예주 : 經稱平宋亂者, 蓋以魯君受賂立華氏, 貪縱之心, 惡其指斥, 故遠言始與齊陳鄭爲會之本意也. 傳言爲賂故立華氏, 明經本書平宋亂, 爲公諱, 諱在受賂立華氏也 … 所謂婉而成章. 督未死而賜族, 督之妄也.

송나라 사마 화손(華孫)이 와서 결맹하였다.'⁴¹⁸라고 하였다. 이에 대한 『춘추좌전』의 내용은 다음과 같다.

3월에 송나라 화우(華耦)가 와서 결맹하였는데 그의 관속이 모두 따라왔다. 경(經)에 '송사마화손(宋司馬華孫)'이라고 기록한 것은 그를 귀하게 여긴 것이다. 공이 연회를 열어 그를 접대하려 하니, 사양하기를 "우리 송군(宋君)의 선신독(先臣督)이 송상공(宋殤公)께 죄를 얻어 그 이름이 제후국의 사책에 기록되어 있는데, 그 제사를 받드는 신이 어찌 감히 임금님을 욕되게 할 수 있겠습니까? 아족(亞旅)의 연회를 받기를 청합니다."라고 하였다. 노인(魯人)은 그를 민첩하다고 하였다.⁴¹⁹

좌구명이 민첩하다고 평가한 것에 대하여 두예의 평가는 '우(耦)는 화독의 증손이다. 독(督)이 상공을 시해한 일은 환공 2년에 있었다. 우(耦)는 스스로 죄인의 자손이기 때문에 감히 임금의 연회에 참석하여 노군(魯君)을 욕되게 할 수 없다고 한 것이다. 아족(亞旅)는 상대부(上大夫)이다. 아무 까닭이 없이 자기 선조의 죄를 드러내는 것은 민첩하지 못한 것인데, 노인(魯人)은 그를 민첩하다고 하였으니, 이는 군자(君子)가 인정한 바는 아님이 분명하다.'⁴²⁰고 하여 좌구명의 평가를 부인하였다.

---

418 『春秋』, 文公 15年 : 三月, 宋司馬, 華孫來盟.
419 『春秋左傳』, 文公 15年 : 三月, 宋華耦來盟, 其官皆從之, 書曰宋司馬華孫貴之也. 公與之宴 辭曰 "君之先臣督得罪於宋殤公, 名在諸侯之策, 臣承其祀, 其敢辱君? 請承命於亞旅." 魯人以爲敏.
420 『春秋左傳』, 文公 15年, 두예주 : 耦, 華督曾孫也, 督弑殤公, 在桓二年, 耦自

이어서 여동래도 "좌씨는 대대로 노(魯)나라 사관이 되었으니, 노나라는 그 부모의 나라이다. 그런 그가 화우(華耦)가 래빙(來聘)하여 부단히 그 조상의 악행을 드러내면서 연회를 사양한 일을 쓰고, 이어서 노나라 사람들이 그를 영민하다고 하였다는 말을 덧붙였다. 그러나 좌씨의 생각은 아마도 화우의 언사를 노나라 사람이 자랑스럽게 여기지 않은 것이니, 군자가 귀하게 여길 바가 아니다. 그러나 화우(華耦)의 말은 조금이라도 예의를 아는 자라면 모두 천하게 여길 줄 알 것이다. 비록 당시 두세 명의 경박한 무리들이 망령되게 서로 잘난 체하며 떠벌였더라도, 곡부와 구몽산 칠 백리의 봉토를 가진 노나라에서 어찌 한 사람도 그 그릇됨을 아는 자가 없었겠는가? 그런데 이제 노나라 사람들이 그를 영민하다고 하여 통틀어 말하였으니, 이것이 좌구명의 의견이다."[421]라고 좌구명의 무조건적인 존노(尊魯)를 비판하였다.

좌구명의 무조건적인 존노(尊魯)에 대하여 여동래의 견해는 '옛날 우리 공자께서도 역시 일찍이 노나라라고 말씀하신 일이 있으니, 노나라에 군자가 없었다면 이 사람이 어디에서 이런 덕을 얻었겠느냐고 하였다. 공자의 이 한 마디는 노나라를 군자로 대접한 것인데, 좌구명의 한 마디의 말은 노나라를 소인으로 만

以罪人子孫, 故不敢屈辱魯君, 對共宴會, 亞旅, 上大夫, 無故揚其先祖之罪, 是不敏, 魯人以爲敏, 明君子所不與也.

[421] 『東萊博議』, 文公 15年：左氏世傳以爲魯史, 則魯其父母之邦也, 其載華耦來聘, 無故揚其先人之惡, 以辭宴, 乃繫之曰, 魯人以爲敏, 左氏之意, 豈不以耦之詞令魯人之所誇, 而非君子之所貴乎. 耦之言, 少知禮義者, 皆知賤之. 雖當時二三浮薄輩, 妄相矜衒, 然曲阜龜蒙七百里之封, 寗無一人知其非者? 今槪稱魯人以爲敏, 果哉左氏之論也.

든 것이니, 사람 마음의 같지 않음이 이와 같구나!'⁴²²라고 하면서 좌구명의 견해에 대한 반론을 더하였다.

위 기사에 대하여 『춘추공양전』은 경문에 '송독시기군여이급기대부공보(宋督弑其君與夷及其大夫孔父)'에서 '급(及)'은 연루된 것을 말한다고 주장하였다.

> '급'이란 무슨 뜻인가? 연루된 것이다.……공보(孔父)가 어질었기 때문이다. 무엇 때문에 공보를 어질다고 하는가? 공보는 의(義)가 얼굴색에 나타났다. 공보는 정의(正義)가 신색(神色)에 나타났다고 이른 것은 무엇 때문인가? 독이 장차 상공을 시해하려는데 공보가 살아서 존재했다면 상공은 시해되지 않았을 것이다. 그러므로 먼저 공보의 집을 공격하였다.⁴²³

『춘추공양전』의 입장은 공자의 6대조 할아버지인 공보의 인물됨을 현자로 표현하고 있으며, 그 생김새가 정의롭고 정의가 신색에 나타났다고 하였다. 이것은 독이 상공을 시해하기 전에 공보를 죽인 이유라고 하였다. 『춘추공양전』은 공자가 자신의 6대조 할아버지의 정의(正義)를 급(及)자에 감추어서 드러냈다는 의견이다.

공자와 좌구명은 모두 노나라 사람이다. 그래서 좌구명은 나

---

422 『東萊博義』, 文公 15年 : 昔吾夫子亦嘗稱魯矣, 曰魯無君子斯焉取斯? 是夫子一言而, 待魯爲君子, 左氏一言而, 待魯爲小人, 人心之不同如是哉!

423 『春秋公羊傳』, 환공 2년 : 及者何? 累也 ……賢也. 何賢乎孔父? 孔父可謂義形於色矣. 其義形於色奈何? 督將弑殤公, 孔父生而存, 則殤公不可得而弑也, 故於是先攻孔父之家.

름대로 존노의식(尊魯意識)을 가지고 있었으나 비판의 대상이 되었고, 공자는 기본적으로 존주사상(尊周思想)에 중점이 있으면서 자신의 조국과 자신의 조상에 대한 존노와 친친을 모두 포용했다는 점이 좌구명의 이론과는 현격한 차이를 갖는다.

공자가 노(魯)나라 사람이므로 공자의 대의를 존노(尊魯)사상적 측면으로만 본다면 그것은 공자에 대한 곡해이며, 공자의 『춘추』대의는 존주주의(尊周主義)이며 그 속에 존노주의(尊魯主義)가 내재하고 있다고 보아야 옳을 것이다. 여기서 존주(尊周)의 의미는 다만 주나라의 집권정부나 그 세력을 추존한 것이 아니고 상도(常道)의 의(義)가 실현되는 그 자체에 중점을 둔 것이다. 이것으로 보았을 때 좌구명의 화우(華禑)에 대한 일방적이고 편벽된 평가는 무조건적인 애국심의 발로라고 평가 할만하다. 반면 한마디로 공자의 대의를 말한다면 존주(尊周)와 존노(尊魯)를 완비한 사상이라고 할 것이다.

4) 좌전학파의 천인관(天人觀)을 통한 공자의 인문주의

사람은 기후와 질병 등의 환경에 대한 우려와 불확실한 미래에 대한 우려가 있다. 이것은 춘추시기인 2500년전 뿐 만아니라 21C를 사는 우리에게도 존재하니 인류에게 상존하는 우환의식이다. 이 때문에 사람들은 저마다의 신앙을 가지고 이것을 극복하며 살아나간다. 이러한 우환의식이 종교와 철학이 존재하고 발전하는 이유이다.

『춘추』, 희공(僖公) 21년(B.C.639)에 '여름에 크게 가물었다

.'424라고 하였는데 천재지변에 대하여 『춘추좌전』에는 다음과 같은 기록이 있다.

여름에 크게 가뭄이 드니 공이 무왕(巫尪)을 태워 죽이려고 하였다. 장문중이 말하였다. "이는 한재에 대한 대비책이 아닙니다. 성곽을 수책하고 먹는 것을 줄이고 비용을 절약하며 농사에 힘쓰고 나누어 먹기를 권하는 것이 급선무입니다. 무왕(巫尪)이 무슨 힘이 있어 가뭄을 불렀겠습니까? 하늘이 그를 죽이고자 하였다면 응당 내지 않았을 것이고, 그가 가뭄을 불렀다면 태워 죽이면 가뭄이 더욱 심해질 것입니다." 공이 그의 말을 따랐다. 이 해에 기근이 들었으나 백성이 해를 입지는 않았다.425

여기에서 무왕(巫尪)은 여자 무당이다. 기도로써 비를 청하는 일을 맡은 자이다. 어떤 이는 왕(尪)은 무당이 아니고 앞 곱사이다. 그 얼굴이 위를 향하기 때문에 세속에서는 하늘이 그 병을 가엾게 여겨 비를 내리면 비가 그 코로 들어갈 것을 염려하여 가물게 한다고 하였다. 그러므로 희공(僖公)이 그를 태워 죽이고자 한 것이다.426 이에 대한 여동래의 견해는 다음과 같다.

---

424 『春秋』, 僖公 21年 : 夏, 大旱.
425 『春秋左傳』, 僖公 21年 : 夏, 大旱, 公欲焚巫尪. 臧文仲曰:"非旱備也. 脩城郭, 貶食, 省用, 務穡, 勸分, 此其務也. 巫尪何爲? 天欲殺之, 則如勿生, 若能爲旱, 焚之滋甚." 公從之. 是歲也, 饑而不害.
426 『春秋左傳』, 僖公 21年, 두예주 : 巫尪, 女巫也. 主祈禱請雨者. 或以爲尪非巫也, 瘠病之人. 其面上向, 俗謂天哀其病, 恐雨入其鼻, 故謂之旱, 是以公欲焚之.

노희공(魯僖公)이 가뭄을 당해 무당을 태워 죽이려 하였으니, 그 비루함이 이미 심한 것이다. 장문중(臧文仲)의 간언을 따라서 가뭄에 대한 대비를 서둘렀다. 그래서 이 해에는 기근이 들었어도 큰 피해가 나지 않았다. 그런데『좌전』에 실려 있는 것을 보면 아직도 세속의 견해를 면하지 못하고 있다. 좌씨(左氏)의 생각은 "가뭄은 하늘에 달렸고, 대비는 사람에 달린 것이다. 샘이 마르고 돌들이 타서 갈라지고 흙이 타고 쇠가 녹아 흐르는 것은 인간으로서는 이 하늘이 하는 일을 어찌할 수 없는 것이다. 그러나 城을 수리하고 비용을 절감하고 농사에 힘쓰고 서로 나누어줌을 권장한다면, 하늘도 역시 이 인간의 하는 일을 어찌하지 못하는 것이다. 기근이 드는 것이야 하늘이 하는 일이지만, 그 피해가 없게 하는 것은 사람이 하는 것이다."라고 여긴 것이다. 과연 이 말과 같다면, 그가 본 것은 만물을 위에서 덮어 주고 있는 하늘을 본 것에 불과하다. 그것은 하늘이란 커서 밖이 없는 것을 모르는 것이니, 사람이 혹 하늘에 순응하기도 하고 혹 어기기도 하고 혹 추향하기도 하고 혹 등지기도 하는 등 갖가지로 분분하지만, 실제는 하늘 밖으로 벗어나는 것이 일찍이 없는 것이다.[427] "사람의 말이 나오는 것이 바로 천리가 드러나는 것이요, 사람 마음의 후회가 바로 천의 후회이요, 인사를 닦는 것이 바로 천도를

---

[427]『東萊博議』, 僖公 21年 : 魯僖遇旱而欲焚巫尫, 其陋已甚. 賴從文仲之諫, 亟修旱備. 是歲饑而不害. 詳考左氏所載, 殆未免世俗之見也. 左氏之意, 以謂"旱在天, 備在人, 泉枯石燥, 土焦金流, 人固無如天何, 修城節費, 務穡勸分, 天亦無如人何. 饑者, 天之所爲也, 不害者, 人之所爲也." 果如是說, 則所見者不過覆物之天耳. 抑不知天大無外, 人或順或違, 或向或背, 徒爲紛紛, 實未嘗有出於天之外者也.

닮는 것이다. 어떤 움직임이건 하늘 아닌 것이 없는데, 도리어 하늘과는 아무 관계가 없다고 하니, 크게 탄식할 일이 아닌가?[428]

여동래가『춘추좌전』의 기사를 모두 좌구명의 의견으로 본 것은 잠깐 오류를 범한 것으로 보인다. 무와에 대한 의견은 모두 장문중의 간언인데 여동래는 이것을 좌구명의 의견으로 치부하여 비판하고 있다. 장문중은 천(天)과 인(人)의 관점이 여동래와 견해가 다르다. 장문중은 하늘과 사람을 분리하여 접근하면서 인간이 실행해야 하는 도리를 권장하였지만, 송대 인물인 여동래는 사람과 하늘을 동일시하는 '인내천(人乃天)'사상을 가지고 있었다. 각각 하늘을 보는 입장의 차이를 드러내고 있으나 귀결점은 모두 인간에 중심이 있었다. 춘추시대에 이미 인문과학이 시작되었으며 그 이론을 정립한 사람이 공자이다.『논어』「옹야」에서 공자는 천과 귀신에 대한 언급을 하였다.

번지(樊遲)가 공자에게 지(知)를 물었더니 공자가 대답하기를 "백성들이 해야 할 일에 힘쓰게 하는 것이고, 귀신을 공경하되 멀리하면 지혜롭다고 할 수 있다."[429]고 하였다.

과학이 무궁하게 발달하고 있는 이 시대에도 사람들은 신에

---

428 『東萊博議』, 僖公 21年 : 人言之發, 天理之發也, 人心之悔, 卽天意之悔也, 人事之修, 卽天道也, 無動非天, 而反謂無預於天, 可不爲太息耶?
429 『論語』「雍也」: 樊遲問知, 子曰務民之義, 敬鬼神而違之, 可謂知矣.

의지하여 생활한다. 그러나 공자는 귀신이나 음양의 조화로 인하여 일어날 수 있는 현상과 그 영향력은 존중하고 공경하되, 인간이 스스로 천도를 존중하여 그것을 진실로 본받아서 신념을 가지고 인간주체적인 삶을 영위할 것을 주장한다. 그러므로 공자의 천과 신에 대한 의견은 인문주의로 정립되고 발전한 것이다. 공자가 인간주체적인 인문주의를 주장하였음에도 불구하고 2500여 년이 지난 오늘날에도 혹세무민(惑世誣民)하는 무리들이 있고 맹목적이고 무지한 신도들이 존재한다는 점으로 본다면, 아직도 공자의 인문주의에 대한 학습의 가치가 상존하는 것으로 보아야 할 것이다.

Ⅵ장은 의(義)의 정명사상과 비판사상이라는 측면을 경과 전으로써 상고하여서 그 시대정신을 도출하여 보았다. 일반적으로 인(仁)은 온화하고 따뜻하다고 하며 의(義)는 날카로우며 차다고 한다. 이 의(義)가 날카롭고 차다고 하는 이유는 의의 시비판단에 쓰이는 비판사상 때문이다. 비판을 함에 있어서 치밀하고도 객관적인 냉정함을 수반하지 않는다면 비판의 결과는 본질에서 어긋나게 되어있다. 그러나 의의 본질에는 치밀하고 냉정한 잣대만 존재하는 것이 아니라 동시에 '친친지정(親親之情)'이 자리하며 의(義)에 이 '친친지정'이 있는 한 의(義)는 궁극적으로 날카롭고 차다고만 표현을 할 수는 없을 것이다. 『춘추』의 대의는 仁과 중화세계의 실현에 있고, 인의 현실적 구현인 중화세계를 실현하기 위해서는 정명(正名)이 필수적이며, 정명을 하여 인(仁)를 실현하지 못할 경우에는 그 국가나 인물이나 사건에 대하여 비판(批判)을 하게 된다. 이 비판은 비판을 위한 비판이 아니라 인를 실현하고자 하는 의지에 의한 비판이므로 냉정하고 차갑게 느껴

지지만 결과적으로 전체적인 조화를 이루어낸다.

이미 언급한 '친친지의(親親之義)'를 저버린 노장공(魯莊公)에 대한 비판, 동생인 공숙단(共叔段)을 극(克)하여서 비판의 대상이 된 정장공(鄭莊公)의 정치적인 공과(功過), 채중의 어설픈 권도 등은 이 책에서 단지 시비의 원칙을 도출하고자 하는 의도에 의하여 다루었다. 그리고 미흡하나마 공자의 시대정신을 밝히고자 하는 의욕에 의한 불가피한 작업이었다. 이에 춘추시대정신은 비판에 의하여 더욱더 확연해지며 후인의 비판은 비판의 잣대에 따라서 결과가 달라지고 특히 국적과 시대에 따라서 그 입장이 상이하다는 것을 알 수 있다. 다만 공자의 대의와 시대정신은 존주(尊周)에 있었다는 점은 틀림이 없다. 그리고 좌구명과 공자에게 있어서는 존노(尊魯)도 불가피하였으며, 공자의 대의와 시대정신은 존주와 존노를 겸비한 사상이라는 결론을 도출 할 수 있다. 또한 『춘추』는 민본주의와 인문주의에 근본을 두고 출발하였다는 것도 알 수 있고 이것은 2500년의 시간적 간격을 가지고 있는 한계를 초월하여 현재에도 시비와 정사를 판단하는 변하지 않는 가치를 가지며 그 가치는 영속될 것이라고 본다.

Ⅷ. 나오는 말 - 공자가 말하는 중화중심

　인문과학은 역사의 반복과 발전이 거듭 진행됨과 동시에 점점 무시되고 있다. 지금도 사람은 자연의 파괴를 감수하면서도 인류의 편의와 안락을 위하여 의식주에 대한 개발과 발전을 위한 노력을 경주하고 있다. 이에 부수적으로 자연의 법칙으로부터 발생한 예와 의 같은 도덕은 퇴락하고 자타간의 공생보다는 개인주의가 점점 확대되고 있다.
　그러나 이러한 상황에서도 다행스러운 것은 인류가 편리한 생활을 희망하는 만큼 그 내면에는 높은 문화 수준을 간직하고 지켜나가려고 하는 의지가 내포되어 있으며, 이익의 창출과 높은 문화를 추구하는 욕구가 공존한다는 것이다. 이에 자연과 인류, 선진국과 후진국, 남과 내가 갈등의 구조 속에서도 영원하게 공생하려면, 의와 불의의 윤리적 잣대를 분명이하여 자존감을 확보하여야 한다. 이에 먼저 유학에서의 의(義)의 본질을 밝히고, 특히 공자의 의에 대한 실천사례를 제시하여 오늘날 현대인들이 이익을 추구함과 동시에 공생과 공영의 목적을 이루는데 있어서 고집해야할 기준을 세워야 한다.
　이 책에서는 우선 의와 직·의와 예·의와 이등의 관계로써 의의 본질을 연구하였다. 특히 모든 제덕의 기본인 직(直)이 대의에 필요조건이며 비직(非直)이 대의에 위배됨을 누구나 알고 있으나, 상황에 따라서는 직이 대의를 구현하는데 필요충분조건이 되지 않으며 진리의 구현에 절대적인 덕목이 아니라는 점을 언급하였다. 이 과정에서 공자가 대의를 구현함에 있어서 상도를 중시했지만 경우에 따라서 상도(常道)와 상도(常道)가 상충하였을 때에는 권도(權道)로써 대의를 실현한 점을 상고하였다. 동시에 의(義)의 어떠한 명분과 구실도 친친의 덕을 포용하지 않을 수 없음을 주장하였고, 의사상의 본질과 실천방안을 연구하는데 있어서 유가의 도덕적 의를 상도로 보고, 상황의 의를 권도로 보고, 공자의 권도를 재조명하여 이러한 의의 보편성과 특수성의 확립이 현대인들에게 대의의 가치관을 확립하는데 보조할 것이라고 본다.

 이렇게 본다면, 의는 상도를 수반하나 상도와 또 다른 상도가 상충하는 경우가 발생했을 때는 가치의 경중을 헤아려 권도를 쓰는 것이다. 공자는 일반적으로 군신의 도를 중요하게 여기지만, 사회와 국가가 혼란했던 당시에 보세장민을 위하여 『춘추』를 저술하였다. 이것은 후세와 백성을 자애하는 의도가 신하로써 월권의 오류를 행하는 것보다 가치가 있다고 여긴 것이다. 또 공자가 노(魯)나라 소공(昭公)의 비례(非禮)를 알면서 언급할 수 없었던 것도 소공의 비례를 묻어 두려는 의도는 아니었다. 단지 여기에는 냉철한 비판과 평가의 앞에는 친친을 포함하고 친친을 우선으로 하는 대의가 포장되어 있는 것이다. 친친을 선위개념으로 하는 의가 공자의 대의이고 유가의 대의에 대한 입장이다. 이것을 한마디로 말하면 중정(中正)한 대의철학이라고 말한다. 일반적으로 인(仁)은 포용의 의미로 쓰이고 이와 상반되게 의(義)

는 냉철함과 개별성을 내포한다. 그러나 의(義)의 예리하고 날카로운 비판과 판단 속에서도 반드시 따뜻하게 포용하는 인(仁)의 요소가 분명히 내재하고 있음을 알 수 있다. 이것이 의(義)의 중심부에 존재하고 있는 인의 존재가 친친임을 증명하였다.

이 책은 계속하여 이 인(仁)이 현상적이면서 구체적으로 구현되는 것이 중화세계이므로 춘추대의의 핵심인 중화사상과 중화제후중심국의 이동상황을 연구하였다. 중화(中華)가 일반적으로 일개 나라의 이름으로 명명되는 것은 옳지만, 인류에게 있어서 본질적으로 그 나라가 중심국임을 말하는 단어가 아님에도 불구하고 올림픽이나 국제적인 행사 등에서 아나운서나 학자들의 입에서 무비판적으로 중심국의 의미를 내포하고 쓰이는 것은 옳지 않다고 본다. 이러한 의미에서 『춘추』에 보이는 중화의 본질이 인문주의에 있으며, 인문주의의 대의를 실현하려고 노력하는 국가와 민족과 개인만이 그 중화의 중심에 있다고 하는 보편적이지만 놓치기 쉬운 논제를 가지고 출발하였다. 춘추시기의 강대한 정치적인 중심국은 제(齊)나라·진(晉)나라·초(楚)나라라고 보았으며, 약소한 정치적인 중심국으로는 노(魯)나라·정(鄭)나라에 초점을 두어 중심국에 대한 가치론을 펴보았다.

춘추초기에 왕권을 중심으로 하여 강력했던 제후국은 제나라였다. 국가 간의 권익이 대립되어 혼란한 시기였던 이때는 주나라를 중심으로 하는 대의명분이 중요하였고 이 대의명분을 위한 제후국간의 결맹이 중요하였다. 공자는 『춘추』에서 회맹의 시작을 제나라와 정나라간의 '석문지회(石門之會)'로 기술하였다. 이것이 특상맹(特相盟)의 시초이다. 석문의 회맹은 제후의 화합을 드러내고 제후의 이산을 드러냈으며, 『춘추』의 제후국의 종시가 제(齊)나라와 정(鄭)나라에 있음을 나타내었다. 그리고 회맹의 대의가 제나라와 정나라에 있음을 춘추필법인 '지이회(志而晦)'의 용법으로 말하고 있다. 공생·공존의식은 서로 연계되어 있다. 이러한 의미에서 제(齊)나라와 정(鄭)나라의 '상하지의(上下之義)'가 춘추초기에 아름답게 실현되었다. 춘추초기에 제(齊)나라는 공로가 없이 감히 남의 공로를 가로채려 하지 않았고, 정(鄭)나라는 비록 공로가 있어도 감히 자기의 공로를 과시하지 않았다.

그러나 춘추시기 중반으로 가면서 춘추초기와는 달리 국가간의 이권다툼은 날로 심해졌다. 이에 강대국과 약소국이 함께 생존하며 조화를 이루어 내는 중화세계 실현에 대한 요구는 한층 더해진다. 춘추시기의 강대국은 제(齊)나라와 진(晉)나라와 초(楚)나라였다. 제나라는 춘추시기 전반에 패권국으로서 왕도에 가까운 패도를 하였다. 그러나 제나라에 대하여 필자는 희공 5년에서 12년 사이에 제나라가 자국에 종사한 현(弦)과 황(黃)을 초나라의 침략으로부터 지켜주지 않은 점을 들어서 강대국이 강대국으로서의 정명(正名)을 하지 못했다는 점도 간과하지 않았다.

제나라를 이어서 패권을 행사한 나라는 진(晉)나라인데 진나라는 진문공 이후에 계속하여 패권을 놓치지 않았다. 필자는 진나라가 패권국이 된 이유를 국가의 체통에 두었다. 진나라는 윗사람의 도덕성을 의도적으로 높은 평가를 하여 반듯한 자리에 올려놓았다. 예를 들면, 진문공의 외삼촌이면서 신하인 구범(舅犯)은 진문공이 친친의 도를 다했다고 하였다. 이러한 정신은 구범이 죽은 후에 난무자(欒武子)가 구범의 정명론(正名論)을 높여서 나라에 기강을 세우는 일로 이어졌다. 필자는 이것이 진나라가 패권국이 될 수 있었던 이유라고 보았다. 반면에 진나라의 약점은 진목후(晉穆侯)때 아들의 이름을 전쟁의 승패와 관련하여 지었다가 그 이름에 의하여 천서(天序)의 의를 뒤집은 사건에 있었다. 이것은 결코 정명하지 못한 진나라의 약점이 된다.

또 초나라가 패권국이 될 수 있었던 것은 『초서(楚書)』라는 인재등용원칙이 있었기 때문이다. 초나라는 지리적으로 풍광이 뛰어난 지역에 위치하였고, 또 이로 인하여 인재가 많이 배출되었다. 그러나 실제로는 초나라에서 다른 나라로 간 인물들이 많았으며, 강대국의 패권을 남용하였고, 무엇보다도 왕호를 참칭했다는 면에서 초나라는 진정한 문화적인 중화국이 될 수 없었다고 보았다.

춘추시기는 제나라·진나라·초나라 순으로 패권이 이동하였고 이 강대국 중에는 제나라가 비교적 가장 존주하였으며, '석문지회'의 암시적인 의미도 바로 이것이라고 보아야 한다. 한편, 춘추시기에 약소국이 강대국의 패권 앞에서 자국의 자존지도를 지키는 것은 어려운 일이었다. 그것은 현재의 상황도 마찬가지라고 생각한다. 강대국에는 인재가 많아서 나라의 기강을 세울 수 있었으니 강대할 수밖에 없는 것이고, 약소국은 인재가 있어도 군주가 현자의 간언을 따라주지 않으며 스스로 경거망동을 했기 때문에 약소할 수밖에 없다. 강자와 약자, 식자와 우자, 부자와 빈자는 시대적 배경과 자연환경과 자신의 역량에서 비롯된다. 그러나 이것을 둘로 나누어 분류하는 것에 의미가 있는 것이 아니고 각자의 자리에서 자존지도를 지켜나가는 것이 중요하다. 다만 여기서는 노나라와 정나라에 집중하고자 하였다.

『춘추』는 노나라의 역사서이며 역사평가서이다. 『춘추좌전』도 노나라의 역사서이다. 그러므로 『춘추』와 『춘추좌전』에는 존노사상이 들어있다. 학자들이 주공의 후예인 노나라에 서주의 법장제도가 살아있다고 하였으나 실질적으로는 예와 의는 무너져 있었다. 필자는 노나라가 약소국인 주(邾)나라에 대하여 무방비했으며 당시에 초(楚)·진(晉)·제(齊)로부터 핍박을 받는 처지에서 사대(事大)할 수밖에 없었다는 점을 들어서 춘추후기에 노나라의 국력은 대단히 약화되어 있었다고 보았다. 노나라가 주공의 후예들의 나라이며 공자의 나라이며 좌구명의 나라이지만 더 이상 실질적인 중화(中華)의 중심국은 아니었다. 공자의 '친친지정'에 의한 존노는 공자와 좌구명에게만 대단히 중요한 것이었다고 보며, 다만 성인의 나라였다는 면에서는 의미가 크다고 본다.

그러나 정나라가 약소국으로서 진·초의 패권에 대처하는 능력은 특수하였다. 평왕이 동천할 때에 정나라가 종사하였기 때문에 춘추초기에 정나라의 위상은 비교적 높았으며, 정장공(鄭莊公)까지는 비교적 안정적이었으나 정태자 홀(忽)의 시절에 국력이 약화되었다. 그러나 정나라는 질적으로 약하지 않았다. 앞에 언급한 바와 같이 평왕이 동천할 때 가장 먼저 참여한 존주국가였고, 패권국인 진(晉)나라와 초(楚)나라에 대응하는 능력은 최고였다. 그 가운데 정자산(鄭子産)이 있었는데, 정자산은 혜민(惠民)·의민(義民)정치를 하였으며 성문법을 제정하여 평등주의를 제창하였으며 국가에 반란이 일어났을 때에도 과감하고 민첩하게 대응하였다.

춘추시기에 강대국은 약소국과 화합하여 중화세계를 이루어

냈어야 했고 약소국은 마땅히 그 중화에 동참했어야 했다. 그러나 강대국과 약소국을 통틀어서 정나라의 정치만큼 돋보이는 정치는 없었으며, 정자산만한 정치가도 없었다. 공자의 춘추대의의 핵심중 하나인 '친친지의(親親之義)'는 공자에게 있어서 존노이지만, 작은 나라도 위대할 수 있다는 사상을 여기에 대입하여 본다면, 춘추후기에 중화의 중심은 정나라에 있었으며 신하의 도는 정자산에게서 빛나고 있었다. 이것이 작은 나라가 결코 작지만은 않으며 명분을 가진 천자와 패권을 가진 패제후만이 중화의 중심에 있는 것이 아니라, 본질적인 중화중심에는 정명(正名)을 통한 인문주의적 중화(人文主義的 中華)를 실현한 나라나 인물이 그 중화의 중심을 차지한다는 것이다. 그리고 이 중화의 중심은 인문주의적 중화를 실현하고자 하는 나라와 민족과 개인에게로 돌아간다는 중화중심이동론(中華中心移動論)이 성립된다고 본다.

이 책은 계속하여 권도실천의 사례로써 '대의멸친(大義滅親)'이 상식적으로 대의를 위하여 멸친을 감당할 만큼 대의에 치중한 것이라는 면에서 가치가 있으나 공자는 '대의멸친'에 동감하지 않았다고 보는 관점에서 공자의 권도실천에 관하여 연구하였다. 이에 『춘추』의 인물인 송선공(宋宣公)과 위선공(衛宣公)의 난권(亂權)을 다루었고, 위석작(위나라 석작)과 원훤(元咺)의 참칭된 권도, 채중(祭仲)의 어설픈 권도, 진숙향(진나라 숙향)의 '대의멸친'을 예로 들었으며, 이에 대한 공자의 견해를 찾아가는 형식을 취하였다. 그리고 주공의 친친중심론(親親中心論)과 순임금의 친친중심론으로써 성현들의 이론이 공자의 친친중심론과 일치함을 증명하였다.

여기에서 권도는 상도를 실현하는 또 하나의 방법이다. 상도와 상도가 상충하고 대의와 친친이 상충하는 가운데 그 중에서 더욱 가치 있는 것을 추구해야만 할 때 각 개인은 저마다의 지위에서 행 할 수 있는 권도를 실행한다. 그러나 앞서 언급한 춘추시대의 인물들은 권도를 실행함에 있어서 '대의멸친'을 저질렀다. 그 결과 가장 친한 자녀와 친족을 죽이거나 상하게 하였다. 이것은 진실한 행위가 아니며, 공자는 이러한 가치판단에 동의하지 않았다. 공자가 소공(昭公)의 비예(非禮)를 직접언급하지 않았다는 것과 『논어』「자로」에서 직궁자(直躬者)가 자신의 아버지가 양을 훔치는 것을 보고 고발한 것에 대하여 공자가 "우리 무리 중에는 그런 사람은 없다."고 한 것으로 보아서 공자의 대의에는 반드시 친친의 정이 포함되어 있다고 보았다. 그러므로 공자는 춘추시대의 '대의멸친'한 위정자들을 완전하게 대의를 실현한 인물로 여기지 않았다고 본다.

이 책은 계속하여 춘추시대 제가의 삶의 방식과 춘추대의를 연구함에 있어서 '춘추오패(春秋五覇)' 중의 제환공과 진문공을 대비하여 제후의 정명론을 다루었다. '춘추오패'는 춘추시대의 다섯 패자를 말한다. 오패를 꼽는 시각이 때로는 일치하지 않지만 일반적으로 제나라의 환공(桓公), 진(晉)나라의 문공(文公), 송나라의 양공(襄公), 진(秦)나라의 목공(穆公), 초(楚)나라의 장왕(莊王)을 말한다. 그 중에 제환공과 진문공은 공자의 평가가 상반되었다. 이들은 각각 제나라와 진나라의 임금으로서 그 당시에 이들이 패자이기는 하였으나 천자국의 천자는 아니었다. 그래서 이 제후들에게는 천자와 천자국에 대한 존숭의 의무가 있었다. 그러므로 그들의 정치가 존주하였는지 또는 왕도를 행하였는지 패도를 행하였는지를 보고 왕패를 구분하였다. 필자는 이러한 구분방식으로 정명론을 피력하였다. 이에 이 책에서는 『논어』「헌문」
에서 공자가 제환공(齊桓公)은 '정이불휼(正而不譎)'하고 진문공(晉文
公)은 '휼이부정(譎而不正)'하다고 평가한 평가의 소이연을 『춘추』
와 『춘추좌전』의 기사로써 그 연원을 밝히는 의미를 갖는다. 춘
추시대의 제후 제환공(齊桓公)과 제후 진문공(晉文公)의 정명에 대
한 공자의 평가는 힘의 논리와 상반된다. 강대한 정도를 따진다
면 제환공 보다는 진문공이 그 정치를 잘했다고 볼 수 있고, 그
강성함이 오래 지속되었다는 면에서도 역시 진문공의 공이 훨씬
컸다. 그러나 공자는 강대한 힘에 초점을 두어서 제후들을 평가
하지 않았다.

제환공이 적의 신하인 관중을 중히 등용한 점은 대단한 포용
력을 갖춘 인물이라는 증명이 된다. 그리고 그를 통하여 자소정
치(慈小政治)와 존왕정치(尊王政治)를 하여서 상하의 조화를 이루어
냈다는 점이 높이 평가된다. 반면에 진문공은 비록 계모에 의하
여 환란을 겪고 망명생활을 하면서 정치의 역량을 키운 인물이
며 진나라에 하늘이 내린 인물이라고 하나, 진문공이 제후가 된
과정에서 조카를 죽이고 나라를 얻었다는 면을 본다면 강대한
힘을 키운 공조차도 정명에 맞지 않았다는 것이 공자의 판단인
것이다.

두 제후에 대하여 공자는 정과 부정만을 강조하여 언급하였
으나 제후라는 자리는 천자와의 관계 속에서는 신하국의 자리에
있고, 신하나 약소국과의 관계 속에서는 군주와 강대국의 자리
에 있기 때문에 두 제후의 정명은 곧 중정론으로 보아도 무방할
것이다. 단지 '정이불휼'과 '휼이부정'은 불휼과 부정이 곧 정과
휼을 대변하지 않으며, 이 두 제후를 비교한다면 제환공이 다소

正하고 진문공이 다소 휼하며, 진문공에 비하여 제환공이 중정했다는 것이 아니고, 중정에 가까웠다고 보는 것이 옳다. 제환공과 진문공에 대한 공자의 평가는 결과만을 중시하고 과정을 소외시키기도 하는 풍조 속에서 무조건적인 득세에 관심이 있는 현대인들에게 교육적으로 시사하는 바가 크다고 보인다.

그리고 비판적인 측면에서 인물에 대한 다양한 견해로는 노장공(魯莊公)에 대한 좌구명(左丘明)의 존노와 주신(朱申)의 존노비판, 정장공(鄭莊公)의 존주와 그의 신하인 영고숙(潁考叔)의 한시적 순효(限時的純孝)를 다루었고, 사건에 대한 철학적 견해로는 좌구명의 존노의식과 공자의 존노사상, 좌전학파의 천인관(天人觀)을 통한 공자의 인문주의를 다루었다. 공자는 『춘추』를 통하여 역사에 나타나는 구체적 사건들에 대하여 시비와 정사와 선악을 분별하고, 도덕성을 바탕으로 하여 인간의 대의를 표명하였다. 공자는 인(仁)을 실현하려고 비판과 판단이라는 때로는 냉정하고 날카로운 잣대로써 춘추시대의 인물과 사건들에 대하여 단정(斷定)하였다. 이것이 후세에 와서 비판이라고 하는 비판적인 단어로 표현되지만 이것은 엄밀하게 말하면 공자의 평가관에 의한 단정이라고 말할 수 있다.

공자는 궁극적으로 비판이나 비평을 하고자하는 의도를 갖고 있지 않으며, 단지 그 평가에 의한 단정(斷定)이 후세에 시간과 공간의 한계성으로 인하여 변질되는 것을 우려했기에 냉정하고도 날카로운 잣대로써 시비를 구별했을 뿐이다. 그러나 공자의 이러한 잣대에 의한 단정이 너무나도 간이(簡易)하므로 현대인이 성인의 광대하고 심오한 의지를 찾아내는 데에는 한계가 있다. 이에 『춘추』의 인물과 사건에 대한 후인들의 다양한 비판

견해를 상고하여 춘추시기의 시대정신을 도출하였다.

    춘추시대정신은 비판에 의하여 더욱더 확연해지며 후인들의 비판은 비판의 잣대에 따라서 결과가 달라지고 특히 국적과 시대에 따라서 그 입장이 상이하다는 것을 알 수 있었다. 다만 공자의 대의와 시대정신은 존주에 있었다는 점은 틀림이 없으나 노나라 인물인 좌구명과 공자에게 있어서는 존노도 불가피하였으며, 『춘추』는 민본주의와 인문주의에 근본을 두고 출발하였다는 것을 알 수 있었다. 이 『춘추』의 비판정신은 2500여년의 시간적 간격을 가지고 있는 한계를 초월하여 현재에도 시비와 정사를 판단하는 변하지 않는 가치를 가지며 그 가치가 계속적으로 인간사에 영향을 끼친다고 본다.

    따라서 『춘추』의 의(義)는 문자로는 옳다는 의미를 말하며, 『춘추』의 대의는 전체를 통괄한다는 측면에서는 '대일통(大一統)'을 말하며, 본질적으로는 존주와 존노를 포괄하는 인문주의적 중화(中華)의 실현을 말한다. 그리고 이 인문주의적 중화의 실현을 통하여 중화중심으로 들어간다는 것은 인류에게 있어서 대국과 소국·남과 여·상하좌우 중에 어디에 좌표를 정한 존재라도 주체로서 객체화 될 수 있고, 하나(一)속으로 융화될 수 있고, '집중(執中)'할 수 있다는 희망을 가져 볼 수 있는 동기를 부여한다는 면에서 대단한 의미가 있다. 그리고 이어서 온 누리가 하나의 꽃처럼 빛나는 세상을 조성해 나갈 수 있다는 측면에서 희망이 있다고 본다. 필자는 이 책이 시대적인 흐름에 따라 대의의 가치관이 흔들릴 때 마다 공자의 사상을 연구하거나, 대의사상을 연구하거나, 『춘추』를 연구하고자 하는데 있어서 하나의 초석이 될 것을 기대하며 이 자리에서 붓을 놓고자 한다.

참고문헌

1. 經典類

- 『春秋』, 『周易』, 『書經』, 『禮記』, 『論語』, 『孟子』, 『大學』, 『中庸』, 『荀子』, 『春秋左傳』, 『春秋公羊傳』, 『春秋穀梁傳』, 『胡氏傳』, 『晏子春秋』, 『史記』, 『春秋左傳詳節句解』, 『春秋公羊經傳解詁』, 『春秋左氏傳附頭注』, 『春秋左傳正義』, 『近思錄』, 『十三經注疏』

2. 辭典類

- 『漢韓大字典』, 李相殷 監修, 民衆書林.
- 『儒敎大辭典』, 博英社, 1990.
- 『說文解字』, 段玉裁注.

3. 單行本類

- 김세정지음, 『왕양명의 생명철학』, 청계출판사, 2006.
- 김응학지음, 『서예미학과 예술정신』, 도서출판 占輪, 2006.

- 김충열지음,『중국철학사』-중국철학의 원류- 예문서원, 2006.
- 權五惇譯解,『春秋左氏傳』, 홍신문화사, 1981.
- 南基顯解譯,『春秋公羊傳』, 자유문고, 2005.
- 南基顯解譯,『春秋穀梁傳』, 자유문고, 2005.
- 박인수,『춘추전국의 패자와 책사들』, 석필, 2001.
- 徐正淇 譯註,『새 시대를 위한 春秋』, 살림터, 1997.
- 오석원 지음,『한국 도학파의 의리사상』, 유교문화연구소, 2005.
- 오재석 역저,『동래박의』, 중화당, 1995.
- 유교문화연구소 옮김,『論語』, 성균관대학교출판부, 2005.
- 유교문화연구소 옮김,『孟子』, 성균관대학교출판부, 2006.
- 유교문화연구소 옮김,『대학·중용』, 성균관대학교출판부, 2007.
- 이기동 역해,『서경강설』, 성균관대학교출판부, 2007.
- 이춘식,『춘추전국시대의 법치사상과 勢·術』, 아카넷, 2002.
- 임동석 옮김,『안자춘추』, 동문선, 1998.
- 鄭長澈 譯解,『荀子』, 惠園出版社, 1994.
- 정태현 역주,『역주춘추좌씨전』, 전통문화연구회, 2002.
- 좌구명 지음, 신동준옮김,『춘추좌전1』, (주)도서출판한길사, 2006.
- 좌구명 지음, 신동준옮김,『춘추좌전2』, (주)도서출판한길사, 2006.
- 좌구명 지음, 신동준옮김,『춘추좌전3』, (주)도서출판한길사, 2006
- 좌구명지음, 신동준역주,『國語』, 인간사랑, 2005.
- 진래지음, 진성수·고재석옮김,『중국고대사상문화의 세계』-춘추시대의 종교, 윤리와 사회사상, 성균관대학교 유교문화연구소 동아시아학술원, 2008.
- 최종례,『고사성어로 읽는 춘추좌전』, 玄音社, 2004.

4. 國內博士論文

- 갈강암,『《좌전》생성연구』., 영남대학교, 2014.
- 權正顔,『春秋의 根本理念과 批判精神에 관한 硏究』, 成均館大學校. 1990.
- 김경진,「민족"融合"과 "和合"의 철학적 원리」,『철학연구』제60집, 1997.
- 金東敏,『漢代 春秋公羊學의 성립과 전개에 관한 연구』, 成均館大學校, 2005.
- 복대형,『《좌전》의 정치사상연구』, 공주대학교, 2015.
- 安泳晧,『《春秋公羊傳》解析體例 硏究』, 漢陽大學校, 2002.
- 兪德朝,『春秋左氏傳硏究』政論의 思想史的 分析, 忠南大學校, 1992.

5. 國內一般論文

- 김성기,「『좌전』의 人文思想 연구 -禮를 중심으로-」, 유교사상연구 제20집, 2004.
- 김웅학,「書畵 墨色美의 哲學的 探究」, 도양철학연구 제81집, 2015.
- 金丁鎭,「韓民族의 義理精神과 道德性 回復의 方向」,『유교사상연구』제9집, 1997.
- 金忠英,「古代兵法과 吳楚戰鬪에서의 孫子戰略에 관한 硏究」, 敎授論叢 弟15輯, 1999.
- 權正顔,「《춘추좌씨전》의 理解 」,『譯註春秋左氏傳1』, 2001.
- 權正顔,「春秋公羊傳의 三科九旨論 考察」, 儒敎思想硏究 제7집, 1994.
- 朴晟鎭,「《左傳》의 思想傾向 」,숭국문학연구 21귀,2000.

- 심재훈,「출토문헌과 전래문헌의 조화-子犯編鐘 명문과『左전』에 기술된 晉 文公 의 霸業-」, 東洋學 제40輯(2006년 8월)檀國大學校 東洋學硏究所.

- 深秋雄,「從左傳中看春秋時代之思想及其對後世之影響」, 人文科學, 1984.

- 오석원,「春秋의 화이사상과 민족의식」,『한국 도학파의 의리사상』, 유교문화연 구소, 2005.

- 오석원,「유교의 역사의식」,『한국 도학파의 의리사상』, 유교문화연구소, 2005.

- 兪德朝,「春秋左傳의 群舞論硏究-藏哀伯 諫曰條의 分析」, 忠南史學 제4집, 1989.

- 李相宜,「의미작용의 관점에서 본《公羊傳》과《左傳》의 해석체계」, 中國文學 제41집, 2004.

- 李完栽,「孔子의 學問精神」, 人間과 思想.

- 林正基,「法家의 국가관-韓非子를 中心으로-」, 人間과 思想.

- 全寅初,「伍子胥故事의 中國小說史的 傳承과 變容樣相」, 中國語文論叢 弟15輯, 1998.

- 황갑연,「유가의 조화지향적인 삶의 방식을 통해서 본 현대 웰빙문화의 반성-先秦 儒學을 중심으로-」, 哲學硏究 제95집, 2005.

6. 中國單行本類

- 龔留柱,『春秋弦歌-《左傳》與中國文化』, 河南大學出版社, 2005.

- 童書業,『春秋史』, 中華書局, 2006.

- 童書業,『春秋左傳硏究』, 中華書局, 2006.

- 文廷海,『春秋穀梁學硏究』, 四川出版集團巴蜀書社, 2006.

- 沈玉成 譯,『左傳譯文』, 中華書局, 2006.

- 沈玉成・劉寧,『春秋左傳學史稿』, 江蘇古籍出版社, 1992.
- 楊伯峻 著,『春秋左傳住』, 中華書局, 1983.
- 楊樹達,『春秋大義述』, 上海古籍出版社, 2007.
- 王長華,『春秋戰國士人與政治』, 河北敎育出版社, 2007.
- 呂思勉,『先秦史』, 上海古籍出版社, 2005.
- 張高評,『春秋書法與左傳學史』, 上海古籍出版社, 2005.
- 載維,『春秋學史』, 湖南敎育, 2004.
- 周生春,『吳越春秋輯校彙考』, 上海古籍出版社, 1997.
- 陳戌國 撰,『春秋左傳校注』上, 下, 岳麓書社, 2006.
- 陳彦輝,『春秋辭令硏究』, 中華書局, 2006.
- 趙伯雄,『春秋學史』, 山東敎育出版社, 2004.
- 許紀霖,『二十世紀中國思想史論』下卷, 東方出版中心, 2006.

7. 中國博士論文

- 高衛星, 『統治的規則與藝術-春秋戰國時期的統治思想及其應用硏究』, 鄭州大學, 2004.
- 馬衛東,『春秋時期貴族政治的歷史變遷』, 吉林大學, 2007.
- 朴晟鎭,『《左傳》文學價値硏究』, 北京師範大學, 1998.
- 王鴻濱,『《春秋左傳》介詞硏究』, 復旦大學, 2003.
- 王澤文,『春秋時期的記年銅器銘文與《左傳》的對照硏究』, 中國社會科學院硏究生院, 2002.
- 楊德春,『《春秋穀梁傳》硏究』, 北京言語大學, 2007.
- 趙生群,『春秋經傳硏究』, 南京師範大學, 1998.
- 陳長書,『《國語》詞匯硏究』, 山東大學, 2005.

- 陳篠芳,『春秋宗教習俗』,四川大學文學與新聞學院, 2004.

8. 中國一般論文

- 高曉成,「也談春秋時期外交中的"賦詩言志"」, 山西農業大學學報(社會科學版) 第6卷第2期, 2007.
- 貢桂勇,「《春秋公羊傳》對句法結構的分析」, 浙州學院學報 第8卷 第5期, 2006.
- 童力群,「春秋"吳斗楚尾"界說」,鄂州大學學報 弟13卷 第4期, 2006.
- 盧鳴東,「論《春秋左氏傳舊注疏證》中的尊王思想」, 南京曉莊學院學報, 第3期, 2006.
- 潭黎明,「論春秋戰國時期楚國官制的影響」, 吉林師範大學學報(人文社會科學版) 第1期, 2007.
- 潭黎明,「論春秋戰國時期楚國官制」, 社會科學戰線, 2007.
- 唐康,「《左傳》的德治思想摭談」, 遼寧師範大學學報 (社會科學版) 第26卷 第3期, 2003.
- 羅軍鳳,「朱熹說《春秋》」, 史學史研究, 總119期, 2005.
- 羅新慧,「司馬遷論孔子與《春秋》」, 學習與探索, 第127期, 2000.
- 羅進,「簡論春秋戰國時期人才觀」, 湖南省社會主義學院學報 總第38期, 2007.
- 毛振華,「春秋時期"歌詩" "誦詩" "賦詩"辨微」, 蘭州學刊 總第158期, 2006.
- 盤劍波,「論春秋戰國時期"士"的崛起及其貢獻」,中南民族大學學報 (人文社會科學版) 第 27卷 第4期, 2007.
- 卜憲群,「春秋戰國鄉里社會的變化與國家基層權力的建立」, 清華大學學報(哲學社會科 學版) 第22卷 第2期, 2007.

- 付穎,「春秋戰國時期儒法國家觀思想之比較」, 林區敎學 第4期, 2006.
- 謝乃和,「春秋家臣屢叛與"陪臣執國命"成因析論」, 陶興華, 西北師大學報(社會科學版), 2006.
- 謝幕,「俯仰無愧天地 褒貶自有春秋」, 理論觀察 總第42期 第6期, 2006.
- 桑東輝,「"春秋五霸"與戰略格局的嬗變」,『軍事歷史研究』第3期, 2006.
- 徐德龍,「春秋五霸的興衰及其歷史啓示」, 廣西梧州師範高等專科學校學報 第15卷 第4期, 1999.
- 葉自成・王日華,「春秋戰國時期外交思想流派」, 國際政治科學, 2006.
- 孫開泰,「論三晉古文化對春秋戰國諸子百家爭鳴的影響」, 邯鄲職業技術學院學報 第19卷 第4期, 2006.
- 申友良,「《春秋》與《史記》歷史觀之比較研究」, 湛江師範學院學報(哲學社會科學 版) 第19卷 第4期, 1998.
- 楊高男,「春秋時期兩大思潮與孔學倫理政治」, 懷化學院學報 第25卷 第9期, 2006.
- 楊高男,「春秋時期兩大思潮與孔學倫理政治」, 懷化學院學報, 第26卷 第3期, 2007.
- 呂紹綱,「董仲舒와 春秋公羊學」,『中國經學史論文選集』上冊, 文史哲出版社印行, 林慶彰編,1993.
- 吳福林,「孔子與吳國」, 江蘇地方志 第2期 2003.
- 吳前衡,「春秋《易》文本」, 周易研究, 總第31期, 1997.
- 王立,「從《左傳》 `《戰國策》看"春秋""戰國"外交辭令之不同」, 語文學刊, 2006.
- 王世舜,「《春秋》《左傳》平議」, 聊城大學學報(社會科學版), 2004.

- 王楓,「釋"春秋筆法"」,漢字文化 第4期, 2007.

- 王鴻濱,「《春秋左傳》中"所以"和"是以"試析」, 商落師範專科學校學報 第15卷 第3期,2001.

- 王浩,「春秋經傳研究」,中國典籍與文化 第36期, 2001.

- 王俊,「春秋戰國時期的鬼神思想」, 重慶科技學院學報(社會科學版) 第6期, 2006.

- 王曉勇,「論春秋中期鄭國由盛轉衰的原因」,唐都學刊 第23卷 第3期, 2007.

- 王鍔,「春秋末期儒者德行和《儒行》的成篇年代」, 中國典籍與文化, 2006.

- 尤愼,「春秋及其以前舜帝傳說新考」, 汕頭大學學報(人文社會科學版)第21卷, 第6期,2005.

- 牛鴻恩,「厭棄《春秋》尊《左傳》」, 聊城大學學報(哲學社會科學版) 第1期, 2002.

- 牛鴻恩,「弒君三十六, 亡國五十二"考實(續)」, 聊城大學學報(社會科學版), 2003.

- 牛鴻恩,「先人爲主的主觀體認」, 聊城大學學報(社會科學版) 第1期, 2006.

- 牛曉梅・趙禮會,「論《春秋》《左傳》記事之異同」, 殷都學刊, 2000.

- 于雨琴,「論春秋戰國時期雅樂衰微與俗樂的興起」,陝西教育, 2006.

- 劉國民,「過度詮釋-論董仲舒解釋《春秋》 `《公羊傳》之目的」,首都師範大學學報(社會科學版) 總弟171期 第4期, 2006.

- 劉麗華・晁岳佩,「論杜預《春秋》學在《春秋》學史上的地位」 山東師範大學學報(人文社會科學版), 2006.

- 劉兵,「《春秋左傳研究》勘誤及商榷一則」, 東師範大學學報(哲學社會科學版), 1999. 劉玉娥,「夏商至春秋天人關係的發展及人的生命意識」, 黃河科技大學學報 第9卷 第2期, 2007.
- 段愛萍,「春秋霸主重耳形象探析」, 西北工業大學學報(社會科學版), 第22卷 第2期, 2002.
- 李模,「從《春秋》所記土功看孔子的重民思想」, 管子學刊 第2期, 1998.
- 李岩澍,「從秦晉之好到秦晉交兵-春秋時期的秦晉關係」, 大同職業技術學院學報 第16卷 第3期, 2002.
- 李玉洁,「春秋時期鄭國的成文法與"縣書"」, 中州學刊 總第157期 第1期, 2007.
- 李玉洁,「春秋時代晉國尊賢尚功與世卿世祿制度探析」, 鄭州大學學報(哲學社會科學版), 2006.
- 李宜春,「《春秋》經傳與漢代政治」, 理論學刊 第2期 總第144期, 2006.
- 周宏文,「春秋諸侯會盟于鄔的考證」, 江蘇地方志 第3期, 2007.
- 張京華,「《春秋》《左傳》與孔子的史學地位」, 殷都學刊, 2001.
- 張彥修,「春秋戰國哲學流派研究的反思」, 管子學刊, 2006.
- 張藐尹,「論西漢《春秋》決獄中的 k"尊尊" "親親"」 安徽文學, 2006.
- 張尙英 ·舒大剛,「宋代《春秋》學文獻與宋代《春秋》學」, 求索, 2007.
- 張尙英,「《春秋五論》作者考」, 四川大學學報(哲學社會科學版) 第2期, 2007.
- 張艷霞,「春秋戰國時期的音樂思想」, 焦作大學學報 第3期, 2007.
- 張艷麗,「略論春秋戰國時期齊國相任的人才思想」, 管子學刊, 第2期 2007.
- 張衛中,「春秋時人對《周易》的解讀」, 浙江大學學報(人文社會科學版) 第29卷 第3期, 1999.

- 張衛中,「《左傳》占夢 `占星豫言與春秋社會」, 史學月刊 第4期, 1999.
- 張之佐,「《左傳》民本思想考」, 蘭州教育學院學報 第1期, 2003.
- 張學智,「王夫之《春秋》學中的華夷之辨」,『中國文化研究』, 2005年 夏之卷.
- 田軍,「春秋時期齊魯關系述論」, 山東教育學院學報, 總第119期 第1期, 2007.
- 田愈征,「春秋戰國時期的 民本思想及現代意義」, 蘭台世界, 2007.
- 鄭全紅·林德春,「《左氏春秋》有關問題的再探討」, 青海師範大學學報(社會科學版)第4 期 1997.
- 程勇,「略論漢代今文《春秋》釋義的文論意義」, 大連大學學報 第28卷 第1期, 2007.
- 齊秀生,「春秋戰國時期的多元文化與人才」, 聊城大學學報(社會科學版), 2005.
- 曹凱,「"春秋五霸"說新見」, 學術論壇, 2006.
- 晁天義,「關于《春秋》性質的再思考」, 史學理論研究, 2006.
- 趙東玉,「秦爲春秋大國說」, 史學集刊 第3期, 2007.
- 趙東玉,「論西周春秋時期性別角色的深化」, 社會科學戰線 第2期, 2007.
- 趙玉敏,「"春秋筆法"與《國語》歷史書寫」, 黑龍江社會科學, 總第101期 第2期, 2007.
- 陳鋼,「春秋褒貶自有世人公論」, 廣州大學學報(社會科學版) 第6卷 第5期, 2007.
- 陳梅,「春秋中期晉楚爭霸中鄭魯應對霸主策略之比較」, 安徽文學 第3期, 2007.
- 陳彦輝,「春秋辭令的審美意義」, 廣東外語外貿大學學報 第18卷 第1期, 2007.

- 陳睿,「春秋時期的媵嫁婚及其中的女性」, 安徽教育學院學報 第25卷 第1期, 2007.
- 陳宇宙,「胡安國著述《春秋傳》的原因及眞正用意考釋」, 淪桑, 2006.
- 陳筱芳,「先秦儒家對春秋義利觀的繼承發展」, 西南民族學院學報, 哲學社會科學版, 總 21卷, 第6期, 2000.
- 陳筱芳,「春秋宗廟祭祀以及廟與寢的區別」, 西南民族大學學報(人文社會版) 總第183期, 2006.
- 陳筱芳,「春秋夢兆信仰」, 西南民族大學學報(人文社科版) 總第189期, 2007.
- 陳學凱,「西周春秋重民輕神思潮與孔子的神鬼觀」,陝西師範大學學報(哲學社會科學 版) 第26卷 第3期, 1997.
- 彭洪,「春秋時期哲學思潮:《孫子兵法》誕生的哲學基礎」, 重慶廣播電視大學學報 第18卷 第4期, 2006.
- 蒲生華,「《左傳》中春秋貴族的治喪禮儀」, 青海師範大學學報 第15卷 第2期 2004.
- 馮時,「春秋子犯編鍾紀年研究-晉重耳歸國考」, 文物世界, 1997.
- 夏維新,「楊伯峻《春秋左傳注》商榷十一則」, 文敎資料論文集, 2004.
- 夏維新,「從《左傳》看"禮'在春秋時期的社會價値」, 伊犁敎育學院學報, 第18卷 弟1期, 2005.
- 許雪濤,「《春秋繁露》中的 "春秋學"篇章探析」, 現代哲學, 2005.
- 黃開國,「《公羊》學的大一統」, 人文雜志 第1期, 2004.
- 黃覺弘,「"孔子作《春秋傳》說"辨議」, 聊城大學學報(社會科學版), 2004.

찾아보기

『논어』 15, 40, 55, 56, 79, 88, 94, 105, 107, 185, 208, 210, 213, 233, 257, 287, 297, 298

ㄷ

대동사회 95, 96
대의(大義) 42, 83, 177, 179, 181, 194, 199
대의멸친(大義滅親) 177, 186, 193, 194, 205, 207, 208, 296
대의실현 87
대일통(大一統) 4, 15, 90, 91, 300
『대학』 15, 71, 72, 75
동주시대(東周時代) 35

ㄱ

가치갈등 65
개인주의 30, 51, 290
『곡량전』 37, 40, 43, 47, 48, 50, 121, 144, 145
『공양전』 37, 40, 43, 44, 45, 46, 47, 48, 49, 50, 109, 121, 132, 135, 144, 145, 157, 158, 168, 192, 201, 202, 204, 269, 270
괵나라 27, 174
교특생(郊特牲) 60
권도(權道) 52, 88, 89, 178, 179, 182, 187, 201, 205, 291
금문경학가 36
꽃 97, 300

ㅁ

명(命) 82, 83, 100, 184, 201, 209
『맹자』 15, 53, 54, 56, 66, 68, 131, 178
무경 21, 184, 209
무왕 30, 42, 127, 128, 129, 161, 182, 184, 228
문왕 30, 42, 91, 145, 182, 214, 228
미이현(微而顯) 16
민본주의 21, 30, 289, 300

ㅂ

방법론 4, 7, 73
백규(白圭) 79
보국정신 8
보세장민 16, 80, 84, 87, 89, 203, 291
빛 97

ㄴ

낙읍 20, 21, 30, 31, 33
난신적자(亂臣賊子) 80
남용(南容) 79
노나라 8, 14, 15, 21, 22, 35, 36, 37, 38, 39, 42, 43, 46, 47, 48, 50, 63, 64, 80, 84, 85, 86, 89, 132, 133, 134, 135, 136, 137, 138, 139, 140, 141, 143, 145, 146, 147, 149, 154, 155, 174, 175, 183, 185, 208, 219, 221, 222, 223, 226, 227, 239, 262, 264, 266, 270, 271, 277, 279, 280, 282, 283, 294, 295
노은공 14, 38, 42, 49, 142
노장공 9, 117, 126, 140, 213, 219, 261, 262, 265, 266, 289, 299

ㅅ

사대(事大) 8, 108, 132, 135, 137, 295
사대주의(事大主義) 16
사마천 39, 40, 41, 44
삼가분진(三家分晉) 20
삼과구지(三科九旨) 45
상나라 21, 23, 34, 114, 184
상도(常道) 77, 88, 89, 113, 178, 179, 186, 284, 291
서주시대 20, 21, 22, 31
석작(石碏) 8, 179, 190, 191, 193, 194, 209
선유(先儒) 261

선진유가　7, 60, 65, 89
세계화　7, 13
소견이사(所見異辭)　46
소문이사(所聞異辭)　46
소전문이사(所傳聞異辭)　46
송양공　49, 212, 231, 232, 245
수수지의(授受之義)　71
『시경』 97, 136, 152, 160, 161, 188, 220, 239, 251
시군(弑君)　27, 36, 80
시비　5, 14, 65, 81, 83, 85, 106, 203, 207, 260, 262, 289, 299, 300
시의(時宜)　14, 65, 101, 137, 171
시중지의(時中之義)　59, 63
심정윤리(心情倫理)　49

ㅇ

안자(晏子)　63, 65
영고숙(潁考叔)　213, 261, 266, 272, 274, 299
『예기』　15, 95
예제화(禮制化)　34
오왕합려(吳王闔廬)　26
오패(五覇)　9, 215, 228, 297
완이성장(婉而成章)　208, 210, 280
왕력(王歷)　91
왕실　5, 19, 21, 22, 30, 31, 32, 34, 42, 47, 81, 82
왕실(諸夏)　113
왕정월　5, 91
원년춘왕정월(元年春王正月)　90, 91
원훤(元咺)　8, 179, 190, 194, 195, 197, 198, 199, 296
위정자(爲政者)　56, 70, 211, 214, 297
의(義)　13, 14, 16, 49, 52, 53, 54, 57, 58, 59, 63, 65, 66, 67, 73, 77, 83, 88, 89, 93, 105, 116, 119, 134, 153, 177, 185, 193, 203, 206, 207, 210, 215, 250, 261, 271, 275, 277, 283, 284, 288, 290, 291, 292, 300
의리　5, 16, 48, 60, 62, 67, 69, 73, 79, 82, 86, 153, 155, 160, 164, 205, 252, 256, 260, 276
인(仁)　13, 53, 54, 87, 89, 93, 105, 213, 215, 260, 288, 291, 292, 299
인과응보　6, 50

인문주의　9, 16, 21, 24, 97, 101, 213, 284, 288, 289, 292, 299, 300

ㅈ

장공(莊公)　27, 36, 46, 107, 125, 127, 152, 200, 218, 219, 227, 233, 263, 264, 265, 267, 268, 269, 272, 275, 278
전국시대　20, 33, 35
정명(正名)　5, 103, 104, 105, 106, 173, 258, 259, 288, 293, 296
정명사상　4, 5, 102, 106, 288
제(齊)나라　8, 82, 106, 135, 138, 181, 187, 213, 219, 231, 292, 293
제예작악(制禮作樂)　34
제하(諸夏)　46, 220
제환공　8, 9, 107, 110, 139, 140, 212, 213, 216, 217, 218, 219, 220, 221, 222, 223, 224, 225, 226, 227, 228, 229, 230, 231, 232, 243, 257, 258, 259, 260, 297, 298, 299
조현(朝見)　98, 136, 162, 163, 255, 256
존노(尊魯)　5, 14, 50, 175, 275, 282, 284, 289
존왕양이(尊王攘夷)　33, 218
존주(尊周)　4, 5, 41, 50, 151, 213, 261, 266, 277, 284, 289
종법제도　30, 34
주공(周公)　30, 34, 81, 138, 144, 145, 146, 179, 182, 183, 209
『주역』　15, 54, 57, 75, 94, 97, 102, 104
주왕실　5, 6, 15, 32, 33, 50, 101, 106, 123, 212
중화(中華)　4, 5, 6, 7, 13, 16, 17, 30, 90, 93, 97, 98, 100, 101, 109, 175, 176, 295, 300
중화론(中華論)　15, 16
중화사상(中華思想)　4, 18, 90, 93, 97, 105, 106, 172
직(直)　5, 29, 52, 54, 55, 56, 57, 58, 59, 78, 88, 185, 206, 207, 290
직궁자(直躬者)　88, 185, 208, 211, 297
진(晉)나라　8, 20, 33, 61, 82, 101, 106, 111, 112, 114, 115, 116, 117, 118, 121, 123, 135, 136, 137, 138, 155, 156, 157, 158, 159, 162, 164, 165, 167, 173, 175, 179, 194, 195, 197, 198, 205, 213, 241, 242, 244, 245, 246, 247, 250, 251, 252, 253,

254, 255, 257, 292, 293, 295, 297
진(秦)나라   29, 33, 98, 126, 155, 213, 241, 242, 250, 252, 258, 297
진문공(晉文公)   8, 62, 111, 115, 156, 212, 232, 233, 248, 252, 256, 257, 258, 298
진숙향(晉叔向)   210
진시황   19, 20, 33

ㅊ

채숙(蔡叔)   21, 183, 184, 209
채중(祭仲)   49, 150, 179, 199, 200, 201, 202, 203, 268, 296
천(天)   98, 287
체원이거정(體元以居正)   90
초(楚)나라   8, 25, 82, 106, 114, 119, 120, 121, 137, 138, 155, 156, 157, 158, 162, 173, 175, 194, 213, 224, 246, 247, 292, 293, 295, 297
추칠월(秋七月)   91
춘추대의(春秋大義)   260
『춘추좌전상절구해(春秋左傳詳節句解)』   18, 206
『춘추좌전』   8, 14, 15, 16, 17, 18, 24
춘추필법(春秋筆法)   5, 17
출척(黜陟)   81
친친지정(親親之情)   5, 13, 175, 185, 288

ㅌ

통일성   15

ㅍ

패권적 중심제후국(覇權的中心諸侯國)   106
평왕(平王)   20, 31, 33, 35, 142, 150, 151, 152, 175, 212
평화   13, 52, 75, 172, 196
포폄(褒貶)   80, 105
필삭(筆削)   14

ㅎ

호연지기(浩然之氣)   56, 57
화이론(華夷論)   15
화이사상(華夷思想)   93, 100, 276
횡발횡파(橫發橫波)   71
후직(后稷)   22

저자

안춘분(安春粉)
호 소전(素田), 법명 자등(慈燈)
경기도 파주출생

〈학력〉
한국방송통신대학교 농업축산과 졸업
성균관대학교 유학대학원 석사졸업
성균관대학교 박사졸업
한학연구소 동방의숙에서 고 운암 채준석 선생님께 사서와 삼경, 예기와 춘추, 복서정종, 자미두수, 금낭경 등 사숙

〈경력〉
2013년, 서울시청 "찾아가는 평생학습강좌" 학부모부문 강사
2013년, 4월-2014년 자운서원 경전전임강사
2014년-2016년, 성균관대학교 유교경전편찬센터 표점위원
2016 성균관대학교 유교문화연구소 연구원
2016 한국연구재단 우수논문지원사업 선정, 『시경』에 관한 연구 진행 중

〈논문목록〉
※1998년 12월『주자의 경사상 연구』으로 성균관대학교 유학대학원 석사논문
※2009년 9월, 「선진유가에 있어서 義思想의 本質과 實踐方案에 관한 연구」, 『유교사상문화연구』 37집 게재
※2010년 9월, 「『春秋』의 大義滅親에 대한 공자의 親親中心的 입장」, 『유교사상문화연구』 41집 게재
※2010년 12월, 「『春秋』로 본 諸侯 齊桓公과 晉文公의 正名論」, 『유교사상문화연구』 42집 게재
※2011년 2월, 「『春秋』의 다양한 批判見解를 통해 본 춘추시대정신」, 『한국동양철학연구』 65집 게재
※2015년 8월, 논문『孔子의『春秋』大義思想 硏究』, 성균관대학교 유학과 박사논문
※2015년 9월, 「『春秋』의 中華思想과 춘추제후국의 中華中心移動論」, 『유교사상문화연구』 61집 게재
※2015년 10월, 「사적고실에 의한『詩經』「鄭風」의 淫에 대한 의미」, 『동양학』 61집 게재